Mord in der Firma

Doris Leupold, Dez. 97

ECON **Krimi**

Weitere Krimianthologien von Giuliana Broggi Beckmann im ECON Taschenbuch Verlag:

Mordlust. Frauenkrimis vom Feinsten (TB 25023)
Je stiller die Nacht. Morde zur Weihnachtszeit (TB 25044)
Nur nicht aus Liebe morden (TB 25091)

Die Herausgeberin:

Giuliana Broggi Beckmann hat langjährige Erfahrung in der Programmarbeit für verschiedene Buchverlage und arbeitet heute frei als Übersetzerin und Herausgeberin. Sie lebt in Passau.

Giuliana Broggi Beckmann (Hrsg.)

Mord in der Firma

ECON Taschenbuch Verlag

Veröffentlicht im ECON Taschenbuch Verlag
Originalausgabe

Umschlaggestaltung: Init GmbH, Bielefeld
Illustration: Reiner Tintel
Gesetzt aus der Baskerville Roman
Satz: Formsatz GmbH, Diepholz
Druck und Bindearbeiten: Ebner Ulm
Printed in Germany
ISBN 3-612-25128-7

Inhaltsverzeichnis

Jeffrey Archer

Ignatius, der Saubermann

Als man Ignatius Agarbi zum Finanzminister Nigerias ernannte, interessierte das nur wenige. Schließlich sei er, gaben die Spötter zu bedenken, innerhalb von siebzehn Jahren der siebzehnte, der diese Position innehabe.

Bei seiner ersten Grundsatzerklärung vor dem Parlament versprach Ignatius, Amtsmißbrauch und Korruption im öffentlichen Leben ein Ende zu machen und hielt den Wählern warnend vor Augen, daß keiner in offizieller Position sich in Sicherheit wiegen dürfe, es sei denn, er führe ein untadeliges Leben. Er beendete seine Jungfernrede mit den Worten: »Ich habe mir vorgenommen, Nigerias Augiasställe zu reinigen.«

Die Wirkung der Rede des Ministers war derart gering, daß man sie in der Lagoser *Times* mit keinem Wort erwähnte. Vielleicht war der Herausgeber davon ausgegangen, seine Leser könnten meinen, das alles schon einmal gehört zu haben, da die Zeitung ausführlich über die Reden der vorherigen sechzehn Minister berichtet hatte.

Ignatius wollte sich jedoch durch das mangelnde Vertrauen, das man ihm entgegenbrachte, nicht entmutigen lassen und machte sich mit Energie und Zielstrebigkeit an die neue Aufgabe. Schon wenige Tage nach seiner Bestellung hatte er dafür gesorgt, daß ein kleiner Beamter aus dem

Ernährungsministerium ins Gefängnis wanderte, weil er Dokumente, die den Import von Getreide betrafen, gefälscht hatte. Der nächste, der die Borsten von Ignatius' neuem Besen zu spüren bekam, war ein führender libanesischer Finanzfachmann, der wegen Verletzung der Devisenbestimmungen ohne Gerichtsverhandlung des Landes verwiesen wurde. Einen Monat später kam es zu dem, was Ignatius als einen persönlichen Coup verbuchte: nämlich zur Verhaftung des Polizeipräsidenten wegen Annahme von Bestechungsgeldern – Nebeneinnahmen also, die in den Augen der Bürger von Lagos in der Vergangenheit zu seinem Job gehört hatten. Als der Polizeipräsident vier Monate später zu achtzehn Monaten Gefängnis verurteilt wurde, gelang es dem Finanzminister endlich, auf die Titelseite der Lagoser *Times* zu kommen. Der Leitartikel an zentraler Stelle der Zeitung nannte ihn »Ignatius, den Saubermann«, den neuen Besen, den jeder Schuldige fürchtete. Ignatius' Ruf als Saubermann wuchs noch weiter an, als Verhaftung auf Verhaftung folgte und durch nichts begründete Gerüchte in der Hauptstadt umzugehen begannen, daß selbst General Otobi, das Staatsoberhaupt, zum Ziel von Ermittlungen durch seinen eigenen Finanzminister geworden sei.

Ignatius kontrollierte, prüfte und genehmigte jetzt als einziger alle Auslandsverträge, deren Wert hundert Millionen Dollar überstieg. Und obwohl jede Entscheidung, die er fällte, von seinen Feinden peinlich genau unter die Lupe genommen wurde, verband man mit seinem Namen nie auch nur die leiseste Idee eines Skandals.

Als Ignatius' zweites Dienstjahr als Finanzminister begann, begannen sogar die Spötter seine Leistungen anzuerkennen. Etwa um diese Zeit besaß General Otobi noch genug Selbstsicherheit, Ignatius zu einer außerplanmäßigen Unterredung zu sich zu zitieren.

Das Staatsoberhaupt hieß den Minister in den Durden Barracks willkommen und bot ihm in seinem Arbeitszimmer, von dem aus man den Paradeplatz überschauen konnte, einen Sessel an.

»Ignatius, ich habe gerade den letzten Haushaltsbericht zu Ende gelesen und bin bestürzt, daß Sie zu dem Schluß kommen, die Staatskasse verliere nach wie vor jährlich Millionen von Dollar durch Bestechungsgelder, die von ausländischen Firmen an Vermittler gezahlt werden. Haben Sie irgendeine Vermutung, in wessen Taschen dieses Geld fließt? Das ist es, was ich gerne wissen möchte.«

»Ich vermute, daß ein hoher Prozentsatz dieser Gelder auf privaten Schweizer Bankkonten landet, kann es jedoch im Augenblick noch nicht beweisen.«

»Dann werde ich Ihnen alle zusätzlichen Vollmachten erteilen, die Sie dazu benötigen«, sagte General Otobi. »Sie können sich jeglicher Hilfsmittel bedienen, die Sie für erforderlich erachten, um diese Schurken aufzuspüren. Fangen Sie damit an, alle Mitglieder meines Kabinetts zu überprüfen, sowohl die jetzigen als auch die ehemaligen. Und lassen Sie sich in Ihren Bemühungen nicht beirren, was immer deren Rang oder ihre guten Beziehungen sein mögen.«

»Zur erfolgreichen Lösung einer solchen Aufgabe werde ich ein besonderes, von Ihnen unterzeichnetes Bevollmächtigungsschreiben brauchen, General ...«

»Es wird bis heute abend sechs Uhr auf Ihrem Schreibtisch liegen«, sagte der Staatspräsident.

»Und den Rang eines bevollmächtigten Botschafters, wann immer ich ins Ausland reisen muß.«

»Schon bewilligt.«

»Ich danke Ihnen«, sagte Ignatius und erhob sich von seinem Sessel, in der Annahme, die Audienz sei beendet.

»Vielleicht werden Sie auch das hier brauchen«, sagte der General, während sie auf die Tür zugingen. Das Staatsoberhaupt reichte Ignatius eine kleine Selbstladepistole. »Ich habe nämlich inzwischen den Verdacht, daß Sie fast ebenso viele Feinde haben wie ich.«

Ungeschickt nahm Ignatius die Pistole aus der Hand des Soldaten entgegen, steckte sie in die Tasche und murmelte seinen Dank.

Ignatius verließ seinen Vorgesetzten ohne weitere Worte und wurde zurück in sein Ministerium gefahren.

Ohne Kenntnis des Vorsitzenden der State Bank of Nigeria und ungehindert von irgendwelchen höheren Staatsbeamten nahm Ignatius enthusiastisch seine neue Aufgabe in Angriff. Nachts betrieb er allein seine Nachforschungen und besprach am Tag mit niemandem, was er entdeckt hatte. Drei Monate später war er soweit, zuschlagen zu können.

Der Minister wählte den Monat August für einen außerplanmäßigen Besuch im Ausland, da dies die Zeit war, in der die meisten Nigerianer in die Ferien gingen, so daß seine Abwesenheit keines Kommentars für wert befunden würde.

Er bat seinen Staatssekretär, für ihn, seine Frau und ihre zwei Kinder einen Flug nach Orlando zu buchen und vergewisserte sich, daß die Kosten seinem Privatkonto in Rechnung gestellt wurden.

Nach ihrer Ankunft in Florida stieg die Familie im Marriot-Hotel ab. Hierauf teilte Ignatius seiner Frau ohne jede Erklärung und ohne ihr vorher Bescheid gegeben zu haben mit, daß er für ein paar Tage geschäftlich in New York sein und anschließend für den Rest der Ferien wieder zu ihnen stoßen werde. Am darauffolgenden Morgen überließ Ignatius seine Familie der Wunderwelt von Disneyworld, während er selbst das Flugzeug nach New York bestieg. Die Taxifahrt vom La-Guardia- zum Kennedy-Airport war kurz, wo ein Wechsel der Kleidung und ein bar bezahltes Zweite-Klasse-Ticket es Ignatius ermöglichten, unbemerkt an Bord einer Swiss-Air-Maschine nach Genf zu gehen.

In Genf angekommen, bezog Ignatius ein Zimmer in einem unscheinbaren Hotel, ging zu Bett und schlief acht Stunden lang fest. Beim Frühstück am nächsten Morgen studierte er die Liste von Banken, die er noch in Nigeria im Anschluß an seine Nachforschungen sorgfältig erstellt hatte: Jeder Name war mit eigener Hand deutlich lesbar aufgeschrieben. Ignatius beschloß, mit Gerber et Cie zu beginnen, deren Gebäude, wie er von seinem Hotelzimmer aus feststellen konnte, die halbe Avenue de Parchine einnahm. Er ließ sich vom Concierge die Richtigkeit der Telefonnummer bestätigen, bevor er die Bank anrief. Der Bankdirektor erklärte sich einverstanden, den Minister um zwölf Uhr zu empfangen.

Nur mit einer alten, abgewetzten Aktentasche ausgerüstet, traf Ignatius ein paar Minuten vor dem verabredeten Zeitpunkt in der Bank ein. Ein ungewöhnliches Auftreten für einen Nigerianer, dachte der mit einem eleganten grauen Anzug, weißem Hemd und grauer Seidenkrawatte bekleidete junge Mann, der in der marmornen Eingangshalle wartete, um ihn in Empfang zu nehmen. Er verbeugte sich vor dem Minister, stellte sich als der persönliche Assistent des Bankdirektors vor und erklärte, er werde Ignatius zum Büro des Direktors geleiten. Der junge Bankbeamte führte den Minister zu einem wartenden Fahrstuhl, und keiner der beiden Männer sagte ein einziges Wort, bis sie den elften Stock erreicht hatten. Auf ein leichtes Klopfen an der Tür des Direktors hörte man *»Entrez!«*, worauf sie eintraten.

»Der nigerianische Finanzminister, Monsieur.«

Der Direktor erhob sich hinter seinem Schreibtisch und trat vor, um den Gast zu begrüßen. Ignatius konnte nicht umhin zu bemerken, daß auch er einen grauen Anzug, ein weißes Hemd und eine graue Seidenkrawatte trug.

»Guten Morgen, Herr Minister«, sagte der Bankdirektor. »Wollen Sie nicht Platz nehmen?« Er führte Ignatius zu einem niedrigen, von bequemen Sesseln umgebenen Glastisch am anderen Ende des Zimmers. »Ich habe für uns beide Kaffee bestellt, wenn Ihnen das recht ist.«

Ignatius nickte, stellte die abgewetzte Aktentasche auf dem Boden neben seinem Sessel ab und starrte aus dem großen Spiegelglasfenster. Er machte ein wenig Konversation über die herrliche Aussicht auf den prächtigen Springbrunnen, während ein junges Mädchen den drei Männern Kaffee servierte.

Sobald das Mädchen den Raum verlassen hatte, kam Ignatius sogleich zur Sache.

»Mein Präsident hat mich beauftragt, Ihrer Bank einen Besuch abzustatten und mich mit einer ziemlich ungewöhnlichen Bitte an Sie zu wenden«, begann er. Auf den Gesichtern des Direktors und seines jungen Assistenten war nicht das geringste Anzeichen von Überraschung zu sehen. »Er hat mir die ehrenvolle Aufgabe übertragen, in Erfahrung zu bringen, welche nigerianischen Bürger bei Ihrer Bank Nummernkonten besitzen.«

Auf diese Mitteilung hin bewegten sich beim Bankdirektor lediglich die Lippen. »Ich bin nicht befugt, solche Dinge ...«

»Erlauben Sie mir, Ihnen den Sachverhalt zu unterbreiten«, sagte der Minister und hob eine weiße Handfläche. »Lassen Sie mich Ihnen zuerst versichern, daß ich die uneingeschränkte Vollmacht meiner Regierung besitze.« Ohne jedes weitere Wort zog Ignatius schwungvoll einen Umschlag aus seiner Innentasche. Er übergab ihn dem Direktor, der den Brief, der darin steckte, herausnahm und langsam las.

Sobald er seine Lektüre beendet hatte, sagte der Bankier: »Ich fürchte, dieses Dokument hat in meinem Land keine Gültigkeit, Monsieur.« Er steckte es in den Umschlag zurück und händigte Ignatius diesen wieder aus. »Selbstverständlich zweifle ich«, fuhr der Direktor fort, »nicht einen Augenblick daran, daß Sie sowohl als Minister als auch als Botschafter die volle Unterstützung Ihres Staatsoberhauptes genießen, aber das ändert nichts an unserem Grundsatz der Wahrung des Bankgeheimnisses in solchen Angelegenheiten. Unter keinen Umständen würden wir die Namen unserer Kontoinhaber ohne deren Zustimmung preisgeben. Es tut mir leid, Ihnen so wenig behilflich sein zu können, aber dies sind nun einmal und werden immer die Richtlinien dieser Bank sein.« Der Direktor stand auf, da er die Unterredung jetzt als beendet betrachtete. Aber er hatte nicht mit Ignatius, dem Saubermann, gerechnet.

»Mein Präsident«, sagte Ignatius und dämpfte dabei merklich seinen Tonfall, »hat mich autorisiert, an Ihre Bank heranzutreten und Ihnen die Vermittlung aller zukünftigen Transaktionen zwischen meinem Land und der Schweiz anzubieten.«

»Wir fühlen uns durch Ihr Vertrauen geschmeichelt, Herr Minister«, entgegnete der Direktor, der noch immer bewegungslos dastand. »Ich bin jedoch überzeugt, Sie werden verstehen, daß dies an unserer Haltung im Interesse unserer Kunden nichts ändern kann.«

Ignatius blieb gelassen.

»Dann tut es mir leid, Sie davon informieren zu müssen, Monsieur Gerber, daß wir unseren Botschafter in Genf anweisen werden, an das Schweizer Auswärtige Amt ein offizielles Kommuniqué zu richten, das die fehlende Kooperationsbereitschaft Ihrer Bank bezüglich der Bitte um Informationen über Angehörige unseres Staates zum Thema haben wird.« Er wartete die Wirkung seiner Worte ab. »Selbstverständlich können Sie einer solchen peinlichen Lage aus dem Wege gehen, indem Sie mir ganz einfach die Namen derjenigen meiner Landsleute, die bei Gerber et Cie Konten innehaben, und die betreffenden Summen nennen. Ich kann Ihnen garantieren, daß wir unsere Informationsquelle geheimhalten werden.«

»Es steht Ihnen völlig frei, ein solches Kommuniqué einzureichen, Sir, und ich bin sicher, unser Minister wird Ihrem Botschafter in der höflichsten Diplomatensprache erklären, daß das Auswärtige Amt nach Schweizer Recht keine Befugnis hat, solche Auskünfte zu verlangen.«

»Wenn das so ist, dann werde ich mein eigenes Handelsministerium anweisen, in Nigeria sämtliche Geschäfte mit Schweizer Staatsbürgern einzufrieren, bis diese Namen freigegeben sind.«

»Das ist Ihr gutes Recht, Herr Minister«, entgegnete der Bankdirektor unbewegt.

»Auch werden wir jeden Vertrag, über den Ihre Landsleute zur Zeit in Nigeria verhandeln, nochmals erwägen müssen. Und außerdem werde ich persönlich dafür sorgen, daß keine vertraglichen Strafklauseln akzeptiert werden.«

»Wäre ein derartiges Vorgehen nicht ein wenig überstürzt?«

»Lassen Sie mich Ihnen versichern, Mr. Gerber, daß ein solcher Entschluß mir keine schlaflose Nacht bereiten wird«, sagte Ignatius. »Selbst wenn ich in meinen Bemühungen, diese Namen in Erfahrung zu bringen, gezwungen sein sollte, Ihr ganzes Land in die Knie zu zwingen, werde ich mich nicht erweichen lassen.«

»Tun Sie, was Sie tun müssen, Herr Minister«, erwiderte der Direktor. »Es ändert jedoch nach wie vor nichts an der Haltung dieser Bank zum Bankgeheimnis.«

»Wenn das weiterhin der Fall ist, Sir, werde ich noch heute unserem Botschafter Instruktionen erteilen, unsere Botschaft in Genf zu schließen, und ich werde Ihren Gesandten in Lagos zur *persona non grata* erklären.«

Zum ersten Mal runzelte der Direktor die Stirn.

»Des weiteren«, fuhr Ignatius fort, »werde ich in London eine Pressekonferenz abhalten, die die Weltpresse nicht im Zweifel am Mißfallen meines Staatspräsidenten über die Haltung dieser Bank lassen wird. Ich bin mir sicher, daß Sie, wenn dies öffentlich bekannt wird, feststellen werden müssen, daß viele Ihrer Kunden es vorziehen, Ihre Konten bei Ihnen abzuziehen, während andere, in deren Augen Sie bisher ein sicherer Hafen waren, sich genötigt sehen werden, sich anderswo umzusehen.«

Der Minister wartete, aber der Bankdirektor gab immer noch keine Antwort.

»Dann lassen Sie mir keine andere Wahl«, sagte Ignatius und erhob sich von seinem Sessel.

Der Direktor streckte die Hand aus in der Annahme, der

Minister wollte sich jetzt endlich verabschieden, mußte jedoch zu seinem Entsetzen zusehen, wie Ignatius eine Hand in seine Jackentasche steckte und eine kleine Pistole herausholte. Die beiden Schweizer Bankiers erstarrten, als der nigerianische Finanzminister einen Schritt vorwärts machte und die Mündung der Pistole gegen des Direktors Schläfe drückte.

»Ich brauche diese Namen, Mr. Gerber, und mittlerweile sollten Sie bemerkt haben, daß ich vor nichts zurückschrecken werde. Wenn Sie sie mir nicht unverzüglich aushändigen, werde ich Ihnen das Gehirn wegpusten. Haben Sie mich verstanden?«

Der Bankdirektor nickte schwach, und auf seiner Stirn wurden Schweißperlen sichtbar. »Und er ist als nächster dran«, sagte Ignatius mit einer Handbewegung zu dem jungen Mann hinüber, der sprachlos und wie gelähmt ein paar Schritte entfernt stand.

»Beschaffen Sie mir die Namen von jedem Nigerianer, der bei dieser Bank ein Konto besitzt«, sagte Ignatius ruhig und sah dabei den jungen Mann an, »oder ich verspritze das Gehirn Ihres Direktors über seinen ganzen weichen Samtteppich. Sofort, hören Sie?«

Der junge Mann schaute zum Direktor hinüber, der, obwohl er jetzt zitterte, mit klarer Stimme sagte: »*Non, Pierre, jamais.*«

»*D'accord*«, antwortete der Assistent flüsternd.

»Sagen Sie nicht, ich hätte Ihnen nicht jede Chance gegeben«, sagte Ignatius, während er den Hahn spannte. Schweiß strömte über das Gesicht des Direktors, und der junge Mann mußte seine Augen abwenden, während er mit Entsetzen auf den Schuß wartete.

»Ausgezeichnet«, sagte Ignatius jetzt, nahm die Pistole von der Schläfe des Bankdirektors und kehrte zu seinem Sessel zurück. Die beiden Bankiers zitterten noch immer; sie atmeten schwer und waren nicht imstande zu sprechen.

Der Minister stellte die abgewetzte Aktentasche vor sich auf den Glastisch. Er drückte auf die Spangenschlösser, und der Deckel sprang auf.

Die beiden Bankiers starrten auf die säuberlich eingepackten Stapel von Hundert-Dollar-Scheinen. Jeder Zentimeter der Aktentasche war damit ausgefüllt. Der Direktor überschlug schnell, daß sich die Gesamtsumme wahrscheinlich auf runde fünf Millionen Dollar belaufen mußte.

»Ich würde gerne wissen, Monsieur«, sagte Ignatius, »was ich zu tun habe, wenn ich bei Ihrer Bank ein Konto eröffnen will?«

Ruth Rendell

Bestechung und Korruption

In London weiß jeder, der oft und gern zum Essen ausgeht, daß *Potters* in der Marylebone High Street eines der kostspieligsten Restaurants ist. Nicholas Hawthorne, der gewöhnlich seine Mahlzeiten in seinem möblierten Zimmer oder in einem Steakhouse einnahm, ließ sich durch den bescheiden klingenden Namen täuschen. Als Annabel sagte: »Gehen wir zu *Potters*«, war er sofort einverstanden.

Er führte sie zum ersten Mal aus. Sie war ein kleines, hübsches Mädchen, für das eigentlich nicht viel sprach. Ein schmales Gesichtchen, riesige, sprechende Augen – ein Fledermausgesicht, dachte Nicholas. Sie schlug vor, ein Taxi zu nehmen, »weil *Potters* so schwer zu finden ist«. Als Nicholas das große Gebäude direkt in der Mitte der Marylebone High Street sah, stellte er bei sich fest, daß es zu Fuß nicht schwerer zu finden gewesen wäre als mit dem Taxi, aber er sagte nichts.

Schon fing er sich an zu fragen, was das Essen wohl kosten werde. *Potters* war ein vornehmes und imposantes Restaurant. Die Fenster waren aus dem klaren, aber leicht fehlerhaften Glas, das auf ein hohes Alter schließen läßt, und das dunkelrote Holz der Tür sah aus, als sei es während der vergangenen fünfzig Jahre jeden Tag auf Hochglanz poliert worden. Weil die Vorhänge zugezogen waren und man von draußen nicht in das Lokal hineinsehen konnte, hatte man den Eindruck, sich einem Privathaus zu nähern, dem Stadthaus eines reichen Mannes vielleicht.

Gleich hinter der Tür lag die Bar. In den schwarzen Ledersesseln saßen lässig drei Paare. Ein Ober nahm Annabel den Mantel ab und führte sie zu einem Tisch im Restaurant. Obwohl noch jung, war Nicholas sehr scharfsinnig. Er hatte erwartet, das Lokal werde Annabel genauso einschüchtern wie ihn, der voller Hemmungen war, doch sie überließ dem Ober ihren Mantel ganz ohne Scheu. Und als die Ober mit Speise- und Weinkarte kamen, erklärte sie unverfroren, sie fange mit einem Pernod an.

Was würde das alles nur kosten? Unglücklich studierte Nicholas die Preise und war dankbar, daß er seine erst kürzlich erworbene Kreditkarte bei sich hatte. Leb jetzt, zahle später – aber, o Gott, zahlen mußte er trotzdem.

Als Vorspeise wählte Annabel Spargel und als zweiten Gang gebratenes Waldhuhn. Das Waldhuhn war das teuerste, das die Speisekarte zu bieten hatte. Nicholas begnügte sich mit Gemüsesuppe und einem Schweinekotelett. Er fragte Annabel, ob sie lieber Weißwein oder Rotwein trinke, und sie antwortete, eine Flasche sei ohnehin nicht genug, warum also nicht von jeder Sorte eine bestellen?

Während sie aßen, sprach sie kein Wort. Er erinnerte sich, einmal ein Gedicht gelesen zu haben, in dem ein Dichter über einen Schulmeister bewundernd sagte, er begreife nicht, wie man in einem einzigen kleinen Kopf so viel Wissen speichern könne. Nicholas fragte sich, wie ein einziger kleiner Körper mit alldem fertig wurde, was Annabel aß. Zu ihrem Waldhuhn nahm sie Bratkartoffeln, Rotkraut, grüne Bohnen, und als sie hörte, daß der Ober den Leuten am Nebentisch geschmorte Artischocken empfahl, sagte sie, sie wolle auch ein paar. Er betete im stillen darum, daß sie nicht noch einen Gang wollte. Aber dieser katzbuckelnde, schmeichlerische Ober mußte natürlich mit dem Servierwagen daherkommen, auf dem die Desserts ausgestellt waren.

»Wir haben frische Erdbeeren, Madam.«

»Im November?« sagte Annabel, endlich ihr Schweigen brechend. »Das ist ja phantastisch!«

Natürlich wollte sie Erdbeeren haben. Während er den allerletzten Rest seines Weins trank, sah Nicholas zu, wie sie Erdbeeren mit Schlagsahne verzehrte und sich dann noch ein Stück Schokoladenbisquit aussuchte. Nicholas bestellte Kaffee. Wünschten Sir und Madame vielleicht noch ein kleines Likörchen? Nicholas schüttelte heftig den Kopf. Annabel sagte, sie trinke einen grünen Chartreuse. Nicholas wußte, daß das die Krone aller Liköre war – und selbstverständlich der allerteuerste.

Inzwischen jagte der Gedanke an die Rechnung ihm so große Angst ein, und gleichzeitig widerte Annabels hemmungslose Trinkerei ihn so an, daß er sich unbedingt ein paar Minuten von ihr absetzen mußte. Es war klar, daß sie nur mit ihm ausgegangen war, um sich vollzustopfen und bis zur Bewußtlosigkeit zu betrinken. Er entschuldigte sich, stand auf und entfernte sich in Richtung der Herrentoilette.

Um sie zu erreichen, mußte er an einem Ende der Bar vorbeigehen. Sie war noch immer halb leer, aber während der vergangenen Stunde – es war jetzt neun Uhr – war noch ein Paar hereingekommen und hatte an einem Tisch in der Mitte Platz genommen. Ein Mann im mittleren Alter mit dichten, silbergrauen Haaren und einem straffen, leicht gebräunten Gesicht. Den rechten Arm hatte er seiner Begleiterin, einem sehr jungen, sehr hübschen blonden Mädchen, um die Schultern gelegt und flüsterte ihr etwas ins Ohr. Nicholas erkannte ihn sofort. Es war der Präsident der Firma, bei der Nicholas' Vater bis vor zwei Jahren Verkaufsdirektor gewesen war. Dann hatte man ihn unter einem lächerlichen Vorwand entlassen. Die Firma hieß Sorensen-McGill, und der Silberhaarige war Julian Sorensen.

Nicholas haßte ihn mit der ganzen Leidenschaft eines jungen Menschen, der bedingungslos zum Vater hielt, den er liebte. Doch Nicholas war auch noch sehr jung und brachte es nicht fertig, Sorensen zu schneiden. Er murmelte steif »guten Abend« und stürmte in die Herrentoilette, wo er seine Taschen ausleerte, die Banknoten in seiner Brieftasche zählte und versuchte zu überschlagen, wieviel er der Kreditgesellschaft bereits schuldete. Wenn nötig, mußte er seinen Vater anpumpen, obwohl ihm das furchtbar gegen den Strich ginge, weil er wußte, daß sein Vater, seit dieses Biest Sorensen ihn gefeuert hatte, von einem viel geringeren Einkommen leben mußte als früher. Seinen Vater anpumpen, vielleicht – wenn möglich – die Miete einen Monat schuldig bleiben, weniger rauchen oder das Rauchen sogar ganz aufgeben ...

Ihm war beinahe übel, als er aus der Toilette herauskam. Sorensen und das Mädchen saßen jetzt nicht mehr so eng beieinander. Sie sahen ihn nicht an, und Nicholas schaute ebenfalls auf die andere Seite. Annabel trank ihren zweiten grünen Chartreuse und schaufelte *petit fours* in sich hinein. Er hatte ihr Gesichtchen mit dem einer Fledermaus verglichen, doch jetzt fiel ihm ein, daß zur Gattung der Fledermäuse auch die Vampire gehörten. Sie verschlang eben eine Marzipanorange und sah dabei wie ein raubgieriger kleiner Vampir aus. Und sie war sehr betrunken.

»Ich bin furchtbar schläfrig, und mir ist so komisch«, sagte sie. »Vielleicht habe ich irgendeinen Virus erwischt. Lass' dir die Rechnung bringen, ja?«

Nicholas mußte lange warten, bis der Ober einmal zu ihm hersah. Und als er Nicholas' Blick endlich aufgefangen hatte, rückte er mit der Kaffeekanne an. Aber Nicholas bewies Entschlossenheit, worüber er selbst am meisten überrascht war.

»Die Rechnung, bitte«, sagte er im Ton eines Menschen, der einem Mächtigeren zurief, daß er, ein dem Tode Geweihter, ihn begrüße – *morituri te salutant.*

Der Ober kam schon nach einer halben Minute wieder. Ob Nicholas wohl so freundlich wäre, ihn zu begleiten? fragte er. Der Maître d'Hôtel wünsche ihn zu sprechen. Nicholas nickte beklommen. Was war passiert? Was hatte er angestellt? Annabel war auf ihrem Stuhl zusammengesackt, ihr Kopf hing nach hinten, ihre Augen waren halb geschlossen, und aus ihrem Mund tröpfelte ein orangefarbenes Rinnsal. Man würde ihm nahelegen, sie aus dem Restaurant zu entfernen, weil sie sich unmöglich benommen habe. Und bestimmt bekam er Hausverbot. Mit geballten Händen ging er hinter dem Ober her.

Der Maître d'Hôtel war ein riesiger Mann mit der Nase und dem prachtvollen Habitus eines Königspinguins. »Ihre Rechnung ist bereits beglichen, Sir.«

Nicholas starrte ihn verständnislos an. »Wie meinen Sie das, Sir?«

»Ihr Vater hat das erledigt, Sir. Mir wurde aufgetragen, Ihnen zu sagen, Ihr Vater habe Ihre Rechnung bezahlt.«

Nicholas war ungeheuer erleichtert. Er schien wieder zu wachsen, fühlte sich unbeschwert und frei. Es war, als habe ihm jemand – wieviel mochte es gewesen sein? Sechzig – siebzig Pfund? – geschenkt. Und er begriff sofort. Sorensen hatte die Rechnung bezahlt und sich als sein Vater ausgegeben. Es war eine kleine Entschädigung für das, was Sorensen seinem Vater angetan hatte, als er ihn entließ. Er hatte sechzig Pfund lockergemacht, um zu zeigen, daß er es gut meinte, um zu zeigen, daß er seine Ungerechtigkeit auf bescheidene Weise wiedergutmachen wollte.

Sehr aufrecht, frei und selbstsicher sagte Nicholas: »Rufen Sie mir bitte ein Taxi.« Dann ging er und schüttelte auf höchst vornehme Art Annabel wach.

Seine Euphorie hielt fast noch eine Stunde an, nachdem er die schlaftrunkene Annabel durch ihre Wohnungstür geschoben hatte, die Treppe zu dem möblierten Zimmer hinaufgestiegen war, in dem er zur Miete wohnte, und es sich mit einem Kreuzworträtsel aus der Zeitung gemütlich machte. Alles wäre ganz anders gekommen, hätte er dieses Kreuzworträtsel nicht angefangen. Zwölf waagrecht: moralischer Verfall mit zehn Buchstaben. Der dritte Buchstabe »R« und der neunte Buchstabe »O« hatten sich schon ergeben. Nicholas fand die Lösung schon nach ein paar Sekunden. Sie lautete »Korruption«. Einundzwanzig senkrecht: »hängt gewöhnlich mit zwölf waagerecht zusammen«, hieß es da. Der Begriff hatte ebenfalls zehn Buchstaben, und der neunte war das »N« aus Korruption. Auch er war nicht schwer zu erraten. Er lautete »Bestechung«.

Nicholas legte die Zeitung aus der Hand und starrte auf die gegenüberliegende Wand. Bestechung hing mit Korruption zusammen. Wie hatte er nur ein solcher Idiot sein können, ein so naiver und argloser Idiot! Wie hatte er nur annehmen können, ein Mann wie Sorensen mache sich Gedanken über Ungerechtigkeit, denke je an eine ungerechte Entlassung oder glaube auch nur einen Moment, er könne Unrecht getan haben? Selbstverständlich hatte er auch nicht versucht, an Nicholas etwas gutzumachen, und ebensowenig hatte er die Rechnung bezahlt, weil er ein anständiger Mensch war und bereute, was er Nicholas' Vater angetan hatte. Es war ein Bestechungsversuch gewesen.

Er hatte Nicholas bestechen wollen, damit er den Mund hielt, weil niemand erfahren sollte, daß er mit einem jungen Mädchen in einer Bar gewesen war, daß er ein junges Mädchen umarmt hatte, das nicht seine Frau war. Es war reinste Bestechung, die Art von Bestechung, die korrupt machte.

Vor ungefähr drei Jahren war Nicholas einmal mit seinen Eltern bei einer Party gewesen, die Sorensen für seine Angestellten gegeben hatte und bei der Mrs. Sorensen als Gastgeberin fungiert hatte. Eine kleine, unscheinbare, braunhaarige Frau in Nicholas' Augen. Sorensen hatte die Rechnung bezahlt, weil seine Frau nicht erfahren sollte, daß er eine Freundin hatte, die jung genug war, seine Tochter zu sein.

Er hat mich gekauft, dachte Nicholas, hat mich bestochen und korrumpiert – oder hat es zumindest versucht. Doch es sollte ihm nicht gelingen. Er brauchte sich nicht einzubilden, er könne die Familie Hawthorne auch jetzt noch nach seinem

Belieben herumstoßen. Er hatte es einmal getan, und das hatte genügt.

Es war ein angenehmer Gedanke gewesen, daß er nicht mehr als die Hälfte seines Wochengehalts an dieses gräßliche Mädchen verschwenden mußte, aber seine Ehre war ihm wichtiger. Ehre bedeutete schließlich nichts anderes, als materielle Dinge einem Prinzip zu opfern. Nicholas hatte eine schlechte Nacht, denn er wurde häufig wach und dachte an die materiellen Dinge, die er sich während der nächsten Wochen verkneifen mußte, um seiner Ehre Genüge zu tun. Dennoch war am nächsten Morgen sein Entschluß gefaßt. Mit einem Griff in die Tasche überzeugte er sich, daß er sein Scheckbuch eingesteckt hatte, dann ging er zur Arbeit.

Ein paar Stunden vergingen, ehe er den Mut aufbrachte, bei Sorensen-McGill anzurufen. Was sollte er tun, wenn Sorensen sich weigerte, ihn zu empfangen? Hätte er nur ein mit fünfhundert Pfund gut gepolstertes Bankkonto gehabt, hätte er Sorensen mit großer Geste einen Blankoscheck mit einem kurzen, verächtlichen Begleitschreiben schicken können.

Die Telefonistin, die schon zu Zeiten seines Vaters in der Firma gewesen war, meldete sich auch jetzt.

»Sorensen-McGill. Was kann ich für Sie tun?«

Mit vor Erregung heiserer Stimme fragte Nicholas, ob er noch heute in einer dringenden Angelegenheit einen Termin bei Mr. Sorensen bekommen könne. Er wurde zu Sorensens Sekretärin weiterverbunden. Es gab eine Verzögerung. Klingeln schrillten und Schalter klickten. Das Mädchen meldete sich wieder, und Nicholas war überzeugt, es werde ihm eine abschlägige Antwort geben.

»Mr. Sorensen läßt fragen, ob Ihnen ein Uhr paßt?«

In der Mittagspause? Selbstverständlich paßte es ihm da. Aber was, in aller Welt, konnte Sorensen bewogen haben, seinetwegen auf den Lunch zu verzichten, der zu Lasten seines fetten Spesenkontos ging? Nicholas brach zum Berkeley Square auf und rätselte unterwegs daran herum, wieso der

Mann so entgegenkommend war. Eine schwache, hoffnungsvolle innere Stimme begann ihm wieder die Argumente vorzuhalten, die im Lauf des Abends von seinem gesunden Menschenverstand so unbarmherzig zerpflückt worden waren.

Vielleicht hatte Sorensen es wirklich gut gemeint, vielleicht würde er Nicholas erklären, er habe die Rechnung nicht bezahlt, um ihn zu bestechen, sondern um dem Sohn eines hochgeschätzten früheren Angestellten ein kleines Geschenk zu machen. Das hübsche Mädchen war vielleicht Sorensens Tochter gewesen. Nicholas wußte nicht, ob der Mann Kinder hatte. Es war durchaus möglich, daß er eine Tochter hatte. Dann wäre es keine Korruption, kein Verrat an seiner Ehre, er müßte das Rauchen nicht aufgeben und bei seinem Hauswirt nicht um gut Wetter bitten.

Man kannte ihn bei Sorensen-McGill. Er war mit seinem Vater dagewesen, und außerdem war er seinem Vater wie aus dem Gesicht geschnitten. Das hübsche blonde Mädchen hatte Sorensen überhaupt nicht ähnlich gesehen. Eine Sekretärin führte Nicholas ins Büro des Firmenchefs. Sorensen saß in einem gelben Ledersessel hinter einem Rosenholzschreibtisch mit einer Platte aus intarsiertem gelben Leder. Die Wand hinter ihm bedeckte ein Wandgemälde im Stil von Modigliani, und auf dem Schreibtisch stand ein übervoller Aschenbecher aus dunkelgrüner Jade. Die Sekretärin nahm ihn weg und ersetzte ihn durch einen sauberen aus hellgrüner Jade.

»Hallo, Nicholas«, sagte Sorensen, ohne zu lächeln. »Setzen Sie sich.«

Die einzige andere Sitzgelegenheit war eines jener niedrigen High-tech-Gebilde aus Leder, das an einem Metallrahmen aufgehängt war. Neben diesem Sessel stand ein niedriger Kaffeetisch aus schwarzem Glas mit schwarzen ledergepolsterten Kanten, und auf dem Tischchen lag ein in der Mitte aufgeschlagenes Magazin, auf dessen Faltblatt ein nacktes Mädchen zu sehen war. Es gibt Menschen, die es verstehen, anderen die Befangenheit zu nehmen, und solche, die wissen, wie man andere in Schwierigkeiten bringt. Nicholas setzte sich, und er saß tief, sehr tief – etwa sieben Zentimeter über dem Boden.

Sorensen zündete sich eine Zigarette an, ohne Nicholas eine anzubieten. Er sah Nicholas an und bewegte ganz langsam den Kopf von einer Seite auf die andere.

»Darauf hätte ich eigentlich gefaßt sein müssen«, sagte er schließlich.

Nicholas öffnete den Mund, um etwas zu sagen, aber Sorensen hob die Hand. »Nein, zuerst hören Sie mir zu, dann können Sie reden.« Sein Ton wurde hart und schroff. »Das Mädchen, mit dem Sie mich gestern abend gesehen haben, war eine ... Um es nicht ganz so unverblümt zu sagen – ich habe sie in einer Bar aufgelesen. Ich habe sie vorher nie gesehen, und ich werde sie nie wiedersehen. Sie ist in keinem Sinn des Wortes meine Freundin oder Geliebte. Warten Sie«, warf er ein, als Nicholas ihn unterbrechen wollte. »Lassen Sie mich zu Ende sprechen. Meine Frau ist nicht gesund. Sollte ihr je zu Ohren kommen, wo und mit wem ich gestern abend zusammen war, wäre sie zweifellos sehr unglücklich. Wahrscheinlich würde sie wieder krank. Wobei ich selbstverständlich von einer seelischen, nicht von einer körperlichen Krankheit rede, aber ...«

Er zog ausgiebig an seiner Zigarette. »Trotz allem aber und was auch die Konsequenzen sein mögen – ich lasse mich um keinen Preis erpressen. Ist das klar? Ich habe gestern abend Ihr Essen bezahlt, und das ist genug. Ich möchte nicht, daß meine Frau erfährt, was Sie gesehen haben, aber Sie dürfen es ihr ruhig sagen, Sie dürfen es in alle Welt schreien, von mir bekommen Sie keinen Penny mehr.«

Bei dem Wort »erpressen« hatte Nicholas' Herz zu hämmern begonnen. Das Blut schoß ihm ins Gesicht. Er war gekommen, um seine Ehre zu schützen, und man hatte sein Motiv völlig mißverstanden. Mit erstickter Stimme stieß er hervor:

»Sie haben keinen Grund – es war nicht ... Warum sagen Sie so etwas zu mir?«

»Es ist kein schönes Wort, nicht wahr? Aber es anders zu nennen wäre reine Spiegelfechterei. Sie sind doch hier, weil Sie mehr Geld haben wollen, nicht wahr?«

Nicholas sprang auf. »Ich bin hier, um Ihnen Ihr Geld zurückzugeben!«

»Ach ja?« Sorensen sagte das in einem sehr seltsamen Ton – skeptisch, verbindlich, zynisch und zugleich erstaunt. Er drückte seine Zigarette aus. »Ich verstehe. Jugend ist moralisch. Unerfahrenheit ist puritanisch. Sie werden es meiner Frau auf jeden Fall sagen, weil Sie nicht käuflich sind. Hab' ich recht?«

»Nein, ich bin nicht käuflich.« Nicholas zitterte. Er legte die Hände flach auf Sorensens Schreibtisch, aber sie zitterten immer noch. »Ich werde keiner Menschenseele erzählen, was ich gesehen habe, das versichere ich Ihnen. Aber ich kann mir von Ihnen nicht mein Abendessen bezahlen lassen, und Sie dürfen sich auch nicht als mein Vater ausgeben.« Hinter seinen Augenlidern brannten Tränen.

»Oh, setzen Sie sich, setzen Sie sich doch. Warum, zum Teufel, sind Sie denn hergekommen, wenn Sie mich nicht erpressen wollen und Ihre Lippen versiegelt sind? Ist es ein rein gesellschaftlicher Besuch? Oder soll's ein kleines Schwätzchen von Mann zu Mann über die Damen sein, die wir ausgeführt haben? Wie Sie wissen, gehört Ihre Familie nicht gerade zu meinen engsten Freunden.«

Nicholas wich ein Stückchen zurück, er fühlte die Macht dieses Mannes. Es war die Macht des Geldes und die Macht, die jenen selbstverständlich ist, die immer Geld gehabt hatten. Sorensen hatte etwas an sich, was Nicholas bisher nie aufgefallen war, das aber jetzt deutlich zutage trat: Er sah aus, als sei er aus Metall – die Haut Kupfer, das Haar Silber, der Anzug Zinn.

Dann verschleierten sich Nicholas Augen so sehr, daß er alles nur noch verschwommen sah. »Wie hoch war meine Rechnung?« fragte er mühsam.

»Ach, um Himmels willen!«

»Wie hoch?«

»Siebenundsechzig Pfund und ein paar Zerquetschte«, antwortete Sorensen. Es klang belustigt.

Für Nicholas war es ein kleines Vermögen. Er nahm das Scheckbuch heraus, füllte den Scheck auf J. Sorensen aus und schob ihn über den Tisch. »Hier haben Sie Ihr Geld«, sagte er. »Aber Sie brauchen sich keine Sorgen zu machen. Ich werde keinem sagen, daß ich Sie gesehen habe. Das verspreche ich Ihnen.«

Während er das sagte, kam er sich edel und heldenhaft vor. Er schluckte die Tränen hinunter. Sorensen betrachtete den Scheck und zerriß ihn.

»Sie sind ein lästiger junger Mann. Ich will Sie hier nicht haben. Gehen Sie!«

Nicholas ging. Er verließ das Gebäude mit hocherhobenem Kopf. Er dachte noch immer daran, Sorensen einen zweiten Scheck zu schicken, als er, zwei Tage später, morgens im Zug die Zeitung las und den verhaßten Namen entdeckte. Zuerst sah er keinen Zusammenhang zwischen dem Artikel und »seinem« Sorensen – und dann erkannte er, daß es kein anderer sein konnte. Die Schlagzeile lautete: *Frau tot im Wald aufgefunden. Ehefrau eines Industriekapitäns ermordet.*

Und darunter der Bericht:

Gestern abend wurde in einem verlassenen Wagen im Hatfield Forest, Herefordshire, die Leiche einer Frau entdeckt. Die Frau war erdrosselt worden. Heute ist es der Polizei gelungen, sie als Mrs. Winifred Sorensen, 45, wohnhaft am Eaton Place, Belgravia, zu identifizieren. Sie war die Frau von Julius Sorensen, Präsident von Sorensen-McGill, einer Büromöbelfabrik.

Mrs. Sorensen war bei ihrer Mutter, Mrs. Mary Clifford, in Much Hadham zu Besuch gewesen. Mrs. Clifford hat ausgesagt: »Meine Tochter wollte noch zwei Tage bei mir bleiben. Ich war überrascht, als sie mir am Dienstagabend sagte, sie wolle nach London zurückfahren, nach Hause.«

»Ich habe meine Frau am Dienstagabend nicht erwartet«, erklärte Mr. Sorensen. »Daß sie nicht mehr bei ihrer Mutter war, wußte ich nicht und habe es erst erfahren, als ich gestern dort anrief. Als mir klarwurde, daß sie vermißt wurde, habe ich sofort die Polizei informiert.«

Die Mordkommission hat die Ermittlungen aufgenommen.

Diese arme Frau, dachte Nicholas. Während sie zu ihrem Mann nach Hause fuhr, sich wahrscheinlich nach ihm sehnte, seine Nähe brauchte, bei ihm Geborgenheit suchte, trieb er sich mit einem Mädchen herum, das er irgendwo aufgelesen hatte, einem Mädchen, von dem er nicht einmal den Familiennamen kannte. Er mußte jetzt von Reue überwältigt sein. Nicholas hoffte nur, daß es ätzende, peinigende Reue war. Der Kontrast war es, den Nicholas so furchtbar fand: Sorensen, Wange an Wange mit diesem Mädchen, mit dem er getrunken und später bestimmt auch geschlafen hatte. Und seine Frau, die allein war und sich an einem einsamen Ort in der Dunkelheit gegen einen Angreifer zur Wehr setzte.

Nicholas wäre natürlich nicht überrascht gewesen, wenn Sorensen es selbst getan hätte. Nichts, was Sorensen tun konnte, hätte ihn überrascht. Dieser Mann war zu jeder Schändlichkeit fähig. Nur konnte er diese nicht begangen haben, das wußte niemand besser als Nicholas. Daher war es ein kleiner Schock für ihn, daß zwei Polizeibeamte ihn ansprachen, als er am Abend nach Hause kam. Sie hatten in einem Wagen gewartet, der vor der Gartentür parkte, und stiegen aus, als er näher kam.

»Nur keine Sorge, Mr. Hawthorne«, sagte der ältere der beiden, der sich als Detective Inspector vorstellte. »Es handelt sich um eine reine Routinesache. Haben Sie heute zufällig in Ihrer Zeitung vom Tod einer Mrs. Winifred Sorensen gelesen?«

»Ja, das hab' ich.«

»Dürfen wir hineinkommen?«

Sie folgten ihm nach oben. Was konnten sie von ihm wollen? Nicholas las manchmal Detektivgeschichten, und er stellte sich vor, daß sie vielleicht von seiner oberflächlichen Verbindung mit Sorensen-McGill wußten und sich bei ihm nach Sorensens Charakter und Familienleben erkundigen wollten. In diesem Fall waren sie an den richtigen Zeugen geraten.

Er konnte ihnen einiges erzählen. Er konnte ihnen sagen, warum es sich die arme Mrs. Sorensen, eifersüchtig und mißtrauisch – denn das war sie bestimmt gewesen –, in den Kopf gesetzt hatte, zwei Tage früher als vorgesehen nach Hause zu fahren. Sie hatte ihren Mann in flagranti ertappen wollen. Und sie hätte ihn ertappt. Hätte festgestellt, daß er nicht zu Hause war oder vielleicht sogar dieses Mädchen in ihr gemeinsames Heim mitgenommen hatte. Nur war sie nie daheim angekommen. Ein Mörder war vorher zu ihr ins Auto gestiegen. O ja, Nicholas konnte einiges erzählen!

In seinem Zimmer setzten sie sich. Sie mußten sich auf dem Bett niederlassen, denn er hatte nur einen Stuhl.

»Es steht fest«, sagte der Inspector, »daß Mrs. Sorensen am Dienstagabend zwischen acht und zehn Uhr ermordet wurde.«

Nicholas nickte. Er konnte seine Erregung kaum unterdrücken. Was für ein Schock würde es für sie sein, wenn er ihnen vom Privatleben dieses angeblich so respektablen Geschäftsmannes berichtete. Nur einen Sekundenbruchteil später fühlte Nicholas sich nur noch klein und häßlich und sah den Inspector sprachlos an.

»An diesem Abend hielt sich ihr Mann, Mr. Julius Sorensen, um neun Uhr in Begleitung einer jungen Dame im Restaurant *Potters* in der Marylebone High Street auf. Das hat er bei uns zu Protokoll gegeben.«

Sorensen hatte es ihnen gesagt. Er hatte gestanden. Nicholas' Enttäuschung war kaum zu überbieten.

»Ich glaube, Sie waren um diese Zeit auch in diesem Restaurant.«

»O ja, das war ich«, antwortete Nicholas mit zaghaft klingender Stimme.

»Am nächsten Tag, Mr. Hawthorne, erschienen Sie im Büro von Sorensen-McGill, wo Sie eine längere Unterredung mit Mr. Sorensen hatten. Wollen Sie mir sagen, um was es bei dieser Unterredung ging?«

»Darum, daß ich ihn am Abend vorher im *Potter* gesehen hatte. Er wollte, daß ich ...« Nicholas unterbrach sich. Er wurde rot.

»Einen Moment, Sir. Ich glaube, ich kann erraten, warum Ihnen deshalb so unbehaglich zumute ist. Sie sind noch sehr jung, wenn ich das, ohne Sie zu kränken, sagen darf, und junge Menschen sind manchmal ein bißchen unsicher, wenn es sich um Fragen der Loyalität handelt. Habe ich recht?«

Nicholas nickte verblüfft.

»Ihre Pflicht liegt klar auf der Hand. Sie müssen die Wahrheit sagen. Werden Sie es tun?«

»Ja, selbstverständlich.«

»Gut. Hat Mr. Sorensen versucht, Sie zu bestechen?«

»Ja.« Nicholas holte tief Atem. »Ich habe ihm ein Versprechen gegeben.«

»Dem Sie kein Gewicht beimessen dürfen, Mr. Hawthorne. Lassen Sie mich wiederholen: Mrs. Sorensen wurde zwischen acht und zehn ermordet. Mr. Sorensen hat uns gesagt, er habe um neun Uhr im *Potters* gesessen. In der Bar. Das Personal dort kann sich nicht an ihn erinnern. Den Familiennamen der Dame, die ihn begleitet hat, kennt er angeblich nicht. Aber er behauptet, Sie seien dagewesen und hätten ihn gesehen.« Der Inspector schaute zu seinem Kollegen hinüber und sah dann wieder Nicholas an. »Nun, Mr. Hawthorne. Das ist eine sehr ernste Sache.«

Nicholas verstand. Erregung wallte wieder in ihm auf, doch er ließ es sich nicht anmerken. Ihnen würde klar sein, warum er zögerte. Endlich sagte er:

»Ich war von acht bis gegen halb zehn im *Potters.*« Sorgfältig hielt er sich streng an die Wahrheit. »Am Mittwoch waren Mr. Sorensen und ich in seinem Büro verabredet, und wir unterhielten uns darüber, daß ich im *Potters* gewesen war und ihn dort gesehen hatte. Und – er bezahlte mir mein Abendessen.«

»Ich verstehe.« Was der Inspector für scharfe Augen hatte! Wieviel er über Jugend und Alter, Weisheit und Naivität, Unschuld und Korruption zu wissen glaubte. »Also, bitte – haben Sie Mr. Sorensen am Dienstagabend wirklich im Restaurant *Potters* gesehen?«

»Ich kann mein Versprechen nicht brechen«, sagte Nicholas.

Natürlich konnte er das nicht. Er brauchte dieses Versprechen nur zu halten, und die Polizei würde Sorensen wegen Mordes anklagen. Er schlug die Augen nieder.

»Ich habe ihn nicht gesehen«, sagte er mit schuldbewußt und bekümmert klingender Stimme. »Selbstverständlich habe ich ihn nicht gesehen.«

Sabine Deitmer

Maßgeschneidert

Diesmal stirbt Herr Schneider einen besonders unangenehmen Tod.

Er sitzt auf der untersten Bank in der Sauna, hat die Sanduhr herumgedreht und wartet auf die Schweißtropfen. Und da brechen die ersten auch schon aus der Haut hervor, vermehren sich in Sekundenschnelle, schwellen an, bis sie platzen und sich ihren Weg an diesem ein Meter achtzig langen und neunundachtzig Kilo schweren Körper entlang bahnen, der nichts anderes mehr ist als eine glitschige, dampfende Masse Fleisch. Er ächzt und stöhnt. Der rote Sand in der Uhr ist zu drei Vierteln durchgelaufen. Er schleppt sich zur Tür. Die Tür ist geschlossen. Mit den Fäusten trommelt er gegen das Glasfenster der schweren Holztür. Nichts. Die Tür bleibt zu. Nach einer Weile ist es ruhig. Ute hört den dumpfen Aufprall seines schweren Körpers hinter der Saunatür.

Her Schneider ist in der Sauna erstickt.

In diesem Augenblick geht die Tür zum Chefzimmer auf, und Herr Schneider steht in voller Lebensgröße im Zimmer seiner Sekretärin.

»Ich bin im Kassenraum, falls Wiedermann mich sucht.«

Verfolgt von Utes Augen geht Schneider, der jetzt in einem maßgeschneiderten grauen Anzug steckt, zur Tür hinaus. Draußen im Gang läßt Ute eine Bande von Rockern auf ihn los. Mit Fahrradketten in der Hand bauen sie sich vor ihm auf. Schneiders Bauch beginnt vor Angst unter der Weste zu beben.

»Na, Opi, wie ham wa's denn?« fragt der Anführer genüßlich und hält ihm einen Schlagring unters Kinn. Schneider wird kreidebleich, übergibt sich und rutscht langsam an der Wand nach unten, dicke Fladen von Erbrochenem auf Hemd und Weste.

»Watt, Opi, Angst? In der Zeitung haste doch immer so markige Sprüche drauf, was du für uns tun willst und so. Jetzt tun wir was für dich.«

Ute stellt sich vor, wie ein Schlagring auf die Kopfhaut ihres Chefs niedersaust, ihm die Schädeldecke spaltet.

Sie blickt auf die Armbanduhr. Elf Uhr sechsundfünfzig. Vier Minuten bis zur Mittagspause. Hoffentlich kommt er schnell zurück, damit sie pünktlich in die Mittagspause gehen kann. Sie kann erst gehen, wenn er wieder da ist. Es ist ungeschriebenes Gesetz im Vorzimmer des Herrn Schneider, daß das Telefon zu keiner Tageszeit unbesetzt bleiben darf.

Aus der Schreibtischschublade holt Ute sich eine Illustrierte und ihr Butterbrot. Vorsichtig, um den Lippenstift nicht zu verschmieren, beißt sie hinein und blättert die bunten Seiten um.

Ekelhaft, denkt sie und nimmt einen tüchtigen Bissen. Da sind sie ja wieder, diese Saubermänner mit den weißen Hemden. Dieses immer gleiche Grinsen um die Mundwinkel. »Jawohl, Herr Wiedermann. Selbstverständlich. Jawohl. Sie haben recht. Keine Frage. Ein Fehler eines Mitarbeiters. Unerklärlich. Ich werde sofort veranlassen, daß er ... Nein, Herr Wiedermann. Mich trifft keinerlei Schuld in der Angelegenheit.«

Genauso redet er. Ute steckt den letzten Bissen des Leberwurstbrots in den Mund.

Und das waren die Typen, die das Sagen hatten.

Ute hört Schritte auf dem Gang. Schnell läßt sie Illustrierte und Butterbrotpapier in der Schublade verschwinden.

»Sie können zu Tisch gehen, Fräulein Wenke.«

Ute nimmt ihre Handtasche, zieht die Lippen nach, pudert sich die Nase und geht an den Schrank. ›Fräulein Wenke‹ hallt es in ihrem Kopf, als sie sich den Mantel anzieht. ›Fräulein Wenke‹. Sie ist achtundzwanzig. Nur weil sie nicht verheiratet ist, nennt Schneider sie ›Fräulein Wenke‹. Jedesmal ärgert sie sich von neuem darüber.

»Mahlzeit«, ruft sie in Richtung auf die offene Tür. »Ich bin in der Kantine.« Der Gang zur Kantine ist den Mitarbeitern der Stadtverwaltung offiziell gestattet und bedeutet eine halbe Stunde länger Mittagspause.

Zwanzig nach zwölf. Das geht ja noch. Ute ist mit ihrer Freundin Renate in einem Café am Markt verabredet.

Renate kaut an einem Stück Pflaumenkuchen mit Sahne. »Er will dich loswerden«, sagt sie zur Begrüßung, noch bevor Ute den Mantel ausziehen kann. Renate arbeitet im Personalamt.

»Das weiß ich positiv. Das Telefon ist heißgelaufen, als du krank warst.«

»Das sieht ihm ähnlich. Und das nur, weil ich ihn mit seinen sauberen Fingern nicht an mich ranlasse. Ist ja klar, daß da 'ne Retourkutsche kommen mußte.«

»Der treibt's echt toll. Wieviel Schreibkräfte hat der in den letzten zwei Jahren verschlissen?«

»Eins, zwei, drei, vier, fünf, sechs«, zählt Ute an ihren Fingern ab, »entweder hat er was mit ihnen angefangen, oder er konnte nicht landen, und dann mußten sie auch gehen.«

»Wo wollen die mich denn hinstecken?«

»Ins ... Einwohnermeldeamt.«

»O Gott, das soll er mir büßen.«

»Viel Glück, dem sollte es wirklich mal einer heimzahlen.«

»Dem und allen anderen. Guck sie dir doch an. Für sich und ihre Freunde die dicksten Pöstchen, das tollste Büro. Ganz zu schweigen von dem, was sie sich so nebenbei an Land ziehen. Und wenn einer dann trotzdem mal auffällt, decken ihn natürlich die Parteifreunde. Und gehen muß ein anderer, zwei Gehaltsstufen darunter. Wenn überhaupt.«

»Meiner geht jetzt schon während der Dienstzeit in den Puff«, kichert Renate. »Ist ja auch nicht weit. Jeden Mittwoch um zwei. Wir können die Uhr nach ihm stellen. Er flötet: ›Ich muß mal eben zum Hauptamt‹, und wir grinsen uns eins. Denn vom Büro aus kannst du direkt bis in die Linienstraße gucken. Da schleicht er sich hin, und eine Stunde später ist er wieder da.«

Als Ute sich an den Schreibtisch setzt, hört sie klar und deutlich die Stimme ihres Chefs durch die halboffene Tür.

»Ein Versäumnis meiner Sekretärin vermutlich.«

Welche Panne er wohl jetzt wieder auf mich abwälzt? Man sollte ihn aufspießen. Außer dem Leberwurstbrot hat Ute nichts gegessen, nur den Kaffee getrunken. Aufspießen und lebendigen Leibes rösten, daß die ganze Bosheit aus ihm heraustropfen kann.

Durch die halboffene Tür tritt Ute zu ihm ins Zimmer und sieht, wie er den Telefonhörer auflegt.

»Haben Sie mich gerufen?«

Schneider blickt sie über den schweren Rand seiner schwarzen Brille an.

»Nein. Nein, wie kommen Sie darauf?«

Von der Tür aus kann Ute erkennen, daß vor ihm auf dem Schreibtisch offen der Kalender einer Autofirma mit den bunten Fotos nackter Pin-up-Girls liegt. Den hat sie bisher noch nicht bei ihm gesehen. Jemand, der ihren Chef gut kannte, mußte etwas von ihm gewollt haben.

Wieder an ihrem Schreibtisch, feilt Ute versonnen an ihren Nägeln, die beim Tippen gelitten haben. Sie überlegt, wie sie sich an Herrn Schneider rächen kann.

Am nächsten Morgen wählt Ute ihre Kleidung besonders sorgfältig aus. Ein giftgrünes T-Shirt, ein enger Rock im Stil der fünfziger Jahre, ein schwarzer Lackgürtel zur Betonung der Taille. Zufrieden betrachtet sich Ute im Spiegel. Das wird reichen.

Als Schneider gegen acht zur Tür hereinkommt, macht sich Ute am untersten Regal des Rollschranks zu schaffen. Ihre Beine sind gestreckt, und ihr Hinterteil ragt in die Bürolandschaft wie die Popos der Pin-up-Girls auf Schneiders Kalender.

»Guten Mor...« Vor Staunen bleibt ihm die Sprache weg. An diesem Vormittag ruft Herr Schneider Ute mehrmals zu sich zum Diktat. Sein Blick klebt an den Spitzen ihres Busens, dem Ute mit einer Wattefüllung etwas mehr Kontur verliehen hat.

Nach der Mittagspause lädt Herr Schneider sie in sein Büro zum Kaffee ein. Es gibt Quarktörtchen. So etwas hat es nur die ersten Tage nach ihrem Dienstantritt gegeben. Danach nie mehr.

»Fräulein Wenke«, sagt er, sobald sie schräg gegenüber von ihm Platz genommen hat. »Fräulein Wenke«, wiederholt er und sieht dabei nicht auf sie, sondern auf die Spitzen ihres Busens, »Sie wissen gar nicht, was für eine gutaussehende Frau Sie sind.«

Er nimmt seine Brille ab, legt sie neben den Teller mit dem Quarkteilchen, das er nicht angerührt hat, und reckt ihr seinen Hals über die Kaffeetasse entgegen.

»Fräulein Wenke, was sag ich. Ute, ich bin verrückt nach Ihnen.«

»Siegfried, ich habe Sie während der letzten Monate schätzen und achten gelernt.«

Das nimmt Siegfried Schneider als Aufforderung, ihr einen nassen Kuß auf den Teil der Schulter zu geben, den das T-Shirt freigibt. Um nicht auf das braune Mal im Nacken ihres Chefs zu blicken, aus dessen Mitte sich ein widerborstiges Haar über den Ansatz seines weißen Hemdkragens reckt, sieht Ute auf den Kalender über seinem Schreibtisch. Mittwoch, der achte Oktober. Bis Ende des Monats mußte etwas passieren.

Ute braucht keine Stullen mehr fürs Büro zu schmieren. Schneider verwöhnt sie täglich mit neuen Leckereien: Cremetörtchen, Obstschnitten mit Sahne, Linzertorte, Apfelstrudel, Köstlichkeiten, die die umliegenden Bäckereien, Cafés und Konditoreien anzubieten haben. Nachts träumt Ute von Sauerkraut und Salzheringen.

Siegfried Schneider ißt kaum noch etwas. Mit großen hungrigen Augen folgt er der Kuchengabel, die in Utes roten Mund fährt. Als er sie bittet, gemeinsam mit ihm Überstunden zu machen, willigt Ute ein. Entgegen seinen sonstigen Gepflogenheiten will er die nächste Ausstellung höchstpersönlich zusammenstellen und gestalten. Mit ihrer Hilfe. Siegfried Schneider ist in einer Position, in der sich die dienstlichen Belange mit den privaten auf das Erfreulichste verknüpfen lassen. Die Überstunden sind vom Hauptamt genehmigt.

Nachmittags, Punkt sechzehn Uhr ist das Amt wie leergefegt. Die Eingangstür ist hinter dem letzten Mitarbeiter ins Schloß gefallen, die Büros sind verlassen, die Korridore leer. Nur das sanfte Brummen der Bohnergeräte dringt von unten aus der Kassenhalle in die Chefetage.

Siegfried Schneider hängt ein Schild an die Türklinke: ›Arbeitssitzung. Bitte nicht stören.‹ Für alle Fälle.

Auf dem Konferenztisch in Schneiders Büro stapeln sich Dutzende von Fotografien, die die Spitzen der Stadt beim Einweihen neuer Schulen, Schwimmbäder, Straßen und ähnlichem zeigen. Das Motto der Ausstellung lautet: ›Wie wir wurden, was wir sind: Aus Schutt und Asche zu Wohlstand und sozialer Gerechtigkeit.‹ Vor der nächsten Kommunalwahl, die schon in sechs Wochen ins Haus steht, ist es den Parteifreunden von Siegfried Schneider ein Anliegen, die Erfolge ihrer Regierung ins rechte Licht zu rücken. Entsprechend großzügig haben sie geeignetes Fotomaterial zur Verfügung gestellt. Diese Berge von Fotos gilt es, in eine zeitliche Reihenfolge zu bringen und aus den Fotos eines Jahrgangs die Auswahl zu treffen.

»Ute«, unterbricht Siegfried Schneider sie alle fünf Minuten beim Sortieren. »Kennst du den hier? Den mußt du doch kennen!«

Ute lernt alle Ratsmitglieder und Ausschußvorsitzende der letzten dreißig Jahre kennen, mit der sich Ute seinen Zugriffen entzieht.

»Du verdammte kleine Katze. Wart nur, dich krieg ich noch.«

An der Schreibmaschine entkommt sie ihm nicht. Wenn sie die Begleittexte für die Ausstellung tippt, steht er hinter ihr und streichelt ihren Nacken.

»Siegfried, die Putzfrauen.« Das hilft für eine Weile.

Nachdem die Rahmen gefüllt sind, geht es ans Aufhängen in der Kassenhalle.

Schneider hat es am liebsten, wenn Ute auf die Leiter steigt und er die Bilder mit den Nylonseilen anreicht. Während sie die Seile in den dafür vorgesehen Haken einhängt, fährt er ihr mit dem Blick die Beine hoch.

»Chef arbeiten. So spät«, ungläubig schütteln die jugoslawischen Putzfrauen den Kopf.

Ute macht gemeinsam mit den Putzfrauen Feierabend. Sie hat ihm etwas von einer kranken Mutter vorgeflunkert. »Aber Freitag wird gefeiert, vergiß das nicht«, ruft er ihr nach, ehe sie mit den Putzfrauen durch die Eingangstür ins Freie eilt.

Und dann ist es soweit. Der Freitag vor der Ausstellungseröffnung. Der Freitag, an dem die Ausstellung hängt. Siegfried Schneider und Ute können stolz auf ihre Arbeit sein. Es liegt in der Luft, daß er an diesem Abend gewisse Ansprüche stellt.

Auf dem Konferenztisch im Büro des Herrn Schneider liegt eine weiße Tischdecke. Das Licht von zwei brennenden Kerzen bricht sich im Glas der Sektschalen. Schneider läßt die Korken knallen und gießt ein. Ute trinkt den Sekt und schließt die Augen. Sie will diese nackten Augen mit den geröteten Augendeckeln nicht sehen. An ihrem Ohr spürt sie ein paar gierige Lippen. Schneider öffnet die zweite Flasche. Er scheint es darauf angelegt zu haben, sie betrunken zu machen. Ute entwindet sich ihm. Sie geht zur Toilette. Von dem Büro in der ersten Etage führt eine breite Freitreppe in die Eingangshalle hinunter. Es ist dunkel. Utes Augen gewöhnen sich nach und nach an die Dunkelheit.

In der Halle brennt die Notbeleuchtung. Alles ist gespenstisch leer. Als Ute von der Toilette zurückkehrt, muß sie aufpassen, in der gebohnerten Halle nicht das Gleichgewicht zu verlieren. Die halbe Flasche Sekt macht sich bemerkbar. Sie hält sich am Geländer fest, steigt Treppe für Treppe nach oben. Am Ende der Treppe verharrt sie ein paar Minuten, ehe sie weitergeht.

In ihrer Abwesenheit hat Schneider ein weiteres Mal die Gläser vollgeschenkt. »Auf euch Weiber«, begrüßt er sie mit schwerer Zunge und hält ihr ein volles Glas entgegen. Er grapscht ihre Schulter und zieht sie an sich. Die Hälfte des Sekts landet auf seiner Weste. Er hat die Jacke ausgezogen, während sie auf der Toilette war. »Du machst mich ganz wild, seit Tagen schon machst du mich ganz wild«, flüstert er in ihr Ohr. Er leert das Glas in einem Zug, stellt es auf den Tisch und krempelt sich die Ärmel seines Hemdes hoch. Mit geöffneten Augen steuert er auf sie zu. Sie schließt die Augen, streichelt ihm leicht über den Rücken und spürt, wie er sich am Verschluß ihres Rockes zu schaffen macht. »Ute«, stöhnt er. Sie stößt ihn von sich, beginnt sich auszuziehen. Lautlos fallen die Kleidungsstücke auf den Boden, bis sie nur noch mit einer Unterhose, Strumpfgürtel und Strümpfen bekleidet ist. Bevor er sich von seinem Staunen erholt, legt sie ihre Arme um seinen Hals und schmiegt sich an ihn.

»Du auch. Zieh dich aus. Jetzt gleich. Ich warte unten auf dich.«

Sie läßt ihn los, geht zur Tür und tritt in den dunklen Flur hinaus. Vorsichtig steigt sie die Treppenstufen nach unten. In der Halle ist es totenstill und dunkel bis auf das rote Licht der Notbeleuchtung. Ihr ist kalt. Am Fuß der Treppe bleibt sie stehen und wartet. Sie braucht nicht lange zu warten. Ein lautes Poltern, und Ute sieht im fahlen Schein der Notbeleuchtung den nackten Körper ihres Chefs die Treppe bis zum Absatz auf der Mitte hinunterpoltern. Immer weiter poltert der nackte Körper die Treppe hinunter, Stufe für Stufe. In Utes Kopf ist nichts als das Poltern und der Ekel vor Sahnetörtchen. Dann ist es vorbei.

Ruhig und seltsam gekrümmt liegt der Körper von Schneider auf dem Treppenabsatz. Als Ute über ihn wegsteigt, sieht sie, daß sein Rücken mit dicken Flecken von pelzigem Haar übersät ist und daß er völlig nackt ist.

Sie geht in sein Büro, sammelt ihre Kleidungsstücke vom Teppichboden auf und zieht sich an. Dann rückt sie die Bürostühle wieder an ihren Platz, spült die Sektgläser und stellt sie zurück in den Schrank. Die drei leeren Sektflaschen, die Tischdecke und die Kerzenständer mit abgebrannten Kerzen legt sie in eine Plastiktüte. Neben den Papierkorb ihres Chefs stellt sie eine Flasche Klaren, die zu drei Vierteln geleert ist. Prüfend gleitet ihr Blick ein letztes Mal über die Möbelstücke des Chefbüros. Nichts deutet mehr darauf hin, daß hier eine intime Feier stattgefunden hat. Sie zieht ihren Mantel an, greift Handtasche und Plastiktüte und schließt die Tür ihres Büros.

Im halbdunklen Flur, dort, wo die Treppe beginnt, hält sie kurz an. Sie stellt die Taschen ab, kniet nieder und zerschneidet mit ihrer Nagelschere, die sie in der Manteltasche bereitgehalten hat, das dünne Nylonseil, das in Kniehöhe von einer Metallstrebe des Geländers zur anderen gespannt ist. Anschließend zerschneidet sie an jeder Seite die dicken Knoten, mit denen das Seil festgespannt war. Sorgfältig sammelt sie die Plastikschnipsel vom Boden auf und wirft die Reste in die Tüte zu den leeren Sektflaschen. Als letztes greift sie die Rolle mit den Nylonfäden, die ganz am Ende der ersten Treppenstufe liegt.

Vorsichtig steigt sie über den nackten Körper hinweg, der noch genauso merkwürdig verdreht daliegt wie vorher.

An den darauffolgenden Tagen sucht Ute in den Tageszeitungen vergeblich nach einer einschlägigen Schlagzeile wie

›Skandal in der Stadtverwaltung‹ oder ›Nackter Amtsleiter tot aufgefunden‹. Alles, was sie findet, ist eine unscheinbare kleine Anzeige im hinteren Teil der Zeitung: ›Plötzlich und unerwartet für uns alle verschied unser geliebter Ehemann, Bruder, Vater, Großvater. Die Beisetzung erfolgt im engsten Familienkreis.‹

Zwei Wochen arbeitet Ute ohne Chef. Was es zu regeln gibt, regelt sie. Was es zu entscheiden gibt, entscheidet sie in direkter Absprache mit dem Oberstadtdirektor. So macht die Arbeit Spaß.

Dann kommt der Neue. Der aus dem Presseamt. Der, der die Angelegenheit so diskret gemanagt hat, daß nichts an die Öffentlichkeit gedrungen ist.

Ute versetzt es einen Schlag in die Magengrube. Dieser graue Anzug mit dem makellos weißen Hemd, dieser abschätzende Blick, der über ihre Figur gleitet, dieses Lächeln in den Mundwinkeln …

»Fräulein Wenke«, sagt der Neue mit Blick auf ihre Taille, »ich bin sicher, daß wir uns ausgezeichnet verstehen werden.«

Dashiell Hammett

Wer erschoß Bob Teal?

»Teal ist gestern abend erschossen worden.« Der Alte – der Chef der Continental Detective Agency in San Francisco – sprach, ohne mich anzusehen. Seine Stimme war so sanft wie sein Lächeln, und er ließ nichts von dem Aufruhr erkennen, der in seinem Innern tobte.

Wenn ich schwieg und darauf wartete, daß der Alte weiterredete, dann nicht deshalb, weil die Nachricht mir nichts bedeutete. Ich hatte Bob Teal gemocht – das hatten wir alle. Er war vor zwei Jahren frisch vom College zu unserer Agentur gekommen; und wenn je einer das Zeug zu einem erstklassigen Detektiv hatte, dann dieser schlanke, breitschultrige Bursche. Zwei Jahre sind wenig genug, um die ersten Grundsätze der Detektivarbeit in sich aufzunehmen, aber Bob Teal mit seinem schnellen Blick, den eiskalten Nerven, dem kühlen Kopf und dem aufrichtigen Interesse an der Arbeit war auf dem Weg zu einem wirklich erfahrenen Detektiv bereits weit fortgeschritten. Ich hatte ein beinahe väterliches Auge auf ihn, da er den Großteil seiner ersten Ausbildung von mir erhalten hatte.

Der Alte sah mich nicht an, als er weiterredete.

»Er wurde mit einer .32er erschossen, zweimal durchs Herz. Hinter einer Reihe von Reklamewänden auf dem leeren Grundstück an der nordwestlichen Ecke Hyde und Eddy Street ungefähr um zehn gestern abend. Seine Leiche wurde kurz nach elf von einem Streifenpolizisten gefunden. Die Pistole lag fünf Meter von ihm entfernt. Ich habe ihn mir angesehen und die Stelle persönlich untersucht. Aber der Regen letzte Nacht hat alle Spuren, die auf dem Boden zu finden gewesen sein mögen, verwischt, doch nach dem Zustand von Teals Kleidung und der Lage, in der er gefunden wurde, würde ich sagen, daß es keinen Kampf gegeben hat und daß er dort erschossen wurde, wo man ihn gefunden hat und er nicht erst hinterher dorthin geschafft worden ist. Er lag hinter den Reklamewänden, ungefähr zehn Meter vom Gehsteig entfernt, und seine Hände waren leer. Die Pistole wurde so nahe an ihm abgefeuert, daß sie die Vorderseite seines Mantels angesengt hat. Offenbar hat niemand etwas gesehen oder die Schüsse gehört. Wahrscheinlich haben Regen und Wind die Fußgänger von der Straße ferngehalten und dazu auch noch die Schüsse der .32er übertönt, die sowieso nicht besonders laut ist.«

Der Bleistift des Alten begann auf den Schreibtisch zu klopfen, und das leise Klicken machte mich kribbelig. Bald hörte es wieder auf, und der Alte fuhr fort:

»Teal beschattete einen gewissen Herbert Whitacre – schon seit drei Tagen. Whitacre ist einer der Teilhaber in der Firma Ogburn & Whitacre, Landwirtschafts-Entwicklungsingenieure. Sie haben in den neuen, künstlich bewässerten Gebieten das Optionsrecht auf große Ackerflächen. Ogburn leitet die Verkaufsabteilung, und Whitacre kümmert sich um den Rest des Geschäfts einschließlich der Buchhaltung.

Letzte Woche entdeckte Ogburn, daß sein Partner falsche Buchungen vorgenommen hatte. In den Büchern sind bestimmte Zahlungen für die Ländereien ausgewiesen, aber Ogburn erfuhr, daß diese Zahlungen nie ausgeführt worden sind. Er schätzt, daß die Höhe von Whitacres Unterschlagungen irgendwo zwischen 150 000 und 250 000 Dollar liegt. Er kam vor drei Tagen zu mir, erzählte mir das alles und wollte, daß wir Whitacre beschatten, um vielleicht rauszubekommen, was er mit dem gestohlenen Geld angefangen hat. Ihre Firma ist nach wie vor eine Teilhabergesellschaft, und ein Teilhaber kann von einem anderen Teilhaber natürlich nicht wegen Diebstahls belangt werden. Daher konnte Ogburn seinen Partner nicht verhaften lassen, aber er hoffte, das Geld zu finden und dann durch zivile Maßnahmen wiederzubekommen. Darüber hinaus fürchtete er, Whitacre könnte untertauchen.

Ich schickte Teal, um Whitacre zu beschatten, der angeblich nicht wußte, daß sein Partner ihn verdächtigte. Jetzt schicke ich Sie, damit Sie Whitacre finden. Ich bin entschlossen, ihn festzunageln und vor Gericht zu bringen, und sollte ich auch alle laufenden Geschäfte sausen lassen und ein Jahr lang alle Männer, die ich habe, an diese Aufgabe setzen müssen. Lassen Sie sich vom Sekretariat Teals Berichte geben. Bleiben Sie mit mir in Verbindung.«

All das, aus dem Mund des Alten, war mehr als der mit Blut geschriebene Eid eines normalen Menschen.

Im Büro erhielt ich die beiden Berichte, die Bob geliefert hatte. Es gab natürlich keinen vom letzten Tag, weil er ihn erst geschrieben hätte, wenn er mit der Arbeit für die Nacht fertig gewesen wäre. Der erste der beiden Berichte war schon abgeschrieben, und eine Abschrift war Ogburn zugeschickt worden; ein Tippmädchen arbeitete im Augenblick an dem anderen.

In seinen Berichten hatte Bob Whitacre als einen Mann von etwa siebenunddreißig Jahren beschrieben, mit braunem Haar und braunen Augen, nervösem Äußeren, einem glattrasierten Gesicht mit leicht brünettem Teint und ziemlich kleinen Füßen. Er war ungefähr einszweiundsiebzig groß, wog um die achtundsechzig Kilo und kleidete sich elegant, wenn auch unauffällig. Er bewohnte mit seiner Frau ein Apartment in der Gough Street. Sie hatten keine Kinder. Ogburn hatte Bob eine Beschreibung von Mrs. Whitacre gegeben: eine kleine, mollige Blondine von etwas unter dreißig.

Diejenigen, die sich an diese Geschichte erinnern, werden wissen, daß die Stadt, das Detektivbüro und die Betroffenen ganz andere Namen hatten als die, die ich ihnen hier gegeben habe. Aber sie werden auch wissen, daß ich mich getreu an die Tatsachen gehalten habe. Namen irgendwelcher Art sind nun mal für das Verständnis wichtig, aber wenn die Verwendung der wirklichen Namen Peinlichkeiten oder vielleicht sogar Leid nach sich ziehen könnte, sind Pseudonyme die befriedigendste Alternative.

Beim Beschatten von Whitacre hatte Bob nichts rausgekriegt, was für das Auffinden des gestohlenen Geldes von irgendwelcher Bedeutung zu sein schien. Whitacre war offenbar seinen gewohnten Geschäften nachgegangen, und Bob hatte ihn nichts ausgesprochen Verdächtiges tun sehen. Aber Whitacre hatte einen nervösen Eindruck gemacht, war oft stehengeblieben, um sich umzuschauen; offenbar hatte er den Verdacht, beschattet zu werden, ohne dessen sicher zu sein. Hin und wieder hatte Bob von ihm ablassen müssen, um nicht entdeckt zu werden. Bei einer dieser Gelegenheiten, als er in der Nähe von Whitacres Wohnung darauf wartete, daß er nach Hause käme, hatte Bob Mrs. Whitacre – oder eine Frau, auf die die Beschreibung paßte, die Ogburn abgegeben hatte – in einem Taxi wegfahren sehen. Bob hatte ihr nicht zu folgen versucht, hatte sich aber die Nummer des Taxis notiert.

Nachdem ich die beiden Berichte gelesen und praktisch auswendig gelernt hatte, verließ ich die Agentur und begab mich zur Suite von Ogburn & Whitacre im Packard Building. Eine Stenotypistin führte mich in ein geschmackvoll eingerichtetes Büro, in dem Ogburn an einem Schreibtisch saß und Briefe unterschrieb. Er bot mir einen Stuhl an. Ich stellte mich ihm vor: einem mittelgroßen Mann von vielleicht fünfunddreißig Jahren mit glattem, braunem Haar und dem gespaltenen Kinn, das ich in meiner Vorstellung immer mit Rednern, Anwälten und Handelsvertretern in Verbindung bringe.

»Ah, ja!« sagte er, indem er die Post beiseite schob und sich sein bewegliches, intelligentes Gesicht erhellte.

»Hat Mr. Teal etwas gefunden?«

»Mr. Teal ist gestern nacht erschossen worden.«

Er blickte mich aus weit aufgerissenen, braunen Augen einen Moment lang verständnislos an.

»Ermordet?«

»Ja«, erwiderte ich und erzählte ihm das Wenige, was ich wußte.

»Sie glauben doch nicht –«, unterbrach er, als ich geendet hatte, und dann unterbrach er sich. »Sie glauben doch nicht, daß Herb das getan hat?«

»Was meinen Sie?«

»Ich glaube nicht, daß Herb einen Mord begehen würde! Er ist zwar die letzten beiden Tage nervös gewesen, und ich dachte schon, er argwöhnt, daß ich seine Unterschlagungen entdeckt habe, aber ich glaube nicht, daß er so weit gegangen wäre, selbst wenn er gewußt hätte, daß Mr. Teal ihm folgte. Das glaube ich ehrlich nicht!«

»Angenommen«, schlug ich vor, »irgendwann am gestrigen Tag hat Teal rausgefunden, wo er das gestohlene Geld hatte, und dann erfuhr Whitacre, daß Teal es wußte. Meinen Sie nicht, daß Whitacre ihn unter diesen Umständen getötet haben könnte?«

»Vielleicht«, sagte er langsam, »aber ich möchte das nur sehr ungern glauben. In einer Anwandlung von Panik könnte Herb – aber eigentlich glaube ich das nicht.«

»Gestern. Wir waren fast den ganzen Tag hier zusammen im Büro. Ein paar Minuten vor sechs ist er nach Hause gefahren. Aber ich habe später mit ihm telefoniert. Er hat mich kurz nach sieben zu Hause angerufen und gesagt, er wolle bei mir vorbeikommen, um mir etwas zu sagen. Ich dachte, er werde mir seinen Betrug gestehen und vielleicht in der Lage sein, diese erbärmliche Geschichte zurechtzubiegen. Aber er kam nicht, änderte seinen Entschluß, nehme ich an. Ungefähr um zehn rief dann seine Frau bei mir an. Sie wollte, daß er etwas aus der Innenstadt mitbrächte, wenn er heimkäme, aber natürlich war er nicht da. Ich blieb den ganze Abend zu Hause und wartete auf ihn, aber er –«

Er kam ins Stottern, verstummte und wurde weiß im Gesicht. »Mein Gott, ich bin erledigt!« sagte er leise, als sei ihm in dem Moment seine Lage bewußt geworden.

»Herb weg, Geld weg, drei Jahre Arbeit umsonst! Und ich bin vor dem Gesetz verantwortlich für jeden Cent, den er gestohlen hat. Mein Gott!«

Er sah mich mit Augen an, die um Widerspruch bettelten, aber ich konnte nichts weiter tun, als ihm versichern, daß alles Menschenmögliche unternommen werde, um sowohl Whitacre als auch das Geld zu finden.

Von Ogborns Büro ging ich zu Whitacres Wohnung. Als ich in die Gough Street einbog, sah ich einen dicken, ungeschlachten Mann die Treppe zu dem Apartmenthaus hinaufsteigen und erkannte in ihm George Dean. Ich rannte, um mich ihm anzuschließen, und gleichzeitig bedauerte ich, daß er statt irgendeines anderen Beamten der Mordkommission mit dieser Sache betraut worden war. Dean ist kein schlechter Kerl, aber mit ihm zusammenzuarbeiten ist nicht so befriedigend wie mit den anderen; das heißt, man kann nie sicher sein, daß er nicht irgendein wichtiges Detail zurückhält, so daß am Ende er, George Dean, glänzend als der große Detektiv dasteht. Wenn man mit so einem Mann gemeinsam an einer Geschichte sitzt, verfällt man unweigerlich in dieselbe Gewohnheit – was der Zusammenarbeit nicht gerade förderlich ist.

Ich kam im Vorraum an, als Dean auf Whitacres Klingelknopf drückte.

»Hallo«, sagte ich. »Bist du auf die Sache angesetzt?«

»Hm-hm. Was weißt du darüber?«

»Nichts. Ich hab' sie eben erst gekriegt.«

Die Haustür öffnete sich mit einem Klicken, und wir stiegen zusammen hoch zu Whitacres Wohnung im dritten Stock. Eine mollige Blondine in einem leichten Hauskleid machte die Wohnungstür auf. Sie war auf ihre dralle, gleichmütige Art recht hübsch.

»Mrs. Whitacre?« fragte Dean.

»Ja.«

»Ist Mr. Whitacre zu Hause?«

»Nein. Er ist heute morgen nach Los Angeles gefahren«, sagte sie, und ihr Gesicht war aufrichtig.

»Wissen Sie, wo wir uns dort mit ihm in Verbindung setzen können?«

»Vielleicht im Ambassador, aber ich glaube, er wird morgen wieder zurück sein.«

Dean zeigte ihr seine Dienstmarke.

»Wir möchten Ihnen ein paar Fragen stellen«, sagte er zu ihr, und ohne jedes Zeichen der Verwunderung trat sie einen Schritt zurück und ließ uns eintreten. Sie führte uns in ein Wohnzimmer, das ganz in Blau und Creme gehalten war und wo jeder von uns einen Sessel fand. Sie nahm uns gegenüber auf einer breiten blauen Sitzbank Platz.

»Wo war Ihr Mann gestern abend?« fragte Dean.

»Zu Hause. Warum?« Ihre runden, blauen Augen blickten ein wenig gespannt.

»Den ganzen Abend?«

»Ja, es war ein grauenhaft regnerischer Abend. Warum?« Sie guckte von Dean zu mir.

Deans Blick traf meinen, und ich nickte.

»Mrs. Whitacre«, sagte er barsch, »ich bin im Besitz eines Haftbefehls gegen Ihren Gatten.«

»Ein Haftbefehl? Wegen was?«

»Mord.«

»Mord?« Es war ein unterdrückter Schrei.

»Genau und gestern abend.«

»Aber – aber ich habe Ihnen doch gesagt, er war –«

»Und Ogburn hat mir gesagt«, unterbrach ich sie und

beugte mich vor, »daß Sie gestern abend bei ihm zu Hause angerufen und gefragt haben, ob Ihr Mann da wäre.«

Sie sah mich gut zehn Sekunden lang verständnislos an; und dann lachte sie los, das helle Lachen von jemandem, der auf einen faulen Witz hereingefallen ist.

»Eins zu null für Sie«, sagte sie, und es lagen weder Scham noch Demütigung in ihrem Gesicht oder ihrer Stimme. »Hören Sie zu –« ihre Fröhlichkeit hatte sie verlassen –, »ich weiß nicht, was Herb getan hat oder woran ich jetzt bin, und ich sollte eigentlich nichts sagen, ehe ich nicht einen Anwalt gesprochen habe. Aber ich möchte, wo ich nur kann, allen Scherereien aus dem Weg gehen. Wenn Sie mir erklären, was los ist, und zwar auf Ihr Ehrenwort, erzähle ich Ihnen vielleicht, was ich weiß, wenn ich überhaupt was weiß. Was ich meine, ist, wenn Reden die Sache für mich irgendwie einfacher macht, wenn Sie mir beweisen können, daß es so ist, dann rede ich vielleicht – vorausgesetzt, ich weiß was.«

Das schien ziemlich fair, wenn auch ein bißchen überraschend. Offensichtlich war diese mollige Frau, die mit allem Anschein von Aufrichtigkeit lügen konnte und lachte, wenn sie dabei ertappt wurde, an nicht viel mehr interessiert als an ihrem eigenen Wohlergehen.

»Erzähl du's ihr«, sagte Dean zu mir.

Ich spuckte alles in einem Stück aus.

»Ihr Mann hat 'ne Zeitlang die Bücher frisiert und Ogburn um ungefähr 200 000 Dollar ärmer gemacht, ehe der den Braten roch. Dann ließ er Ihren Mann beobachten, weil er versuchen wollte, das Geld wiederzufinden. Gestern abend lockte Ihr Gatte den Mann, der ihn beobachtete, auf ein leeres Grundstück und erschoß ihn.«

Ihr Gesicht runzelte sich nachdenklich. Mechanisch langte sie nach der Packung einer beliebten Zigarettenmarke, die hinter der Sitzbank auf einem Tisch lag, und hielt sie Dean und mir hin. Wir schüttelten die Köpfe. Sie steckte sich eine Zigarette in den Mund, riß ein Streichholz an der Sohle ihres

Hausschuhs an, entzündete die Zigarette und starrte auf das brennende Ende. Schließlich zuckte sie die Schultern, und ihr Gesicht hellte sich auf.

»Ich werde reden«, sagte sie. »Ich habe nie auch nur einen Pfennig von dem Geld bekommen, und ich wäre ein Rindvieh, wenn ich mich für Herb zum Sündenbock machen würde. Er war in Ordnung, aber wenn er abgehauen ist und mich auf dem Trockenen hat sitzen lassen, hat's keinen Zweck, wenn ich mir selber 'ne Masse Ärger auf den Hals lade. Also dann: Ich bin nicht Mrs. Whitacre, nur im Mietregister. Mein Name ist Mae Landis. Vielleicht gibt es eine echte Mrs. Whitacre, vielleicht auch nicht. Ich weiß es nicht. Herb und ich leben hier schon länger als ein Jahr zusammen.

Vor ungefähr einem Monat wurde er ziemlich unruhig und nervös, noch schlimmer, als er es sowieso immer schon war. Er sagte, er habe Ärger im Geschäft. Dann bemerkte ich vor ein paar Tagen, daß seine Pistole aus der Schublade verschwunden war, in der sie gelegen hatte, seit wir hierherkamen, und daß er sie bei sich trug. Ich fragte ihn: ›Was ist los?‹ Er sagte, er glaube, er werde verfolgt und fragte mich, ob ich jemanden hier in der Gegend hätte herumlungern sehen, so als wenn er unser Haus beobachte. Ich sagte nein; ich glaubte, jetzt sei er übergeschnappt.

Vorgestern abend erzählte er mir, daß er in Schwierigkeiten sei und vielleicht weggehen müsse und daß er mich nicht mitnehmen könne, mir aber genug Geld geben würde, daß ich mir eine Zeitlang keine Sorgen zu machen brauchte. Er schien sehr aufgeregt zu sein, packte seine Taschen, damit sie bereitstünden, wenn er sie schnell brauchte, und verbrannte alle seine Fotografien und viele Briefe und Papiere. Seine Taschen stehen immer noch im Schlafzimmer, wenn Sie sie durchsuchen wollen. Als er gestern nacht nicht nach Hause kam, wuchs in mir der Verdacht, daß er ohne seine Taschen abgehauen war und ohne mir noch was zu sagen, geschweige denn, mir noch irgendwelches Geld zu geben – mich sitzen ließ mit bloß zwanzig Dollar und der Miete, die in vier Tagen fällig ist.«

»Wann haben Sie ihn zuletzt gesehen?«

»Gestern abend gegen acht. Er sagte mir, er fahre runter zu Mr. Ogburn in die Wohnung, um mit ihm über ein paar Geschäfte zu sprechen, aber er fuhr nicht hin. Ich weiß das. Mir gingen die Zigaretten aus – ich rauche gern Elixir Russians, und die krieg ich nicht hier draußen –, deshalb rief ich Mr. Ogburn an, um Herb zu bitten, welche mitzubringen, wenn er nach Hause käme, aber Mr. Ogburn sagte, er sei gar nicht dagewesen.«

»Wie lange kennen Sie Whitacre schon?« fragte ich.

»Zwei Jahre. Ich glaube, ich bin ihm zum ersten Mal in einem Strandkurort begegnet.«

»Hat er irgendwelche Verwandte?«

»Nicht, daß ich wüßte. Ich weiß nicht sehr viel über ihn. O ja! Ich weiß, daß er in Oregon wegen Fälscherei drei Jahre im Gefängnis gesessen hat. Er hat mir das mal abends erzählt, als er besoffen war. Er hat sie unter dem Namen Barber oder Barbee oder so ähnlich abgesessen. Er sagte, jetzt wandle er auf dem Pfad der Tugend.«

Dean holte eine kleine automatische Pistole raus, die ziemlich neu aussah, trotz des Drecks, der dran klebte, und reichte sie der Frau.

»Schon mal gesehen?«

Sie nickte mit ihrem Blondköpfchen. »Ja! Das ist Herbs – oder ein Zwilling davon.«

Dean steckte die Pistole ein, und wir standen auf.

»Was ist denn jetzt mit mir?« fragte sie. »Sie werden mich doch nicht etwa als Zeugin einsperren lassen, oder?«

»Im Moment nicht«, versicherte Dean ihr. »Bleiben Sie in der Nähe, wo wir Sie finden können, wenn wir Sie brauchen, und man wird Sie in Ruhe lassen. Irgendeine Idee, welche Richtung Whitacre möglicherweise eingeschlagen haben könnte?«

»Nein.«

»Wir würden uns hier gern mal 'n bißchen umschauen. Was dagegen?«

»Nur zu«, forderte sie uns auf.

Wir nahmen die Wohnung fast völlig auseinander, aber wir fanden absolut nichts von Wert. Whitacre hatte reinen Tisch gemacht.

»Hat er eigentlich mal von einem Fotografen Bilder von sich machen lassen?« fragte ich, kurz bevor wir gingen.

»Nicht daß ich wüßte.«

»Geben Sie uns Bescheid, wenn Sie etwas hören oder Ihnen noch irgendwas einfällt, was uns weiterhelfen könnte?«

»Klar«, sagte sie aufrichtig, »klar.«

Dean und ich fuhren schweigend im Aufzug nach unten.

»Was hältst du von alldem?« fragte ich, als wir draußen waren.

»Sie is 'n Herzchen, hä?« Er grinste. »Ich möchte wissen, wieviel sie weiß. Sie hat die Pistole erkannt und uns den Hinweis auf die Verurteilung wegen Fälscherei im Norden gegeben, aber das hätten wir sowieso rausgekriegt. Wenn sie gerissen ist, erzählt sie alles, wovon sie weiß, daß wir auch so draufkommen, und das läßt dann ihre anderen Sachen um so stärker wirken. Hältste sie für dumm oder für schlau?«

»Da raten wir nicht rum«, sagte ich. »Wir setzen einen Schatten auf sie an und kontrollieren ihre Post. Ich habe die Nummer von dem Taxi, das sie vor 'n paar Tagen benutzt hat. Wir werden auch das überprüfen.«

Aus einer Eckdrogerie rief ich den Alten an und bat ihn, ein paar von den Jungs abzustellen, um auf Mae Landis und ihre Wohnung Tag und Nacht ein Auge zu haben; außerdem bat ich ihn, das Postministerium zu veranlassen, uns mitzuteilen, ob sie irgendwelche Briefe erhalte, die von Whitacre stammen könnten. Ich sagte, ich werde zu Ogburn fahren und mir ein paar Proben von der Handschrift des Flüchtigen holen, um sie mit der Post an Mae Landis zu vergleichen.

Dann machten Dean und ich uns daran, das Taxi ausfindig zu machen, in dem Bob Teal die Frau hatte wegfahren sehen. Nach einer halben Stunde in der Taxizentrale hatten wir die Information, daß sie zu einer Nummer in der Greenwich Street gefahren war. Wir machten uns auf den Weg.

Es war ein baufälliges Haus, das in Einzimmerapartments und Etagenwohnungen von schäbiger Trostlosigkeit unterteilt war. Die Vermieterin fanden wir im Kellergeschoß: eine hagere Frau in fleckigem Grau mit einem harten, schmallippigen Mund und blassen, argwöhnischen Augen. Sie schaukelte heftig auf einem quietschenden Stuhl und nähte an einer Kittelschürze.

Dean zeigte seine Dienstmarke vor und sagte, daß er mit ihr sprechen wolle.

»Na, und was wolln Sie?« fragte sie mürrisch.

»Möchte 'n paar Informationen über Ihre Mieter«, sagte Dean. »Erzählen Sie was über sie.«

»Ihn' was über sie erzählen?« Sie hatte eine Stimme, die auch barsch genug geklungen hätte, wenn sie nicht so gereizt gewesen wäre. »Was soll ich 'nn Ihrer Meinung nach über die Leute sagen? Für wen halten Sie mich eigentlich? Ich bin 'ne Frau, die sich um ihre eigenen Angelegenheiten kümmert! Niemand kann sagen, daß ich nich 'n anständiges –«

Das führte uns nicht weiter. »Wer wohnt in Nummer eins?« fragte ich.

»Die Auds – zwei alte Leute und ihre Enkel. Wenn Ihn' was gegen die bekannt ist, dann wissen Sie mehr als die Leute, die schon zehn Jahre mit ihn' zusammen wohn'.«

»Wer wohnt in Nummer zwei?«

»Mrs. Codman und ihre Jungs, Frank und Fred. Sie wohn' hier drei Jahre, und –«

Ich befragte sie über eine Wohnung nach der anderen, bis wir schließlich zu einer im zweiten Stock gelangten, bei der ich einen nicht ganz so harschen Verweis wegen meiner Dummheit erntete, mit der ich die Bewohner im Verdacht hatte, getan zu haben, was immer es auch war, um dessentwillen ich sie im Verdacht hatte.

»Die Quirks wohnen da.« Sie machte nur noch ein leicht finsteres Gesicht, während sie vorher eine äußerst düstere Miene zur Schau getragen hatte. »Und es sind anständige Leute.«

»Wie lange wohnen sie hier schon?«

»Sechs Monate oder mehr.«

»Womit verdient er seinen Lebensunterhalt?«

»Weiß nicht.« Mürrisch: »Reist vielleicht.«

»Wie viele Personen?«

»Nur er und sie, und es sind auch nette, ruhige Leute.«

»Wie sieht er aus?«

»Wie 'n normaler Mensch. Ich bin kein Detektiv. Ich geh nich rum und schnüffel den Leuten im Gesicht rum, um zu gucken, wie se aussehn, und steck die Nase nich in fremde Angelegenheiten. Ich bin keine –«

»Wie alt ist der Mann?«

»Vielleicht zwischen fünfunddreißig und vierzig, falls er nich jünger oder älter is.«

»Groß oder klein?«

»Er is nich so klein wie Sie, und er is nich so groß wie dieser Bursche bei Ihn'«, sie blickte verächtlich von meiner kurzgeratenen Beleibtheit zu Deans mächtiger Gestalt, »und er is nich so dick wie Sie beide.«

»Schnurrbart?«

»Nee.«

»Blonde Haare?«

»Nee.« Triumphierend: »Dunkle.«

Dean stand etwas seitlich und sah mich über die Schulter der Frau hinweg an. Lautlos artikulierten seine Lippen den Namen: »Whitacre.«

»So, und wie steht's um Mrs. Quirk – wie sieht die aus?« fuhr ich fort.

»Sie hat blonde Haare, is klein und untersetzt und vielleicht etwas unter dreißig.«

Dean und ich nickten uns gegenseitig unsere Zufriedenheit zu; das hörte sich durchaus nach Mai Landis an.

»Sind sie oft zu Hause?« fragte ich weiter.

»Weiß ich nich«, schnarrte die hagere Frau mürrisch, und mir war klar, sie wußte es doch, deshalb wartete ich und sah sie an, und gleich darauf setzte sie hinzu: »Ich glaub, sie sind viel weg, aber genau weiß ich's nich.«

»Aber ich«, wagte ich einen Versuch, »sie sind sehr selten zu Hause, und dann nur tagsüber – und Sie wissen es.«

Sie leugnete es nicht, deshalb fragte ich sie: »Sind sie im Augenblick zu Hause?«

»Ich glaube nich, aber sie könnten da sein.«

»Lass' uns mal 'n Blick in die Bude werfen«, schlug ich Dean vor.

Er nickte und sagte zu der Frau: »Bringen Sie uns rauf zu der Wohnung, und schließen Sie uns die Tür auf.«

»Das mach ich nich!« sagte sie mit scharfem Nachdruck. »Sie ham kein Recht, in andrer Leute Wohnung zu gehen, wenn Sie kein' Durchsuchungsbefehl ham. Ham Se ein'?«

»Wir haben nichts«, grinste Dean sie an, »aber wir könn' jede Menge haben, wenn Se uns Umstände machen wolln, in jede dieser Wohnungen reingehen, un' Sie könn' uns mit reinnehm'. Bringen Se uns rauf, un' wir lassen Sie in Frieden; aber wenn Sie uns jede Menge Umstände machen wolln, dann riskieren Sie, mit den Quirks in ein' Topf geschmissen zu werden und vielleicht sogar eine Zelle mit ihn' zu teiln.«

Sie überlegte sich das und brachte uns dann, bei jedem Schritt knurrend und murrend, zur Quirkschen Wohnung hoch. Sie vergewisserte sich, daß sie nicht zu Hause waren, dann ließ sie uns rein.

Die Wohnung bestand aus drei Zimmern, Bad und Küche, die auf eben die schäbige Art eingerichtet waren, auf die das baufällige Äußere des Hauses uns schon vorbereitet hatte. In den Zimmern fanden wir ein paar Kleidungsstücke, Männer-

und Frauensachen, Toilettenartikel und so weiter. Aber die Wohnung bot in nichts einen Hinweis darauf, daß sie ständig bewohnt sei; es gab keine Bilder, keine Kissen, nichts von den Dutzenden von Kleinigkeiten persönlicher Habe, die normalerweise in Wohnungen zu finden sind. Die Küche wirkte wie lange nicht benutzt; das Innere der Kaffee-, Tee-, Gewürz- und Mehlbehälter war sauber.

Zwei Dinge, die wir fanden, sagten uns etwas: eine Handvoll Elixir-Russian-Zigaretten auf einem Tisch und eine neue Schachtel .32er Patronen – von denen zehn fehlten – in einer Kommodenschublade.

Während der ganzen Durchsuchung trieb sich die Vermieterin in unserer Nähe rum, und ihre blassen Augen waren scharf und neugierig; jetzt aber jagten wir sie raus und sagten ihr, daß wir, gesetzlich oder ungesetzlich, die Wohnung mit Beschlag belegten.

»Das hier ist oder war ein Versteck für Whitacre und seine Freundin, na schön, na schön«, sagte Dean, als wir allein waren. »Die einzige Frage ist, ob er vorhatte, sich hier versteckt zu halten, oder ob das bloß der Ort war, wo er die Vorbereitungen für seine Flucht traf. Ich denke, das beste ist, wenn der Captain hier Tag und Nacht 'n Mann reinsetzt, bis wir Bruder Whitacre am Haken haben.«

»Das ist das sicherste«, stimmte ich zu, und er ging ans Telefon im Vorderzimmer.

Als Dean fertig war mit seinem Gespräch, rief ich den Alten an, ob sich irgendwas Neues ergeben hatte.

»Nichts Neues«, teilte er mir mit. »Wie kommen Sie voran?«

»Gut. Vielleicht habe ich heute abend Neuigkeiten für Sie.«

»Haben Sie von Ogburn diese Proben von Whitacres Handschrift bekommen? Oder soll ich dafür sorgen, daß sich jemand anderer drum kümmert?«

»Ich krieg sie heute abend«, versprach ich.

Ich verplemperte zehn Minuten mit dem Versuch, Ogburn in seinem Büro zu erreichen, bevor ich auf meine Uhr sah und feststellte, daß es schon nach sechs war. Ich fand seine Privatadresse im Telefonbuch und rief ihn dort an.

»Haben Sie irgendwas mit Whitacres Handschrift zu Hause?« fragte ich. »Ich hätte gern ein paar Proben – wenn's geht, noch heute abend, aber notfalls könnte ich auch bis morgen warten.«

»Ich glaube, ich habe ein paar Briefe von ihm hier. Wenn Sie gleich vorbeikommen, gebe ich sie Ihnen.«

»Bin in fünfzehn Minuten bei Ihnen«, sagte ich.

»Ich fahre mal runter zu Ogburn in die Wohnung«, erklärte ich Dean, »um mir was von Whitacres Geschreibsel zu holen, und du wartest hier, bis dein Mann aus dem Präsidium kommt und die Wohnung in seine Obhut nimmt. Ich treff dich im States, sobald du hier wegkommst. Wir essen da und besprechen unsere Pläne für die Nacht.«

»Hm-hm«, grunzte er und machte es sich auf einem Stuhl bequem, während ich die Wohnung verließ.

Ogburn zog sich gerade um, als ich bei ihm ankam, und hatte Kragen und Krawatte in der Hand, als er die Tür öffnete, um mich reinzulassen.

»Ich habe eine ganze Menge Briefe von Herb gefunden«, sagte er auf dem Weg zurück in sein Schlafzimmer.

Ich sah die fünfzehn oder mehr Briefe durch, die auf einem Tisch lagen, und suchte mir die aus, die ich haben wollte, während Ogburn sich weiter umkleidete.

»Wie kommen Sie voran?« fragte er.

»So-so. Irgendwas gehört, was weiterhelfen könnte?«

»Nein, aber vor wenigen Minuten fiel mir zufällig wieder ein, daß Herb ziemlich oft rüber ins Mills Building zu gehen pflegte. Ich habe ihn reingehen und rauskommen sehen, habe mir aber nie Gedanken darüber gemacht. Ich weiß nicht, ob das von irgendwelcher Bedeutung ist oder –«

Ich sprang von meinem Stuhl auf.

»Das ist es!« rief ich. »Darf ich Ihr Telefon benutzen?«

»Natürlich. Es steht in der Diele, neben der Tür.« Er blickte mich überrascht an. »Es ist ein Münzapparat; haben Sie einen Nickel?«

»Ja.« Ich ging durch die Schlafzimmertür.

»Der Schalter ist neben der Tür«, rief er mir nach, »falls Sie sich Licht machen wollen. Meinen Sie denn –«

Aber ich blieb nicht stehen, um mir seine Fragen anzuhören. Ich steuerte auf das Telefon zu und kramte in meinen Taschen nach einem Nickel. Und als ich in der Eile ungeschickt mit der Münze herumfummelte, ließ ich sie fallen – nicht ganz zufällig, denn ich hatte einen Verdacht, über den ich Klarheit haben wollte. Der Nickel rollte durch die mit Teppichen belegte Diele davon. Ich knipste das Licht an, fand ihn wieder und wählte die Nummer von den »Quirks«. Ich bin froh, daß ich diesen Verdacht hatte.

Dean war immer noch dort.

»Die Bude ist tot«, trompetete ich. »Nimm die Vermieterin mit runter ins Präsidium, und schnapp dir auch die Landis. Wir sehen uns dort – im Polizeipräsidium.«

»Ist das dein Ernst?« knurrte er.

»Beinahe«, sagte ich und hängte ein.

Ich knipste das Licht in der Diele aus und spazierte, ein kleines Liedchen vor mich hinpfeifend, wieder zu dem Zimmer, in dem ich Ogburn zurückgelassen hatte. Die Tür war nicht ganz geschlossen. Ich ging direkt auf sie zu, stieß sie mit einem Fuß auf und sprang zurück, wobei ich mich dicht an die Wand preßte.

Zwei Schüsse – so knapp hintereinander, daß sie fast einer waren – krachten.

Flach gegen die Wand gedrückt, stampfte ich mit den Füßen auf den Boden und gegen die Täfelung und ließ ein Potpourri aus Schreien und Stöhnen ertönen, das einem übergeschnappten Karnevalsjecken Ehre gemacht hätte.

Einen Augenblick später erschien Ogburn in der Tür, einen Revolver in der Hand, das Gesicht eine Raubtierfratze. Er war entschlossen, mich umzubringen. Es ging um mein Leben oder um seins, und so –

Ich knallte ihm meine Pistole auf den Scheitel.

Als er seine Augen aufmachte, hoben ihn zwei Polizisten hinten in einen Streifenwagen.

Ich fand Dean im Versammlungsraum der Kripo in der Hall of Justice.

»Die Vermieterin hat Mae Landis als Mrs. Quirk identifiziert«, sagte er. »Was nun?«

»Wo ist sie jetzt?«

»Eine von den Polizistinnen hält die beiden im Büro vom Captain fest.«

»Ogburn sitzt drüben in der Pfänderabteilung«, sagte ich zu ihm. »Bringen wir die Vermieterin doch mal rüber und lassen sie einen Blick auf ihn werfen.«

Ogburn saß vorgebeugt da, hielt sich den Kopf und starrte düster auf die Füße des Uniformierten, der ihn bewachte, als wir die Vermieterin zu ihm hineinbrachten.

»Schon mal gesehen?« fragte ich sie.

»Ja« – widerstrebend –, »das ist Mr. Quirk.«

Ogburn blickte nicht auf, und er schenkte keinem von uns die geringste Aufmerksamkeit.

Nachdem wir der Vermieterin gesagt hatten, sie könne nach Hause gehen, führte mich Dean nach hinten in eine entfernte Ecke des Versammlungsraums, wo wir ungestört reden konnten.

»Jetzt spuck's aus!« platzte er heraus. »Wie kommt es zu all diesen aufsehenerregenden Entwicklungen, wie die Zeitungsjungs das nennen?«

»Tja, erstens war mir klar, daß es auf die Frage *Wer erschoß Bob Teal?* nur eine Antwort geben konnte. Bob war kein Idiot! Er hätte es möglicherweise zugelassen, sich in einer dunklen Nacht von einem Mann, den er beobachtete, hinter eine Reihe von Reklamewänden locken zu lassen, aber er wäre auf Ärger vorbereitet gewesen. Er wäre nicht mit leeren Händen gestorben, durch eine Pistole, die so nahe an ihm dran war, daß sie ihm den Mantel versengte. Der Mörder *mußte* jemand gewesen sein, dem Bob vertraute, also nicht Whitacre. Nun war Bob ja ein gewissenhafter Bursche, und er hätte das Beschatten von Whitacre nicht unterbrochen, um da rüberzugehen und mit irgendeinem Freund zu reden. Es gab nur einen Menschen, der ihn dazu überreden konnte, Whitacre eine Weile aus den Augen zu lassen, und dieser Mensch war der, für den er arbeitete – Ogburn.

Wenn ich Bob nicht gekannt hätte, hätte ich vielleicht gedacht, er habe sich hinter den Reklamewänden versteckt, um Whitacre zu beobachten; aber Bob war kein Amateur. Er war nicht so dumm, um irgendeins von diesen spektakulären Schnüfflerdingen zu drehen. Darum blieb niemand weiter übrig als Ogburn!

Von da an war alles übrige ein Kinderspiel. Das ganze Zeug, das uns Mae Landis erzählte, als sie die Pistole als Whitacres erkannte und Ogburn ein Alibi verschaffte, indem sie sagte, sie habe um zehn Uhr mit ihm telefoniert – überzeugte mich nur davon, daß sie und Ogburn unter einer Decke steckten. Als die Vermieterin uns ›Quirk‹ beschrieb, war ich dessen ziemlich sicher. Ihre Beschreibung konnte sowohl auf Whitacre als auch auf Ogburn passen, und es ergab keinen Sinn, wenn Whitacre die Wohnung in der Grennwich Street hatte, aber wenn Ogburn und die Landis ein Gespann waren, dann brauchten sie irgendeinen Treffpunkt.

Heute abend dann zog ich in Ogburns Wohnung eine kleine Show ab, indem ich am Fußboden nach einem Nickel suchte und Spuren von angetrocknetem Schlamm fand, die der Reinigung entgangen waren, der er den Teppich und seine Kleider zweifellos unterzogen hatte, als er von seinem Regenspaziergang über das Baugrundstück nach Hause zurückgekommen war. Wir lassen die Experten entscheiden, ob es Schlamm von dem Grundstück sein *könnte*, auf dem Bob erschossen wurde, und die Geschworenen können dann entscheiden, ob er es *ist*.

Dann gibt es noch ein paar lose Enden – die Waffe zum Beispiel. Die Landis sagt, Whitacre habe sie schon länger als ein Jahr, aber mal abgesehen von dem Dreck dran machte sie einen ziemlich neuen Eindruck auf mich. Wir geben der Fabrik die Seriennummer durch und finden raus, wann sie hergestellt worden ist.

Was das Motiv angeht, habe ich im Moment nur die Frau zu bieten. Das dürfte auch reichen. Aber ich glaube, wenn die Bücher und die Finanzen von Ogburn & Whitacre überprüft werden, dann wird sich noch einiges finden lassen. Und ich bin so gut wie sicher, daß Whitacre auftauchen wird, wenn er nicht mehr wegen Mord gesucht wird.«

Und genau so kam es auch.

Am Tag drauf marschierte Herbert Whitacre in das Polizeipräsidium von Sacramento und stellte sich.

Weder Ogburn noch Mae Landis sagten je, was sie wußten, aber mit Whitacres Aussage und dem, was wir hier und da aufzupicken in der Lage waren, zogen wir, als die Zeit gekommen war, vor Gericht und überzeugten die Geschworenen, daß sich die Sache so verhielt:

Ogburns und Whitacres Landwirtschafts-Entwicklungsfirma war von Anfang an der reine Schwindel. Sie besaßen Optionen auf eine Menge Land und hatten vor, so viele Anteilscheine wie möglich zu verkaufen, ehe sie ihr Optionsrecht ausüben mußten. Dann wollten sie ihre Koffer packen und verschwinden. Whitacres Nervenkostüm war nicht das beste, und er erinnerte sich nur zu gut an die drei Jahre, die er wegen Urkundenfälschung im Gefängnis gesessen hatte; daher hatte Ogburn seinem Partner erzählt – um ihm etwas Mut zu machen –, daß er einen Freund im Post Office Department in Washington, D.C., hätte, der ihm sofort Bescheid sagen würde, wenn man von offizieller Seite Verdacht schöpfte.

Die beiden Partner zogen ein hübsches kleines Sümmchen aus ihrem Unternehmen, und Ogburn war für das Geld zuständig, bis es ans Teilen ging. In der Zwischenzeit waren sich Ogburn und Mae Landis – die vorgebliche Mrs. Whitacre –

nähergekommen und hatten die Wohnung in der Greenwich Street gemietet, wo sie sich nachmittags trafen, wenn Whitacre im Büro zu tun hatte und Ogburn angeblich auf der Jagd nach neuen Opfern war. In dieser Wohnung hatten Ogburn und die Frau ihren kleinen Plan ausgeheckt, mit Hilfe dessen sie Whitacre loswerden, die ganze Beute für sich behalten und Ogburn von dem Verdacht reinwaschen wollten, er sei an den betrügerischen Machenschaften der Firma Ogburn & Whitacre beteiligt.

Ogburn war in das Continental Büro gekommen, hatte seine kleine Geschichte von dem Betrug seines Partners erzählt und Bob Teal engagiert, um ihn zu beschatten. Dann hatte er Whitacre erzählt, er hätte einen Tip von seinem Freund in Washington bekommen, daß eine Untersuchung unmittelbar bevorstünde. Die beiden Partner nahmen sich vor, in der nächsten Woche die Stadt auf getrennten Wegen zu verlassen. Am darauffolgenden Abend erzählte Mae Landis Whitacre, sie habe einen Mann in der Nähe herumlungern sehen, der offensichtlich das Haus beobachtete, in dem sie lebten. Whitacre – in dem Glauben, Bob sei ein Untersuchungsbeamter des Post Office – war am Boden zerstört, und es hatte der vereinten Kräfte der Frau und seines Partners – die offensichtlich getrennt vorgingen – bedurft, ihn daran zu hindern, sofort das Weite zu suchen. Sie hatten ihn überredet, noch ein paar Tage zu warten.

Am Abend des Mordes hatte Ogburn, der Zweifel an Whitacres Beschattungsstory vortäuschte, sich mit Whitacre getroffen, um herauszukriegen, ob ihm tatsächlich jemand folgte. Sie waren eine Stunde lang im Regen auf den Straßen herumgelaufen. Dann war Ogburn überzeugt gewesen und hatte verkündet, er wolle zurückgehen und mit dem Beamten vom Post Office reden, um festzustellen, ob er vielleicht bestochen werden könne. Whitacre hatte sich geweigert, seinen Partner zu begleiten, war aber einverstanden, in einem dunklen Hauseingang zu warten.

Ogburn hatte Bob Teal unter einem Vorwand hinter die Reklamewände gelockt und hatte ihn umgebracht. Dann war er zurück zu seinem Partner gelaufen und hatte geschrien: »Mein Gott! Er hat mich gepackt, und ich hab' ihn erschossen. Wir müssen hier weg!«

Whitacre hatte in blinder Panik San Francisco verlassen, ohne seine Koffer mitzunehmen und ohne Mae Landis auch nur zu benachrichtigen. Ogburn sollte einen anderen Weg nehmen. Sie hatten vor, sich zehn Tage später in Oklahoma City zu treffen, wo Ogburn – nachdem er die Bankkonten leergeräumt hatte, die von ihm unter verschiedenen Namen eröffnet worden waren – Whitacre seinen Anteil auszahlen sollte, bevor sie sich endgültig trennten.

Am nächsten Tag hatte Whitacre in Sacramento die Zeitung gelesen und gemerkt, wie übel ihm mitgespielt worden war. Er war für die Buchhaltung verantwortlich gewesen; alle falschen Eintragungen in Ogburn & Whitacres Büchern waren von seiner Hand. Mae Landis hatte seine Vorstrafe enthüllt und bestätigt, daß die Waffe – in Wirklichkeit Ogburns – ihm gehörte. Er war hereingelegt worden! Er hatte keine Chance, seine Unschuld zu beweisen.

Ihm war klar, daß seine Geschichte sich wie eine weithergeholte, dürftige Lüge anhören würde; er war vorbestraft. Wenn er sich gestellt und die Wahrheit erzählt hätte, wäre er vermutlich nur ausgelacht worden.

Wie sich herausstellte, trat Ogburn den Weg zum Galgen an, Mae Landis büßt zur Zeit eine fünfzehnjährige Gefängnisstrafe ab, und die Anklage gegen Whitacre wegen Landschwindels wurde, als Gegenleistung für seine Zeugenaussage und die Rückerstattung der veruntreuten Gelder, fallengelassen.

(erstmals in:
»True Detective Stories«, Nov. 1924)

George Griffith

Fünfhundert Karat

Es ergab sich mehrere Monate nach der brillanten, wenn auch etwas geheimnisvollen Wiederbeschaffung der 15 000 Pfund von dem berühmten und jetzt verschwundenen Seth Salter*, daß ich das Vergnügen und – wie ich wohl hinzufügen darf – die Ehre hatte, die Bekanntschaft Inspektor Lipinzkis zu machen.

Ich möchte ohne Zögern sagen, daß ich auf meinen zahlreichen Reisen, die mich durch eine große Zahl von Ländern führten, nie einen interessanteren Mann kennenlernte. Leider muß ich von ihm in der Vergangenheit sprechen, denn er ist inzwischen nichts als eine bittere Erinnerung für das I.D.B. – aber das ist wieder eine ganz andere Geschichte.

Als Begründung für den allzu kurzen Kontakt, den wir nach unserer ersten Begegnung hatten, brauche ich eigentlich nur die Tatsache anzuführen, daß der größte südafrikanische Detektiv seiner Zeit immerhin auch ein Mensch war und daher nicht nur mit Recht stolz auf die vielen großen Augenblicke seiner Karriere, sondern daß er auch darauf brannte, seine Erlebnisse eines Tages mit angemessener Vorsicht und Zurückhaltung einem größeren und vielleicht vorurteilsfreieren Pu-

* ein anderer Fall Inspektor Lipinzkis

blikum erzählt zu sehen, als es in der bunt gemischten Nomadenbevölkerung des Camps zu finden war.

Schon nach wenigen Minuten in dem gemütlichen und geschmackvoll eingerichteten Arbeitszimmer seines niedrigen Bungalows in der New De Beers Road merkte ich, daß ich mich in einer Art Museum befand. Überall auf den Tischen und auf dem Kaminsims lagen die seltsamsten Geräte, die von den I.D.B.-Leuten zum Diamantenschmuggeln benutzt worden waren.

Da gab es massive, hübsch geschnitzte Bruyère- und Meerschaumpfeifen, die trotz ihrer Größe seltsam wenig Tabak zu enthalten schienen, große Holzscheite, die geschickt ausgehölt waren, Stücke, die zu ihrer Zeit beträchtliche Summen gekostet haben mochten, die hohlen Griffe von Reisetruhen, die Absätze von Damenstiefeln einer Mode, wie sie bei einer denkwürdigen Gelegenheit von Mrs. Michael Mosenstein beeinflußt wurde, und Romane, Hymnen, Gesangbücher, Gottesdienstbreviere und Bibeln – Bücher, deren Mitte Höhlungen enthielten, in denen einmal unvorstellbare Werte an entwendeten Steinen unauffällig per Drucksache befördert worden waren.

Aber all diese Objekte interessierten mich doch nicht so sehr wie zwei Gebilde, die auf einem Wandvorsprung unter einer kleinen Glashaube lagen. Zum einen war dort ein gewöhnliches Stück schweres Bleirohr zu besichtigen, etwa sieben Zentimeter lang und vielleicht zweieinhalb Zentimeter im Durchmesser, an beiden Enden zugelötet, wobei an einem Ende ein kleiner Messinghahn eingearbeitet war. Das zweite Stück war ein zerfetztes kleines Gebilde aus sehr dünnem Gummi – es war fast durchsichtig und maß etwa zehn oder zwölf Zentimeter im Quadrat. Ich beschaute mir diese Gegenstände und fragte mich, was sie miteinander zu tun haben mochten und welche seltsame Geschichte sich mit ihnen verband. In diesem Augenblick trat der Inspektor ein.

»Guten Abend! Ich freue mich über Ihren Besuch«, sagte

er mit ruhiger, sanfter Stimme und ohne jeden fremdländischen Akzent. Wir gaben uns die Hand. »Nun, was halten Sie von meinem kleinen Museum? Ich möchte wetten, Sie haben sich bereits überlegt, daß einige dieser Dinge Ihre Leser ganz schön in Atem halten würden, wenn sie nur sprechen könnten, wie?«

»Ich wüßte keinen Grund, warum der Besitzer nicht das Wort für sie ergreifen sollte«, sagte ich, wie es wohl von mir erwartet wurde, »vorausgesetzt natürlich, daß Sie damit nicht zu viele Staatsgeheimnisse preisgeben.«

»Mein lieber Sir«, sagte er mit einem Lächeln, das die Spitzen seines kleinen schwarzen, sorgfältig getrimmten Schnurrbarts kaum merklich anhob, »ich hätte Ihnen neulich abends im Club kein Versprechen geben dürfen, wenn ich nicht bereit gewesen wäre, mich auf Ihre Diskretion – und die meine – absolut zu verlassen. Also, da hätten wir Whisky mit Soda oder Brandy – was möchten Sie gern? Sie rauchen natürlich – und da werden Sie die hier gut finden, und diesen Stuhl kann ich Ihnen empfehlen. Ich habe darin schon manches schwierige Problem gelöst, das kann ich Ihnen versichern.

Und jetzt«, fuhr er fort, als wir es uns schließlich gemütlich gemacht hatten, »darf ich vielleicht fragen, welches meiner Erinnerungsstücke Ihre berufliche Neugier am meisten geweckt hat?«

Ich wollte schon um die Geschichte des Gasrohrs und des Gummistücks bitten, als mir der Inspektor zuvorkam:

»Aber vielleicht ist diese Frage nicht gerade fair, da Ihnen hier alles ziemlich seltsam vorkommen muß. Zum Beispiel haben Sie sich gerade zwei Objekte angeschaut, als ich hereinkam. Wenn man sie so betrachtet, möchte man kaum glauben, daß sie mit einem der kühnsten und bestvorbereiteten Diamantenraube zu tun haben, die es je hier auf den Feldern oder sonstwo gegeben hat – oder was meinen Sie?«

»Kaum«, sagte ich. »Und doch weiß ich schon so viel über

die ungewöhnlichsten Methoden des I.D.B., daß ich auf eine völlig logische Erklärung dieser Tatsache gefaßt bin.«

»Die Erklärung ist ebenso logisch wie romantisch – das kann ich wohl behaupten«, erwiderte der Inspektor und setzte sein Glas ab. »In gewisser Weise war es die schwierigste Nuß, die ich je knacken mußte. Sie haben bestimmt schon manche Geschichte über das Verschwinden des großen De-Beers-Diamanten gehört?«

»Das kann man wohl sagen!« erwiderte ich lebhaft, denn ich ahnte, daß ich dem großen Geheimnis jetzt endlich auf die Spur kommen würde. »Jeder im Camp scheint eine andere Mutmaßung darüber zu haben, und natürlich bildet sich jeder ein, daß sich der Fall längst aufgeklärt hätte, wenn er damit betraut gewesen wäre.«

»So geht es einem immer«, sagte der Inspektor mit dem für ihn typischen angenehmen Lächeln, »daß man immer besser arbeiten kann als jene, deren Ruf davon abhängt. Wir sind in unserer Abteilung nicht gerade Dummköpfe, und doch muß ich zugeben, daß ich bis vor zwölf Stunden nicht wußte, wie und wohin der Diamant verschwunden ist.

Ich werde Ihnen die Tatsachen schildern, wie sie sind, aber nur unter der Bedingung, daß Sie alle Namen ändern, mit Ausnahme des meinen, wenn Sie wollen. Außerdem dürfen Sie die Geschichte erst nach Ablauf von zwölf Monaten veröffentlichen. Für diesen Wunsch gibt es persönliche Gründe, die Sie wahrscheinlich verstehen, ohne daß ich sie Ihnen im einzelnen aufführen muß. Natürlich wird die Angelegenheit irgendwann zu den Zeitungen durchsickern, obwohl es auch in Zukunft keine Anklage geben wird; aber die Pressemeldungen werden naturgemäß unvollständig und unrichtig sein und – nun, ich will Ihnen nicht verschweigen, ich habe den ruhmsüchtigen Wunsch, daß mein Anteil an dem Vorgang nicht ausschließlich der zarten Behandlung von phantasievollen Penny-pro-Zeile-Schreibern überlassen bleibt.«

Ich quittierte das Kompliment mit einer kleinen eleganten

Verbeugung, soweit mir das der Stuhl des Inspektors gestattete, aber ich sagte nichts, da ich endlich die Geschichte hören wollte.

»Ich beginne am besten am Anfang«, fuhr der Inspektor fort und schnitt sich nachdenklich eine frische Zigarette zurecht. »Wie Sie sicher wissen, war der größte und wertvollste Diamant, der je auf diesen Feldern gefunden wurde, ein herrlicher Stein, ein vollkommener Oktaeder, weiß, fehlerlos, nahezu 500 Karat schwer. Dort steht eine Fotografie auf dem Kaminsims. Eine zweite Aufnahme habe ich bei mir; ich werde sie Ihnen geben, ehe Sie Kimberley verlassen.

Nun, dieser Stein wurde vor etwa sechs Monaten in einem der Vortriebe in einem 800-Fuß-Stollen des Kimberley-Bergwerks gefunden. Er wurde vom Aufseher sofort in die Büros von De Beers gebracht und auf dem Schreibtisch des Generalsekretärs deponiert. Sie wissen ja, wo er sitzt, beim Hereinkommen rechts hinter dem Sitzungszimmer. Es waren gerade mehrere Direktoren anwesend. Ich bedeutete ihm, daß ich mich dieser Einzelheiten erinnerte, und der Inspektor fuhr fort:

»Der Diamant wurde zuerst auf die Waage gelegt und in Gegenwart des Generalsekretärs und der beiden Direktoren von einem der verantwortlichen Angestellten gewogen, einem lizenzierten Diamantenhändler und langjährigen Mitarbeiter von De Beers, den Sie Philip Marsden nennen mögen, wenn Sie die Geschichte niederschreiben. Wie ich Ihnen sagte, betrug das Gewicht rund 500 Karat. Der Stein wurde sodann fotografiert, teilweise zum Zwecke der Identifikation, teilweise als Erinnerung an den größten Rohstein, der jemals in Kimberley gefunden wurde.

Das kostbare Stück wurde sodann Mr. Marsden anvertraut bis zur Abfahrt der Diamantenpost nach Vryburg am folgenden Montag – der Fund wurde an einem Dienstag gemacht. Der Sekretär sah zu, wie der Stein in den großen Safe eingeschlossen wurde – und zwar von Mr. Marsden, der wie üblich in Begleitung eines zweiten Angestellten, eines jüngeren Mannes, war, dessen Namen Sie mit Henry Lomas angeben können. Er war ein Bekannter Marsdens und gehörte ebenfalls zu den zuverlässigsten Mitarbeitern.

Von nun an kamen der Generalsekretär oder die Direktoren jeden Tag – und manchmal sogar mehrmals am Tag – und sahen sich den großen Stein an – entweder zum eigenen Vergnügen oder um den Fund guten Freunden zu zeigen. Ich hätte Ihnen vielleicht schon sagen sollen, daß das Personal im Diamantenraum natürlich zur Verschwiegenheit verpflichtet wurde, da es nicht wünschenswert war – wie leicht einzusehen ist –, daß ein derart wertvoller Fund in einer solchen Stadt zur allgemeinen Kenntnis gelangt. Als der Sonnabend heranrückte, kam man zu dem Entschluß, den Stein nicht nach Kapstadt zu schicken – was mit der damaligen Marktlage zu tun hatte. Als der Safe am Montagmorgen geöffnet wurde, war der Stein verschwunden.

Ich brauche Ihnen die nun einsetzende Panik nicht zu beschreiben. Der Diamant war am Sonnabend zwei- oder dreimal im Safe gesehen worden, und der Generalsekretär war fest davon überzeugt, daß er vorhanden war. Er sah ihn noch, als der Safe über Nacht verschlossen wurde. Tatsächlich war er Zeuge, wie das Juwel hineingelegt wurde; noch wenige Minuten zuvor hatte er es selbst herausgenommen, um es einem Freund zu zeigen.

Der Safe war unversehrt. Er hätte auch nicht geöffnet werden können; denn nachdem er über Nacht abgeschlossen wurde, läßt er sich nur öffnen, wenn entweder der Generalsekretär oder der führende Direktor anwesend sind; beide haben Hauptschlüssel. Ohne sie nützt der am Tage verwendete Schlüssel überhaupt nichts.

Natürlich wurde sofort nach mir geschickt, und ich muß zugeben, daß ich ziemlich verblüfft war. Wenn der Generalsekretär nicht so fest davon überzeugt gewesen wäre, daß der Stein mit eingeschlossen wurde, als der Safe am Sonnabend in seiner Gegenwart zugemacht wurde, hätte ich vermutlich die Theorie aufgestellt – die wohl einzig mögliche –, daß der Stein irgendwann am Tage aus dem Tresor entfernt, im Zimmer versteckt und dann irgendwie herausgeschmuggelt worden war – obwohl auch das in Anbetracht der Durchsuchungen und des strikten Überwachungssystems bestimmt bemerkt worden wäre, ganz zu schweigen von dem Versuch, einen solchen Wert aus der Stadt zu bringen.

Beide Räume wurden natürlich bis in die letzten Winkel abgesucht. In dem Bewußtsein, daß sie alle unter Verdacht standen, stellte sich das Personal der Diamantenräume sofort für jede denkbare Durchsuchung zur Verfügung, und ich kann Ihnen versichern, daß unsere Ermittlungen sehr gründlich waren.

Es wurde nichts gefunden, und als wir fertig waren, hatten wir nicht das geringste Verdachtsmoment. Es ist richtig, daß der Diamant zuletzt vom Generalsekretär in der Obhut von Mr. Marsden und Mr. Lomas gesehen wurde. Mr. Marsden öffnete den Safe, Mr. Lomas stellte das Tablett, das den großen Stein und mehrere kleinere enthielt, in das übliche Fach, und die Safetür wurde geschlossen. Diese Tatsache brachte uns also nicht weiter.

Sie wissen vielleicht, daß das Personal der Diamantenräume über Nacht einen Wächter zurückläßt; dazu gibt es auf jedem Treppenabsatz weitere Männer, und das Firmengelände wird während der Nacht noch durch Patrouillen der Sonderpolizei bewacht. Sonnabend nacht hatte Lomas Dienst. Als er Sonntag morgen aus dem Dienst ging, wurde er wie üblich durchsucht. Er hatte nichts bei sich, und ich machte mir klar, daß er den Diamanten unmöglich aus dem Zimmer schaffen oder sonstwie an einen Freund draußen auf der Straße weiterreichen konnte, ohne bemerkt zu werden. Obwohl der erste Verdacht natürlich auf ihn fiel, da er immerhin mit dem Stein als letzter zusammen in einem Zimmer gewesen war, hatten wir doch keinerlei Anhaltspunkte, diese Tatsache mit dem Diebstahl in Verbindung zu bringen.«

»Ich muß sagen, daß Ihre Schilderung wesentlich klarer und nüchterner ist als die Geschichten, die ich bisher über den geheimnisvollen Fall gehört habe«, sagte ich, als der Inspektor eine kleine Pause machte, sich ein Glas einschenkte und mir bedeutete, es ihm nachzutun.

»Ja«, sagte er trocken, »die Wahrheit ist manchmal einfacher als die Geschichten, auf die man als Fremder hier in Kimberley stößt, aber nur bis zu einem gewissen Punkt. Sie haben in Ihrem Beruf sicher auch schon festgestellt, daß die Wahrheit durchaus in der Lage ist, die Phantasie um einige Nasenlängen zu schlagen, um es einmal sportlich auszudrücken.«

»Was mich betrifft«, erwiderte ich, »möchte ich mein Geld immer nur auf die Tatsache setzen. Ich darf auch sagen, daß keine der phantasievollen Geschichten, die ich bisher hörte, eine einigermaßen akzeptable Erklärung für das Verschwinden des Diamanten bot; wenn die Dinge so stehen, wie Sie sie mir eben schilderten, habe ich nicht die leiseste Ahnung, wie das Geheimnis zu lösen wäre.«

»Genau das habe ich mir auch gesagt, nachdem ich mir schon eine Woche lang Tag und Nacht darüber Gedanken machte«, sagte der Inspektor. »Und dann«, fuhr er fort, stand ruckhaft auf und wanderte mit schnellen, unregelmäßigen Schritten hin und her, »wurde mein Kopf auf einmal ganz leer – ich arbeitete an einem ziemlich unwichtigen anderen Rätsel, einem der I.D.B.-Fälle, die wir fast jede Woche hier haben. Von einer Sekunde auf die nächste schwanden meine Gedanken. Im nächsten Augenblick zuckte es wie aus einer schwarzen Gewitterwolke herab, und ein Licht blitzte auf, das mir den Schlüssel zu dem Geheimnis enthüllte. Das war die Idee. Und diese Gebilde«, sagte er, blieb vor dem Kaminsims stehen und legte die Finger auf den Glaskasten, der die beiden wichtigen Erinnerungsstücke umschloß, »waren die Verkörperung des Ganzen.«

»Mein lieber Inspektor«, erwiderte ich, »verzeihen Sie mir bitte den Hinweis, aber Ihr Lichtstrahl läßt mich leider unverändert im Dunkeln tappen.«

»Diese Dunkelheit soll gleich zum Tage werden«, sagte er lächelnd. Ich sah, daß er dramatische Effekte zu schätzen wußte, und hielt es deshalb für besser, wenn er die Geschichte auf seine Art und ohne Unterbrechungen zu Ende brachte – also bekundete ich ihm nur mein großes Interesse und wartete, daß er weitersprach. Schweigend ging er einige Male hin und her, als überlegte er, in welcher Form er mir die Lösung des Rätsels anbieten sollte, dann blieb er stehen und sagte abrupt:

»Ich habe Ihnen noch nicht gesagt, daß am nächsten Morgen – also am Sonntag früh – Mr. Marsden ausritt und im Feld zu den Bergen hin jagen ging, die sich drüben in nordwestlicher Richtung zwischen hier und Barkly West erstreckte. Ihr Gesicht verrät mir, daß Sie sich bereits fragen, was das mit dem geheimnisvollen Diebstahl unseres millionenschweren Kohlenstoffkristalls zu tun hat. Also, noch ein wenig Geduld, dann wissen Sie es.

Ganz früh an diesem Sonntagmorgen spazierte ich die Stockdale Street vor den De-Beers-Büros entlang, rauchte eine Zigarre und zermarterte mir natürlich das Gehirn wegen des Diamanten. Ich machte einen langen Zug, legte unwillkürlich den Kopf in den Nacken und blies den Rauch in die Luft – etwa so –, und die Wolke schwebte schräg über die Straße, geradewegs in die Richtung, in der Mr. Philip Marsden zur gleichen Zeit Wild jagte. Im gleichen Augenblick kam die Erkenntnis, die meine Konzentration auf den kleineren Fall zunichte machte, und ich sah – natürlich nur vor meinem geistigen Auge – na, was meinen Sie?«

»Wenn damit nicht ein einzigartiger Detektiv verlorenginge«, sagte ich etwas ausweichend, »würde ich behaupten, Sie wären ein ausgezeichneter Geschichtenerzähler. Befassen Sie sich nicht mit meinen Gedanken. Ich bin im Augenblick wie Knetmasse – ich empfange Eindrücke und mache sie nicht selbst. Bitte, was haben Sie gesehen?«

»Ich sah den großen De-Beers-Diamanten – sagen wir, eine bis anderthalb Millionen konzentriertes Kapital – aus dem oberen Stockwerk des Gebäudes der De-Beers-Consolidated-Mines schweben, über die Dächer fliegen und mit dem Wind in Mr. Philip Marsdens Jagdgründen entschwinden.«

Es klänge banal, wollte ich sagen, daß ich den Inspektor in der nun einsetzenden Stille mit blankem Erstaunen anstarrte, aber es war so. Er hatte seine verblüffende Ankündigung mit einer dramatischen Handbewegung und in einem Tonfall gemacht, wie es sich natürlich hier nicht wiedergeben läßt. Er schien meinen Blick jedoch als Unglauben auszulegen und nicht als Verblüffung, denn er sagte fast scharf:

»Ah, ich sehe, daß Sie nun meinen, ich gehöre auch zu den Phantasten; aber keine Sorge, das werden wir noch sehen. Sie sind mir zweifellos so weit gefolgt, um zu wissen, daß ich nach Aufbietung all meiner Erfahrung und naturgegebenen Kombinationsgaben und nach eingehendster Analyse alle Umstände zu der unumstößlichen Schlußfolgerung gekommen war, der große Diamant sei nicht durch einen Menschen aus dem Zimmer getragen oder sonstwie durch das Fenster auf die Straße geworfen worden – er sei allerdings ebenso unzweifelhaft *irgendwie* aus dem Safe und aus dem Zimmer herausgekommen.«

»Und deshalb flog er also, wie?« Ich konnte mir diese Unterbrechung nicht verkneifen, ebensowenig – das muß ich zu meiner Schande eingestehen – wie den ungläubigen Tonfall meiner Stimme.

»Ja, mein lieber Sir!« antwortete der Inspektor und unterstrich seine Worte, indem er sich mit vier Fingern der rechten Hand in die linke Handfläche schlug. »Ja, er flog! Er flog etwa siebzehn oder achtzehn Meilen, ehe er zu der Erde zurückkehrte, von der er geboren wurde – wenn wir von der Theorie der Bodenherkunft der Diamanten ausgehen können. Soweit es sich durch den Tatbestand selbst belegen ließ, hatte ich durchaus recht – so weit hergeholt Ihnen meine Hypothese auch vorkommen mag.

Aber«, fuhr er fort, blieb stehen und machte eine elegante Geste der Entschuldigung, »da ich auch nur ein Mensch bin, kam ich fast sofort von der Wahrheit ab. Ich muß in aller Offenheit gestehen, daß ich in jenem Augenblick, den – wie ich meine – größten und folgenschwersten Fehler meiner Karriere machte.

In der absoluten Gewißheit, daß der Diamant durch die Luft in die Barkly Hills geschafft worden war und Mr. Philip Marsdens Jagdexpedition keinen anderen Zweck hatte, als den Diamanten zu holen, ließ ich bis zu seiner Rückkehr die Zugänge zur Stadt bewachen. Er kam über die alte Transvaal-Straße – etwa eine Stunde nach Sonnenuntergang. Ich ließ ihn verhaften, brachte ihn in das Haus eines meiner Männer, der zufällig dort draußen wohnt, durchsuchte ihn gewissermaßen von den Haarspitzen bis zu den Fußsohlen und fand – nichts.

Natürlich war er sehr aufgebracht, und ich stand als ziemlicher Dummkopf da. Er ließ sich überhaupt nicht beruhigen und verlangte sogar, ich sollte ihm am nächsten Morgen im Konferenzraum von De Beers gegenübertreten und mich in Gegenwart des Generalsekretärs und mindestens dreier Direktoren für meinen unbegründeten Verdacht und das sich daraus ergebene schändliche Betragen entschuldigen. So stand ich natürlich zwischen Teufel und Meeresrand. Leider blieb mir gar nichts anderes übrig; ich mußte sein Verlangen erfüllen; doch an meiner Vermutung änderte sich dadurch nichts.

Dann begann ein sehr seltsames und – Sie halten den Ausdruck vielleicht für ungewöhnlich – pathetisches Wartespiel zwischen uns. Er wußte, daß ich trotz seines vorläufigen Sieges hinter das Rätsel gekommen war und der richtigen Spur folgte. Ich wußte, daß sich der große Diamant irgendwo dort draußen zwischen den Hügeln oder im Feld befand, und ich wußte auch, daß Marsden nur auf das Nachlassen meiner Wachsamkeit wartete, um dorthin zu marschieren und den Stein zu holen. Tag um Tag, Woche um Woche und Monat um Monat vergingen, und das stumme Ringen nahm seinen Fortgang. Wir kamen fast jeden Tag zusammen. Das Vertrauen seiner Arbeitgeber war längst wieder hergestellt. Lomas, sein Mitarbeiter und – wie ich überzeugt war – auch sein Komplize, wurde auf sein Betreiben mit einem Auftrag nach England geschickt, und als er abfuhr, glaubte ich schon – wie ich eingestehen muß –, daß das Spiel zu Ende wäre, daß Marsden den Diamanten irgendwie in seinen Besitz gebracht hatte und Lomas ihn nun aus unserer Reichweite schaffte.

Doch ich beobachtete weiter und wartete ab, und mit der Zeit erkannte ich, daß meine Befürchtungen unbegründet waren, daß sich der Stein noch immer auf dem Feld oder in den Bergen befand. Einige Wochen lang hielt Marsden durch, doch dann begann sich die Anspannung bemerkbar zu machen. Versetzen Sie sich einmal in die schlimme Lage eines Mannes aus guter Familie, eines Mannes mit teurem Geschmack und beträchtlichem Ehrgeiz, der hier in Kimberley von einem Gehalt von etwa 12 Pfund in der Woche leben muß – was ungefähr fünf Pfund in England entspricht – und der weiß, daß wenige Meilen entfernt, an einer Stelle, die nur ihm bekannt ist, ein handfestes Vermögen von, sagen wir, anderthalb Millionen auf ihn wartet, ein Vermögen, das er nur an sich zu nehmen brauchte, wenn er den Mut dazu hätte – doch er wagt es nicht.

Ja, unser Beruf ist manchmal grausam, und berufliche Diebesfänger können sich Mitleid nicht leisten. Und doch, als ich den Mann so Tag um Tag beobachtete, während das Fieber in seinem Blute anstieg und der unerträgliche Druck seine Nerven immer mehr belastete, begann ich ihn zu bemitleiden. Ja, ich bemitleidete ihn so sehr, daß ich bald ungeduldig das Ende herbeisehnte. Stellen Sie sich vor, ein Detektiv – ein Diebesfänger – möchte sein Opfer vom Elend erlöst sehen!

Nun, ich mußte sechs Monate warten – das heißt bis heute morgen um fünf Uhr. Kurz nach vier kam einer meiner Leute und klopfte mich wach. Er brachte mir einen Zettel, den ich noch im Bett las. Die Nachricht kam von Philip Marsden, der mich auf der Stelle zu sich bat – und zwar allein. Sie können sich darauf verlassen, daß ich dieser Bitte unverzüglich nachkam. Ich fand ihn in seinem Wohnzimmer. Alle Lichter brannten. Er war voll angekleidet und hatte offenbar überhaupt noch nicht ins Bett gefunden.

Ich habe nun wirklich oft genug die Verzweiflung von Verbrechern gesehen – doch sein Anblick schockierte mich. Er begrüßte mich allerdings höflich und völlig ruhig. Er übersah die Hand, dich ich ihm hinstreckte, aber er bat, ich sollte mich zu ihm setzen und mit ihm plaudern. Ich setzte mich, und als ich aufblickte, sah ich ihn vor mir stehen, zwei Revolver in der Hand; die Waffen zeigten auf mich. Natürlich war mein Leben völlig in seiner Hand, und wie ich die Situation einschätzte, blieb mir nichts anderes übrig, als still sitzenzubleiben und den Gang der Dinge abzuwarten.

Er begann mir leise zu erklären, warum er nach mir geschickt hatte. Er sagte: ›Ich wollte Sie sprechen, Mr. Lipinzki, um die Sache mit dem Diamanten zu klären. Ich habe mir seit langem eingestehen müssen – eigentlich seit jenem Sonntagabend –, daß Sie sich eine ziemlich zutreffende Erklärung für das Verschwinden des Steins zurechtgelegt haben. Es stimmt natürlich – der Stein flog über das Feld zu den Barkly Hills. Wie Sie wissen, verfüge ich über Kenntnisse der Chemie, und als ich mich entschlossen hatte, den Diamanten zu stehlen – es ist sinnlos, jetzt noch darum herumzureden –, erkannte ich sofort, daß es völlig unmöglich gewesen wäre, ein solches Objekt auf gewöhnliche Art und Weise aus dem Gebäude zu schmuggeln.

Sie fragen sich bestimmt, was ich mit den Waffen will. Sie sollen Sie an diesen Stuhl fesseln, bis ich fertig bin – zum einen. Wenn Sie aufstehen oder einen Ton von sich geben, erschieße ich Sie. Wenn Sie sich meine Geschichte zu Ende anhören, geschieht Ihnen nichts – also bleiben Sie am besten sitzen und spitzen die Ohren.

Um die Sache überhaupt durchführbar zu machen, brauchte ich einen Vertrauten, und ich wählte den jungen Lomas. Wenn Sie dort auf den kleinen Tisch neben sich schauen, sehen Sie ein zugelötetes Bleirohr mit einem Hahn daran und ein Stück dünnes Gummi. Das sind die Überreste des Geräts, das ich einsetzte. Ich mache sie Ihnen zum Geschenk; vielleicht möchten Sie sie in Ihre Sammlung aufnehmen.

Als Lomas an jenem Sonnabendabend seinen Dienst antrat, hatte er das mit komprimiertem Wasserstoff gefüllte Rohr und einen nicht aufgeblasenen Kinderluftballon bei sich. Sie erinnern sich bestimmt – die Nacht war sehr dunkel, und der Wind hatte schon den ganzen Tag gleichmäßig in Richtung Barkly Hill geblasen. Nun, als alles still war, füllte er den Ballon mit Gas, band den Diamanten...‹

›Aber wie hat er den Stein aus dem Safe geholt? Der Generalsekretär hat doch am Abend selbst gesehen, wie er eingeschlossen wurde!‹ rief ich, von meiner Neugier überwältigt.

›Wie Sie wissen, brachten Lomas und ich das Tablett mit den Diamanten zum Safe und schlossen sie ein, soweit der Generalsekretär sehen konnte. Aber als Lomas das Tablett in den Safe stellte, schnappte er sich den Diamanten, wie ich es ihm in einigen Lehrstunden beigebracht hatte. Als ich die Safetür schloß und verriegelte, ruhte der Stein bereits in seiner Tasche.

Der Generalsekretär und seine Freunde verließen den Raum, Lomas und ich traten wieder an den Tisch, und ich befahl ihm, die Waage zu reinigen, da ich sie überprüfen wollte. Während er das tat, ließ er den Diamanten hinter den Kasten gleiten, und dort lag er nun zwischen Kasten und Zimmerdecke, bis er wieder benötigt wurde.

Wir alle verließen den Raum, wie üblich, und Sie wissen

natürlich ebensogut wie ich, daß wir durchsucht wurden. Als Lomas seinen Nachtdienst antrat, lag das kostbare Stück bereit. Lomas füllte den Ballon so weit, daß er den Diamanten eben trug – nicht mehr. Das Bleirohr legte er an die Stelle, die der Diamant vor kurzem noch eingenommen hatte – die einzige Stelle, die nie von Ihnen angeschaut wurde. Als die Aufregung am Montag abgeebbt war, verschloß ich das Rohrstück im Tresor. Wir wurden an diesem Tage alle durchsucht; am nächsten Tag brachte ich es fort, und jetzt können Sie's haben.

Wegen der großen Hitze standen zwei Fenster offen. Lomas machte sich das zunutze und überantwortete den Stein zwei Stunden vor Dämmerung der Luft. Sie wissen, daß es kurz vor Tagesanbruch merklich kühler wird. Ich rechnete damit, daß sich mit der Kälte das Gasvolumen hinreichend zusammenziehen würde, um das Gleichgewicht zu stören und den Ballon zu Boden zu ziehen, und ich wußte, daß das Objekt entweder auf dem Feld oder an einem Berghang niedergehen würde, wenn Lomas meine Anweisungen befolgt hatte.

Der Ballon war hellrot, und um die Sache abzukürzen: Ich machte mich an jenem Tage vor Morgengrauen auf den Weg – angeblich, um auf die Jagd zu gehen. Als ich das Lager verlassen hatte, orientierte ich mich nach dem Kompaß und ritt mit dem Wind auf die Berge zu. Entweder hatte ich Glück oder meine Berechnungen stimmten – oder vielleicht traf beides zu –, jedenfalls schien ich dem Flugweg des Ballons ziemlich genau zu folgen, denn drei Stunden nach Verlassen des Lagers sah ich vor mir den kleinen roten Fleck zwischen den Steinen am Abhang.

Ich streifte noch ein wenig herum, als wäre ich wirklich auf der Jagd. War ja möglich, daß mich jemand beobachtete. Ich arbeitete mich langsam zu dem roten Punkt vor, trat mit dem Fuß nach dem Ballon und brachte ihn zum Platzen. Ich faltete das Gummi zusammen, da ich es nicht dort liegenlassen wollte, und tat es in mein Notizbuch. Als Sie mich später durchsuchten, haben Sie das Buch nicht geöffnet – erinnern Sie sich? Es war natürlich völlig flach, und der Diamant konnte unmöglich darin liegen. So haben Sie diesen hübschen Hinweis verpaßt, obwohl ich kaum annehme, daß Ihnen das noch viel weiter geholfen hätte, da Sie die Wahrheit ja bereits erraten hatten. Aber da ist es jetzt – zu Ihrer Verfügung.‹

›Und der Diamant?‹

Bei diesen Worten änderte sich sein Verhalten plötzlich. Bisher hatte er überlegt und ohne jede Spur von Gefühl gesprochen, aber jetzt wurden seine bleichen, eingesunkenen Wangen plötzlich grellrot, und seine Augen blitzten mich förmlich an. Seine Stimme wurde zu einem leisen Zischen, das mir entsetzlich im Ohr klang.

›Der Diamant‹, sagte er. ›Ja, verflucht sei er, und Fluch auch auf Sie, Inspektor Lipinzki – denn der Stein und Sie, sie sind mein Fluch gewesen. Tag und Nacht habe ich die Stelle vor Augen gehabt, an der ich ihn begrub, und Tag und Nacht hielten Sie Ihre Netze um mich geschlossen, so daß ich keinen Schritt zur Seite tun und ihn holen konnte. Ich ertrage die Spannung nicht länger. Unter uns gesagt, Sie beide – Sie und dieser unmögliche Stein – Sie haben mich gesundheitlich zugrunde gerichtet, haben mich wahnsinnig gemacht. Und wenn ich jetzt über den ganzen Reichtum der De Beers gebieten könnte – es würde mir nichts mehr nützen. Und heute nacht befiel mich eine neue Angst – daß ich wirklich noch durchdrehe, wenn das so weitergeht, und daß ich mich im Delirium meiner Rache an Ihnen beraube, indem ich Ihnen unfreiwillig sage, wo der Stein versteckt liegt.

Hören Sie zu. Lomas ist untergetaucht. An ihn kommen Sie nicht heran. Er hat seinen Namen geändert – seine ganze Identität. Ich habe ihm zwei Briefe geschickt – auf verschiedenen Wegen und an zwei völlig verschiedene Namen und Adressen. Der eine enthält einen Plan und der andere die Zeichenerklärung dazu. Mit diesen beiden Papieren kann er den Diamanten finden. Ohne sie können Sie ein Jahrhundert lang vergeblich danach suchen.

Und nachdem Sie nun wissen, daß … daß Ihr unvergleichlich schöner Stein, der eigentlich mir gebührt, irgendwo dort draußen liegt, wo Sie ihn niemals finden – können Sie und die Leute von De Beers vielleicht ermessen, welche Tantalusqualen ich durchmachen mußte. Das haben Sie nun mit all Ihrer Klugheit erreicht. Das ist das Erbe, das ich Ihnen hinterlasse – seien Sie verflucht! Wenn es nach mir ginge, würde ich Sie alle dort in die Wildnis schicken, wo Sie ohne Nahrung nach dem Stein suchen müßten, bis Sie an physischem Hunger und Durst zugrunde gehen – so wie Sie mich bei lebendigem Leibe an psychischem Hunger und Durst haben sterben lassen.‹

Und als er das sagte, richtete er den einen Revolver auf mich und steckte die Mündung des anderen in den Mund. Fast gegen meinen Willen sprang ich auf. Er drückte beide Abzüge gleichzeitig. Ein Geschoß fuhr mir zwischen Arm und Rippen hindurch und riß ein Loch in meinen Ärmel; das andere – nun, ich kann Ihnen die Einzelheiten ersparen. Er war sofort tot.«

»Und der Diamant?« fragte ich.

»Die Belohnung beträgt zwanzigtausend Pfund, und Sie können sie sich verdienen«, erwiderte der Inspektor verbindlich, »vorausgesetzt, Sie finden den Stein – oder Mr. Lomas und seine Pläne.«

Henry Slesar

Tschüs, Charlie!

Eigentlich glaubte Charlie ja ein Recht zu haben auf das Geld, das er klaute. Als Vertreter für die Firma Broadman & Söhne, Miederwaren, hatte er sich ganz gut gemacht, als Turtin mit seinem Vorschlag von »einem eigenen kleinen Laden« kam. Im Verkaufen war Turtin Spitze, und so lauschte Charlie verzückt den Prophezeiungen des anderen. Ein großer Verkaufsraum an der Hauptstraße. Dicke Bestellungen aus Dallas, Chicago, St. Louis. Haufenweise Geld auf der Bank. Willige Mannequins, die dem Boss gefallen wollten. »Du bist unser Außenmann«, hatte Turtin mit leiser, einschmeichelnder Stimme gesagt, »während ich hinter den Kulissen arbeite. Was kann da schiefgehen?«

Genau genommen ging auch nichts schief. Im ersten Jahr machte die Firma zumindest keinen Verlust, womit Turtin ganz zufrieden war. Im zweiten Jahr blieben sie auf einer Ladung Samt sitzen und hatten einen Umsatzgewinn von nur drei Prozent. Im dritten Jahr begann Charlie Geld auf die Seite zu schaffen.

Er glaubte durchaus Anspruch darauf zu haben. Immerhin handelte es sich um einen Vorgriff auf Turtins Versprechungen. Turtin, diesem melancholischen kleinen Bluthund, ging es doch nur um die Qualität der Ware und die Begründung seines guten Rufes in der Branche. Charlie dagegen hatte gewisse Ausgaben, die ihm unter den Nägeln brannten. Zum Beispiel Danielle Sweetfoot. Ein Mädchen wie Danielle, ein echtes Showgirl aus Las Vegas, ließ sich mit Provisionen allein nicht halten. Dann der ausländische Sportwagen. So eine Karre läuft schließlich nicht mit Feuerzeugbenzin, oder? Die Wohnung südlich vom Central Park war auch keine Kleinigkeit. Allein die Trinkgelder für das Hauspersonal kosteten Charlie fünfhundert im Jahr. Ein Vertreter mußte eben ein gewisses Format an den Tag legen.

Turtin war ein solcher Idiot, daß er fast sechs Monate lang nichts von den Fehlbeträgen merkte. Bis dahin hatte Charlie das Geld längst zurückzahlen wollen, aber leider investierte er in die Aktien einer Elektronikfirma, die der Freund eines Freundes von Nick Davas – ach, wozu in die Einzelheiten gehen? Der Kurs fiel von neunundvierzig auf siebeneinhalb – so war die Börse nun mal.

Turtin war zwar ein sanfter, zurückhaltender Typ, als er aber auf die Wahrheit stieß, fiel seine Reaktion überraschend heftig aus. Er stürmte in Charlies Wohnung – wobei er wie eine lustige Figur aus dem Second Avenue Theater aussah – und brüllte so laut los, daß Danielle geradewegs von Charlies Schoß rutschte. Im nächsten Augenblick ging er Charlie an die Gurgel. Es war ein unmenschlicher Auftritt. Danielle kreischte aus vollem Halse und alarmierte damit das Hausmädchen, den Fahrstuhlführer und den Streifenpolizisten von der Straße. Sie alle mußten sich energisch bemühen, Turtins Finger von Charlies Hals zu trennen.

»Wollen Sie Anzeige erstatten?« fragte der Polizist.

»Nein«, antwortete Charlie, rieb sich die Halsschlagader und betrachtete seinen Partner. »War nur eine kleine Auseinandersetzung, nicht wahr, Max?«

»Ja«, sagte Turtin verbittert. »Wir reden morgen im Büro darüber.«

»Aber klar – sehr vernünftig von dir«, stellte Charlie fest.

Am nächsten Tag hatte sich Turtin wieder beruhigt. »Ich

lasse nächste Woche eine Buchprüfung durchführen«, verkündete er leise. »Anschließend kann sich der Staatsanwalt mit dir beschäftigen.«

»Das kannst du mir doch nicht antun!« sagte Charlie.

»Sieht so aus, als fehlten gute fünfundsiebzigtausend. Ist davon noch etwas übrig?«

»Nein«, log Charlie. In Wahrheit hatte er in seiner Wohnung noch fünfundreißigtausend Dollar in kleinen Noten versteckt.

»Hast du sonst etwas zu sagen, Charlie?«

Charlie überlegte angestrengt. »Nun ja, meine Mutter ist vierundachtzig. An dem Schock würde sie wohl sterben.«

»Tschüs, Charlie«, sagte Turtin. »Wir sehen uns vor Gericht wieder.«

An diesem Abend ging ein besorgter Charlie nach Hause. Er erklärte Danielle die Lage und fragte, was sie an seiner Stelle tun würde. Danielle kaute einen Augenblick lang auf ihren rotbemalten Lippen herum.

»Ich glaub', ich würde mich umbringen«, sagte sie schließlich.

»Danke für den tollen Rat«, meinte Charlie.

Zwanzig Minuten später stürmte er aus dem Badezimmer. »Du hast ja recht!« rief er begeistert. »Du hast ja recht! Das ist die Lösung, Schätzchen!«

»Lösung?«

»Ich bring mich um!«

Danielle schnappte sich ihren Nerz und warf ihn über die Schultern. »Leb wohl«, sagte sie. »Ich kann kein Blut sehen.«

»Warte noch! Ich will doch nicht wirklich sterben! Ich täusche den Selbstmord nur vor, damit Turtin niemanden mehr belangen kann. Ich habe ein paar Scheine auf die hohe Kante gelegt. Ich könnte Ferien machen, in Mexiko oder Tanganjika oder so.«

»Schön für dich. Aber was wird aus mir?«

»Mach dir keine Sorgen. Wenn sich die Sache abgekühlt

hat, komme ich zurück und mache einen drauf ... so richtig einen drauf.«

»Eher *kriegst* du einen drauf – auf die Finger und ab in den Knast. Die Polizei wird wegen Unterschlagung nach dir fahnden.«

»Das habe ich alles bedacht. Komm, du mußt mir helfen.«

»Kommt nicht in Frage! Wenn du dir einbildest, ich halte das Rasiermesser, während du dir die Gurgel durchschneidest ...«

»Das doch nicht! Ich arbeite mit Psychologie, Baby! Ich bin Verkäufer, vergiß das nicht. Ich werde diesen Selbstmord verkaufen.«

»Was soll ich dabei tun?«

»Pack mir ein Paket.«

»Ein was?«

»Ein Paket! Etwa so groß. Tu ein paar schwere Sachen rein – Bügeleisen, Schuhe, was hier so in der Wohnung rumliegt.«

»Na schön«, seufzte Danielle. »Ich pack dir ein Paket. Soll ich auch einen Empfänger draufschreiben?«

»Spar dir die Mühe«, antwortete Charlie grinsend. »Das Ding wandert geradewegs ins Büro für unzustellbare Sendungen.«

Während Danielle loslegte, zog sich Charlie ins Schlafzimmer zurück, schloß die Tür und wählte Max Turtins Nummer. Danielle sollte das Gespräch nicht mithören, damit sie nicht etwas von einem Teil eines Planes erfuhr, den er noch gar nicht erwähnt hatte. Charlie ging es nämlich um mehr als nur Selbstmord. Er wälzte Mordgedanken.

Der Einfall hatte ihn geradewegs aus dem Badezimmer angesprungen. Er putzte sich gerade die Zähne, wobei er die Bürste wie ein Stilett hielt und Turtin in Gedanken umbrachte. Im nächsten Augenblick begegnete er dem Blick der eigenen Augen und erkannte, daß sein Problem auf lange Sicht nur durch einen Mord gelöst werden konnte.

Aber wie? Nach der Auseinandersetzung in seiner Wohnung

war es kein Geheimnis, daß Charlie Max nicht ausstehen konnte. Wenn Turtin eines geheimnisvollen Todes starb, stünde er sofort ganz oben auf der Liste der Verdächtigen. Charlie ächzte hinter seinem Zahnpastaschaum. Dieser Weg war ihm verbaut. Er konnte genausogut tot sein.

Aber natürlich!

Es gab eine garantiert sichere Methode, Turtin aus dem Weg zu räumen und zugleich dem Netz der Polizei zu entwischen. *Er brauchte nur nicht mehr dazusein.* Nicht in Mexiko. Nicht in Tanganjika. Wirklich nicht mehr da. Futsch. Morte. Kaputt. Leb wohl, Charlie. Tot.

Das war der Clou: Er mußte den Toten spielen. Später konnte er wieder aufwachen, Turtin ein für allemal erledigen und die Polizei nach *lebendigen* Verdächtigen fahnden lassen.

Er lauschte auf das Rufzeichen am anderen Ende. Dann hörte er die verhaßte sanfte Stimme.

»Hallo, Max«, sagte er. »Hier Charlie.«

»Lass' mich in Ruhe, Charlie«, seufzte Turtin.

»Ich will nichts von dir. Ich wollte nur Lebwohl sagen.«

»Wohin willst du denn verschwinden?«

Charlie lachte bitter. »Mach dir keine Sorgen. Ich laufe dir nicht davon, Max, das brächte ja doch nichts. Ich gehe an einen Ort, wo mir niemand etwas tun kann. Wo das Leben nichts weiter ist als ein leerer Traum.«

»Bist du betrunken?«

»Mach's gut, Max«, sagte Charlie traurig. »Ich bedaure meine Tat und hoffe nur, du kannst mir verzeihen – danach.«

»Wieso – danach?«

»Hör zu, Max. Wenn man meine Leiche findet, tu mir bitte einen Gefallen. Sag niemandem, daß ich ein Dieb war. Es wäre Mamas Tod. Versprichst du mir das, Max?«

»Charlie!« brüllte der andere. Aber Charlie hatte aufgelegt.

Als er das Wohnzimmer verließ, schnürte Danielle gerade das Paket zu. Sie schmollte. Er wog das Gebilde in der Hand, das ihm schwer genug zu sein schien.

»Jetzt verschwinde lieber«, sagte er. »Du hörst von mir.«

»Wer garantiert mir das?«

»Verdufte endlich.«

Als er allein war, nahm Charlie einen leeren Koffer aus dem Schrank und tat Dinge hinein. Dinge wie Geld. Er legte ein Extrapaar Schuhe dazu und einen zweiten Mantel.

Es war fast zweiundzwanzig Uhr, als der Pförtner seinen Wagen vorfahren ließ. Die Fahrt zur Great-Point-Brücke dauerte eine halbe Stunde, und Charlie sang die ganze Zeit – so freudig sah er den kommenden Ereignissen entgegen.

Er stellte den Wagen auf einem leeren Parkplatz unter der Brücke ab. Dann stopfte er die Schuhe in die Taschen des zweiten Mantels und nahm das schwere Paket unter den Arm. Zuletzt betrat er den Fußweg und marschierte los.

Es waren nur wenige Fußgänger in Sicht, meistens Stadtstreicher auf der Suche nach einem Plätzchen zum Übernachten, und niemand kümmerte sich um Charlie und seine Last. Damit war er durchaus einverstanden. Noch durfte man ihm keine Beachtung schenken.

Auf der Mitte der Brücke wartete er, bis ein Liebespärchen vorbeigeschlendert war; dann baute er die Bühne auf. Er zog den Mantel aus und drapierte ihn über dem Geländer. Die Extraschuhe stellte er auf dem Beton ab. Dann balancierte er das schwere Paket auf dem Geländer und wartete geduldig, bis er in der Dunkelheit einige Gestalten näherkommen sah.

Im nächsten Augenblick stürzte das Bündel in die Tiefe.

»Hilfe! Hilfe!« brüllte er. »Er ist gesprungen! Er ist gesprungen!«

Daraufhin erhielt er von beiden Seiten der Brücke Zulauf. Das junge Paar rannte zurück, um sich den Spaß anzusehen, und drei weitere Zeugen trabten herbei, um nur ja nichts zu verpassen. Viel sehen konnten sie nicht, doch hörten sie wenigstens das Aufklatschen. Sie beugten sich über das Geländer, starrten rufend in die Tiefe und begannen Halluzinationen zu haben, ganz wie Charlie es vorausgesehen hatte.

»Ich sehe ihn! Ich sehe ihn!« rief jemand.

»Er versucht zu schwimmen!« schrillte eine Frau. Ein whiskystinkender alter Stadtstreicher linste ihr über die Schulter und schnalzte mitleidsvoll mit der Zunge. »Er schafft es nicht, der arme Bursche. Er säuft ab!«

»Da ist er! Er geht unter!«

»Er verschwindet jetzt schon zum dritten Mal ...«

»Holt doch Hilfe!« brüllte Charlie. »Jemand muß die Polizei holen!« Der junge Liebhaber starrte ihn eine Sekunde lang mit aufgerissenen Augen an und setzte sich in Trab. Charlie marschierte in die andere Richtung, während die übrigen auseinanderliefen, als stünde ein Luftangriff bevor – sie wollten wohl alle Hilfe holen. Niemand dachte daran, die Brücktelefone zu benutzen, was Charlie aber gleichgültig war. In wenigen Minuten würden die Behörden dennoch Bescheid wissen, und die Bullen würden am Ort des Geschehens erscheinen, um Mantel, Schuhe und Informationen einzusammeln.

Er kehrte zum Wagen zurück, nahm den Koffer an sich und hielt ein Taxi an. In einem schäbigen Hotel im Zentrum mietete er sich ein und rauchte drei Zigarren, ehe er endlich einschlief.

Der Selbstmörder wurde in der Morgenzeitung noch nicht erwähnt, dafür erschien in der Nachmittagsausgabe ein anrührender Bericht. Man nannte ihn einen bekannten Geschäftsmann. Es hieß, er habe »geschäftliche Sorgen« gehabt. Der Artikel enthielt sogar ein Foto Danielles, die als seine »erschütterte Verlobte« bezeichnet wurde. Und das Beste: kein Wort von der Unterschlagung. Der arme Max Turtin! Offenbar hatte er die Geschichte von der vierundachtzigjährigen Mutter geschluckt. Dabei hatte Charlie seine Mutter seit fünfzehn Jahren nicht mehr gesehen. Sie war achtundfünfzig und Kellnerin in Houston.

Wie üblich spielte man mit dem Gedanken, den Fluß abzusuchen, wogegen aber die starke Strömung am Great Point sprach. Nach Ansicht der Polizei würde die Leiche ohnehin wieder an Land geschwemmt. Und ob! Charlie lachte leise vor sich hin – diese Leiche würde sich an Land noch bemerkbar machen, aber ziemlich handgreiflich!

Drei Tage später waren seine Bartstoppeln lang genug, um ihn auf den ersten Blick unkenntlich zu machen. Er wollte endlich zur Tat schreiten. Gegen dreiundzwanzig Uhr suchte er die Telefonzelle in einem Drugstore auf und rief bei Turtin an. Turtin wohnte allein in einem kleinen Mietshaus in der Neunundzwanzigsten Straße.

»Hallo?« fragte er mit piepsiger Stimme. »Ist Herbie zu Hause?«

»Sie haben sich verwählt«, sagte Turtin und legte auf.

Charlie brauchte eine Viertelstunde mit der U-Bahn. Er betrat das Gebäude, fuhr mit dem Fahrstuhl in die fünfte Etage und klopfte an Turtins Tür. Als Turtin aufmachte, konnte Charlie jeden Zahn in seinem Mund sehen.

»Charlie!« Mehr brachte er nicht heraus.

Er schob sich an dem anderen vorbei in die Wohnung und machte die Tür hinter sich zu.

»Du bist nicht tot!« stotterte Turtin. »Danielle hatte also recht ...«

Jetzt war Charlie mit dem Staunen an der Reihe.

»Danielle? Soll das heißen, sie hat dir alles erzählt?«

»T-t-t«, machte Turtin. »Du armer Dummkopf! So etwas Verrücktes hättest du gar nicht anzustellen brauchen. Ich hatte ohnehin nie die Absicht, dich anzuzeigen. Wie hätte ich einem alten Freund so etwas antun können?«

»Du nimmst mich nicht auf den Arm?« fragte Charlie. »Du wolltest mich nicht anzeigen?«

»Natürlich nicht!« Turtin umfaßte seinen Arm und führte ihn mit gewohnter Sanftheit in das Wohnzimmer.

»Komm rein, Charlie, komm rein. Trink einen mit mir. Du siehst aus, als könntest du einen Schluck vertragen.«

Charlie war wie vor den Kopf geschlagen. Er nahm Platz und ließ sich von Turtin einen Drink mixen. Als ihm wieder einfiel, was er eigentlich im Schilde führte, wurde ihm heiß vor Schuldbewußtsein. Turtin umbringen! Diesen großartigen Freund!

»Ich komme mir wie ein Schweinehund vor«, sagte Charlie und mußte schlucken vor Rührung. »Ich hätte es besser wissen müssen, Max.« Er kostete seinen Drink. »Ich hätte wissen müssen, daß du mir so etwas nicht antust.«

»Natürlich nicht – auf keinen Fall. Soll ich denn meinen eigenen Partner ins Gefängnis bringen? Und die hübsche Firma ganz allein besitzen?«

Charlie lachte schwach, leerte sein Glas und entschlummerte.

Als er wieder zu sich kam, starrte er in Danielles Gesicht. Sie blickte ihn direkt an, redete aber über ihn, als wäre er gar nicht im Zimmer.

»Er ist wach, Max, er ist wach«, sagte sie. »Die Wirkung läßt nach.«

»Wir haben noch viel Zeit«, hörte er Max sagen.

Charlie versuchte die Hände zu bewegen, die aber an den Stuhl gefesselt waren. Er versuchte zu sprechen, spürte aber einen weißen Klumpen im Mund.

»Was jetzt?« fragte Danielle. »Rufen wir die Polizei?«

»Hmm«, erwiderte Turtin. »Die würde ihn eine Zeitlang einsperren. Aber vielleicht gibt's da noch eine bessere Möglichkeit.«

»Was könnte besser sein?«

»Soll das heißen, du bist noch gar nicht darauf gekommen?«

»Worauf denn?«

»Er hat doch bereits Selbstmord begangen«, sagte Turtin.

Zehn Tage später wurde Charlies Leiche angespült, womit die Polizei wieder einmal bestätigt war. Zum Ende des Jahres machte die Kleiderfabrik einen Gewinn von vier Prozent des Umsatzes. Das war nicht sensationell viel, aber es brauchte ja nicht mehr geteilt zu werden.

Janwillem van de Wetering

Sechs hin – sechs her

Ein sanfter, warmer Sommermorgen, dachte Adjudant Grijpstra, und bis auf die Wespe habe ich kein Problem. Das Summen dieses Biestes stört mich, und außerdem hat's einen giftigen Stachel. Was weiß ich über Wespen? Ob sie unversehens angreifen? Soweit mir bekannt ist, nicht, sie stechen nur, wenn man sie selbst belästigt. Wie kann ich es anstellen, sie nicht zu belästigen? Still sitzen bleiben. Wenn ich darüber nachdenke, sehe ich den Zusammenhang. Wie die Wespe hier ins Zimmer kam und herumsummt und vielleicht auch wieder wegfliegt. Das Fenster steht nämlich offen.

Im selben Raum auf der dritten Etage der Hauptwache an der Elandsgracht, dem Adjudanten gegenüber, saß Brigadier de Gier, die Füße auf dem Schreibtisch, den Kopf gegen die Wand gelehnt. Auch er betrachtete die Wespe. Der Brigadier hielt die Hände hoch ausgestreckt. De Gier wartete. Die Wespe flog auf de Gier zu.

»Bitte schön«, sagte de Gier. »Wieder ein Feind weniger.« Er schnalzte die gestreifte Leiche in den Papierkorb. »Sehr zu Ihren Diensten. Gern geschehen.«

»War das denn nötig?« brummte Grijpstra. »Gewaltanwendung am frühen Morgen? Als ob das eine Lösung wäre. Muß der Gegner denn immer gleich vernichtet werden?«

»Ja«, sagte de Gier. »Ich hatte die Sache im Griff und handelte dementsprechend. Bist du je von einer Wespe gestochen worden? Heute morgen jedenfalls nicht. Keine schmerzhafte Beule, kein pochendes Klopfen in deiner Haut. Sei froh und dankbar.

Es klopfte. Ein adrett gekleideter Herr mittleren Alters trat ein. Die beiden Kriminalbeamten erhoben sich und gaben dem Mann die Hand. De Gier bot ihm einen Stuhl an, und Grijpstra nahm Bleistift und Papier zur Hand. »Was können wir für Sie tun?«

Der Mann trocknete sich die Stirn mit einem seidenen Taschentuch. An seinem behaarten Handgelenk funkelte eine teure Uhr.

»Mein Name ist de Vries, und ich möchte Anzeige erstatten.«

»Und um was handelt es sich?« fragte Grijpstra.

Der Mann sprach mit sorgsam gewählten Worten, aber nervös, autoritär, jedoch verstört. De Gier hörte zu. »Das war's?« erkundigte Grijpstra sich fünf Minuten später. »Darf ich noch einmal zusammenfassen?« Der Mann nickte. Grijpstra räusperte sich. »Sie heißen de Vries, und Sie arbeiten bei der Johannes de Zwart N.V., Lebensmittelgroß- und -einzelhandel. Sie sind Diplom-Betriebswirt und Chef der Zentralverwaltung. De Zwart besitzt Supermärkte in allen Teilen des Landes, die sämtlich Gewinne abwerfen. Ihre größte Filiale ist hier in der Stadt, in Amsterdam-Neu-Süd, in einer an sich gewinnträchtigen Gegend, in der die wohlhabenden Leute vor allem Delikatessen bevorzugen. Dieser Supermarkt müßte an sich einen großen Gewinn erbringen, aber bei der letzten Kontrolle hat sich das Gegenteil herausgestellt. Es ist Geld verschwunden.«

»Millionen, Adjudant.«

»Wieviel genau?«

»Zwei Komma acht Millionen, Adjudant.«

»Wie komen Sie auf diesen Betrag?«

»Ganz einfach«, erklärte de Vries, »wir kennen den Einkaufswert. Ferner kennen wir die Gewinnspanne. Nun, daraus können wir dann leicht errechnen, wie hoch der Umsatz sein muß. Sechzehn Komma acht Millionen.«

»Und der ist in Wirklichkeit?«

»Vierzehn Millionen.«

»Und Sie haben sich nicht verrechnet?« fragte de Gier. »Sie haben doch die Buchhaltung unter sich? Haben Sie die einzelnen Konten auch gewissenhaft überprüft? Sind eventuell Beträge auf falschen Konten oder in der falschen Spalte verbucht worden? In der Verwaltung werden nämlich zuweilen die unglaublichsten Schnitzer fabriziert. Lesen Sie nur einmal in der Zeitung, wie der Etat der Regierung hin und her pendelt. Milliarden kommen und gehen. Eine Milliarde, das sind tausend Millionen, und Sie reden hier nur von zwei Komma acht.«

»Nun hören Sie aber auf«, sagte de Vries. »Ersparen Sie mir Ihre laienhaften Ansichten. Jede Zahl ist überprüft, vorwärts und rückwärts. Sie brauchen mir nicht zu erklären, wie ich eine Buchhaltung überprüfe. Die Programmierung unserer Zentralverwaltung ist einwandfrei, und Computer machen nun mal keine Fehler. Diebstahl ist ein Verbrechen, und wir haben die Polizei, um Verbrechen aufzuklären.«

»Diebstahl wird von außen her begangen«, korrigierte de Gier, »meist von maskierten Leuten. Unterschlagung ist das Entwenden von innen her. Ein Angestellter eignet sich ihm anvertraute Güter an. Unterschlagung ist schlimmer als Diebstahl, weil es sich um einen Vertrauensbruch handelt, der hinterhältig und gemein ist. Deshalb gibt es dafür auch strengere Strafen.«

»Das wußte ich nicht einmal«, räumte de Vries ein.

»Aber Sie wissen doch wohl, daß es sich dabei um ein Wirtschaftsverbrechen handelt?« mischte sich Grijpstra wieder ein. »Wer hat Sie eigentlich zu uns geschickt? Wir gehören zum Morddezernat. Sie sind also bei uns an der falschen Adresse.«

»Na gut«, sagte de Vries, »aber ich war bei der richtigen Abteilung, und da habe ich eine ganze Stunde lang gewartet. Ich fordere eine sofortige Untersuchung des Falles. Die Johannes de Zwart N.V. gehört zu den führenden Unternehmen des Landes. Wir geben Tausenden Leuten Arbeit, und wir versorgen die Bevölkerung mit Lebensmitteln. Sie sitzen hier nur herum. Ich kann wohl fordern, daß Sie Ihre Pflicht gegenüber der Gesellschaft ernst nehmen.«

»Moment mal«, sagte Grijpstra und griff nach dem Telefon. »Sind Sie es, Inspecteur?«

Der Inspecteur hatte eine voluminöse, schrille Stimme.

»Ja?« schrie er. »Ja? Ja? Ja?«

»Wir haben hier einen verirrten Kunden für Sie. Verschwundene Millionen. Haben Sie einen Augenblick Zeit? Darf ich ihn eben zu Ihnen bringen?«

»Zeit?« zischte das Telefon. »Zeit was? Zeit wo? Überall wird betrogen und unterschlagen, und wir sind unterbesetzt. Im Finanzamt vermissen sie ihre Tresore, die Bauunternehmer ihren Beton, die Autovermieter suchen ihre Autos, und bei der Eisenbahn fehlen plötzlich ein paar Waggons. Meine Akten reichen bis unter die Zimmerdecke, und meine Sekretärin hat ihre Tage. Ja, ja. Ja, ja.«

»Viel Betrieb, was?«

Das Telefon kicherte überspannt.

»Leg auf«, sagte de Gier. »Ich habe ihn eben noch in der Kantine gesehen. Er hat den Kaffee auf seinen Hosenschlitz gegossen, weil er vergaß, den Becher darunterzuhalten. Über kurz oder lang wird er in eine Anstalt eingeliefert, und dann gibt es nicht mal mehr einen Nachfolger.«

De Vries erhob sich und blickte zum Fenster hinaus. »Also, unternehmen Sie nun in dieser Sache etwas, oder nicht? Falls nicht, dann gehe ich fort, aber bestimmt nicht durch die Tür.« Er schaute hinunter. »Es ist hier hoch genug.« Er hob einen Fuß auf das Fensterbrett. »Stützen Sie mich mal? Das Fensterbrett ist so hoch.«

»Was soll denn das werden?« fragte de Gier.

»Selbstmord ist doch auch eine Art von Mord? Dafür sind Sie doch zuständig? Dann werden Sie doch wohl endlich mal aktiv. Ja? Oder nein?«

»Setzen Sie sich doch mal hin«, sagte Grijpstra, »und jetzt erzählen Sie mal, was Sie selbst bis jetzt unternommen haben.«

De Vries zählte an seinen Fingern ab. »Computerprogramme überprüft. Resultate mit denen der übrigen Filialen verglichen. Warenvorräte überprüft. Warenlieferungen kontrolliert. Registrierkassen nachgesehen. Personal befragt. In der Filiale selbst mitgearbeitet.«

»Und nichts gefunden«, meinte de Gier lakonisch.

»Im Gegenteil, Brigadier, ich habe wohl etwas gefunden, nämlich eine Differenz von zwei Komma acht Millionen.« De Vries legte seinen Taschenrechner auf Grijpstras Schreibtisch und tippte die Zahl ein. »Sehen Sie, wieviel das ist? Die Zahl ist für diesen Rechner schon fast zu groß. Das ist in einem Jahr verschwunden. Wollen Sie wissen, wieviel das pro Tag ist? Geteilt durch zweihundert? Sonn- und Feiertage schon abgezogen?«

De Gier las die Antwort ab. »Neun drei drei drei Komma drei drei drei drei.«

»Zehntausend pro Tag«, sagte de Vries. »Ganz schönes Loch, was?«

»Enorm«, stimmte Grijpstra zu.

»Wenn dem so ist, dann ist das wirklich allerhand«, sagte de Gier, »aber dafür sind wir nun mal nicht zuständig, Mijnheer de Vries. Wir wollen Ihre Anzeige zwar weiterleiten, wenn Sie nicht warten können, und dann werden die Kollegen Ihren Fall haargenau untersuchen, aber es gibt nun mal spezielle Abteilungen für jede Art des Verbrechens. Wie sollten wir Ihnen hier auch helfen können, da wir doch keine Sachkenntnis haben? Unterschlagung gehört wirklich nicht zu unserem Sachbereich, Mijnheer de Vries.«

De Vries lief wieder ans Fenster und hob ein Bein.

»Immer mit der Ruhe«, sagte Grijpstra. »Denken Sie lieber

noch ein bißchen nach, Mijnheer. Es stimmt, daß in der letzten Zeit nur wenige Morde verübt wurden, und Nichtstun taugt auch für uns nicht. Also, liefern Sie uns einen Anhaltspunkt.«

»Gewaltanwendung?« fragte de Gier. »Gibt's vielleicht schon mal Prügeleien unter Ihrem Personal? Ist Ihre frischgeschiedene Sekretärin vielleicht unter zweifelhaften Umständen verschwunden?«

De Vries dachte einen Augenblick nach. »Van Gennep.«

»Ermordet?« fragte Grijpstra. »Der Name ist mir unbekannt, und ich habe ein gutes Gedächtnis.«

»Tödlicher Unfall«, erklärte de Vries. »Letzten Mai, auf Mallorca. Wir wußten nicht mal, daß er sich da aufhielt. Junggeselle, der für uns den Einkauf von Maschinen und Geräten machte. Fuhr in Urlaub, aber kehrte nicht zurück. Von den Felsen gestürzt.«

»Wurde die Sache bei uns angezeigt?« Grijpstra war plötzlich hellwach. »Wahrscheinlich nicht? Hat die spanische Polizei ein Protokoll aufgenommen?«

»Unfallbericht, Adjudant, und damit war's erledigt.«

»Erzählen Sie uns etwas mehr über van Gennep«, drängte de Gier.

»Ich dürfte das eigentlich nicht sagen, Brigadier, aber ich bin froh, daß er weg ist. Ein richtiger Schlamper. Kaufte immer viel zuviel ein. Ich hab' das Durcheinander, das er zurückließ, aufgeräumt. Was ich nicht finden konnte, hab' ich gelassen, wie es war. Van Gennep kannte offenbar nicht einmal das Alphabet. Die Rechnungen waren allesamt falsch abgelegt, sofern sie überhaupt vorhanden waren.«

»Einkaufsrechnungen von Geräten, also auch von Computern?«

»Ja«, bestätigte de Vries.

Grijpstra betrachtete seine Notizen. Dann nahm er ein großes Blatt, auf dem er Zahlen notierte. *16,8 – 14 = 2,8.* Er hielt das Blatt de Vries unter die Nase. »So war's und nicht anders?«

»So ist es«, antwortete der Gefragte.

»Dann können Sie jetzt gehen«, sagte Grijpstra. »Sie hören noch von uns. Der Fall wird bereits bearbeitet.«

»Finden Sie heraus, wer der Dieb ist«, sagte de Vries und ging zur Tür. »Ich bitte Sie herzlich darum. Mein Chef macht mir die Hölle heiß, er ruft mich jeden Abend an, sogar am Wochenende. So geht's einfach nicht weiter. Ich drehe durch.«

De Gier schloß die Tür. »Der ist schon durchgedreht, meinst du nicht? Aber solche Leute können nun mal ausgezeichnet rechnen. Mein Schwager ist auch Betriebswirt, und der addiert im Nu die Telefonnummer einer ganzen Seite aus dem Telefonbuch im Kopf. Aber wie sieht das hier nun aus? Meinst du nicht auch, daß die Geschichte mit den Verlusten sehr unwahrscheinlich klingt? Eine Querverbindung im Computer, so daß der Gewinn sich innerhalb der Halbleiter verflüchtigt? Wie kann denn ein Supermarkt in Neu-Süd keinen Gewinn abwerfen?« Das Telefon klingelte. Der Brigadier nahm den Hörer auf. Nachdem er ihn wieder hingelegt hatte, zog er seine Jacke an. »Wir haben wieder Leben in der Bude. Ertrunkener Stadtstreicher in Het Kolkje. Der Mann ist ein bekannter Säufer. Gehst du mit?«

»Nein«, antwortete Grijpstra. Er schaute auf seine Armbanduhr. »Zehn Uhr morgens, der Tag wird noch lang. Ich werd' mal ein bißchen herumschnüffeln, und um drei Uhr heute nachmittag treffe ich dich am Supermarkt.«

De Gier ging, Grijpstra blieb und dachte nach. Dabei betrachtete er die Zahlen: *16,8 – 14 = 2,8.* Wer kennt sich in Zahlen aus? Was sind Zahlen überhaupt? Mathematische Symbole. Auslöschbare Symbole. Wer hat zwei Komma acht Millionen gelöscht? Ist das nicht genug Geld zum Anlegen, so daß man von den Zinsen bis zu seinem Tod faulenzen könnte? Aber das Löschen geht weiter. Der Betrüger kann nicht damit aufhören; der Dieb stiehlt immer weiter.

Wer kennt sich in Zahlen aus? Er schlug das Telefonbuch auf und fand die Nummer der Universität. »Ich hätte gern den

Dekan der mathematischen Fakultät.« Eine Frauenstimme meldete sich: »Hallo.«

»Hier ist die Polizei. Mevrouw, sind Sie Dozentin?«

»Ja.«

»Ich bin Adjudant Grijpstra von der Kriminalpolizei. Kann ich mich einmal persönlich mit Ihnen unterhalten?«

»Ja.«

»Mein Name ist Elize Schaarsma. Sie finden mich im Zimmer zwei-zwölf. Zwei Uhr heute mittag.«

»Frau Professor Schaarsma«, sagte Grijpstra. »Es gibt hier in der Stadt einen Laden, der vierzehn Millionen umsetzt, aber der innerbetrieblichen Kalkulation zufolge müßten das sechzehn Komma acht Millionen sein. Sagt Ihnen das etwas?«

Eine attraktive Frau, dachte Grijpstra. Liebes Gesicht. Eine Professorin von schätzungsweise dreißig Jahren. Das muß man sehen. Aber wenn du hinsiehst, vergiß dann das Zuhören nicht. Hat die Professorin nicht auch eine symathische Stimme? Rauh und sanft, aber trotzdem deutlich?«

»Das sagt mir nichts. Adjudant. Sie dürfen mich mit dem Vornamen, Elize, anreden. Ich mag selbstsichere Männer vom alten Schlag. Sind sie verheiratet?«

»Ja, Elize.«

»Glücklich?«

»Nein, Elize.«

»Das war ich auch nicht, aber seitdem ich wieder ledig bin, langweile ich mich ein bißchen.« Sie schrieb. »Sehen Sie hier? Erkennen Sie die Gleichung? Es gibt eine Differenz von zwei Komma acht Millionen.«

»So weit war ich auch gekommen, Elize.«

»Und erkennen Sie den Faktor?«

»Pardon?«

»Sechs, Adjudant. Sechzehn Komma acht geteilt durch zwei Komma acht. Sechsmal die Differenz ergibt den ursprünglichen Betrag. Der Faktor ist jetzt bekannt. Sechs, sehen Sie?«

»Sechs hin?« fragte Grijpstra. »Sechs her?«

Sie runzelte die Stirn und rümpfte das Näschen. »Zu oberflächlich, Adjudant. Die Mathematik ist hart seit Newton, obwohl sie immer durchsichtiger wird seit Einstein.« Sie beugte sich vor. Grijpstra schnupperte nach ihrem Parfüm. »Wissen Sie, Adjudant, daß der Zusammenhang zwischen Ursache und Folge im Grunde nicht mehr aufgeht?«

»Wo kommen wir dann hin?« fragte Grijpstra verblüfft.

»Wo wir schon immer waren, Adjudant. Nirgendwo.«

»Und ist das noch zu berechnen?«

»Kaum.« Sie lächelte, gewissermaßen, um zu trösten. »Aber ist das nicht viel besser so? Hat die Logik uns nicht verkrampft in ihrem Bann gehalten?«

Grijpstra blieb verblüfft.

»Sie glauben mir nicht, Adjudant?«

»Ja, aber, Elize, der gesunde Menschenverstand?«

Sie lächelte ermutigend. »Wissen Sie, wie Einstein den gesunden Menschenverstand definierte? Als die Zusammenballung der Vorurteile, die vor dem achtzehnten Lebensjahr entstanden.«

Der Adjudant erhob sich.

»Sie wollen schon gehen?« fragte die Dozentin bedauernd.

»Ich bewege mich auf der unteren Ebene«, sagte Grijpstra, »und meine Zeit ist leider sehr beschränkt. Wenn ich den Gauner gefaßt habe, dann möchte ich Sie gerne mal zum Essen einladen. Wär das drin?«

»Auf der unteren Ebene«, antwortete sie leise. »Wo die Zeit linear ist, von der Vergangenheit zur Gegenwart, zur Zukunft. Gehetzt und einfach, beschränkt und fehlerhaft.« Dann fuhr sie lauter fort. »Ich kann Sie nicht abhalten. Einen besseren Rat habe ich auch nicht. Sechs, Adjudant, die Lösung sitzt in der Sechs. Vielleicht brauchen Sie nicht zu multiplizieren, durch Teilen können Sie's auch finden.«

»Ich werde nach der Sechs suchen«, antwortete Grijpstra entschieden. »Herzlichen Dank auch, Elize.«

Sie begleitete ihn zur Tür. »Und wenn Sie Ihre zeitliche Lösung gefunden haben, dann werden wir zusammen essen. Einverstanden. Bei mir daheim?«

»Bei Ihnen daheim«, bestätigte Grijpstra. »Ich werde Sie anrufen. Übrigens, mein Vorname ist Henk.«

An der Tür zögerte Grijpstra noch.

»Sechs«, sagte die Professorin, »das ist eins plus zwei plus drei. Oder eins mal zwei mal drei. Eine heilige Zahl in der Kabbala. Der sechseckige Davidsstern. Die vollkommene Zahl, so dachte auch Kepler noch. Haben Sie den Namen Johannes Kepler schon mal gehört?«

»Nein, Elize.«

»Sechzehntes Jahrhundert. Hofmathematiker und Astronom. Damals glaubte man, daß es nur sechs Planeten gibt, und Kepler meinte wiederum, daß die Verhältnisse ihrer Entfernung zur Sonne den Schlüssel der Gesetze des Universums enthielten. Er hat sich mit dem Berechnen aufgerieben, aber nicht vergeblich, obwohl sein Ausgangspunkt falsch war.«

»So«, meinte Grijpstra bloß.

»Sie haben sich nie mit Mathematik beschäftigt?«

»Zwei parallele Linien schneiden sich im Unendlichen«, parierte Grijpstra.

»Ihre Linie und meine Linie«, bestätigte Elize nickend, »und alle anderen. Na, Sie wissen schon eine ganze Menge. Mancher Wissenschaftler wußte anfangs nicht einmal das.«

»Auf Wiedersehen«, sagte Grijpstra, während er den Türknopf knetete.

Sie schwieg. Er nickte. Danach ging er durch den langen Gang. »Das Unberechenbare«, sagte Grijpstra zur Leere, die ihn umgab, »das mag ich nicht. Am Ende muß alles aufgehen.«

»Es geht auch auf«, murmelte er auf dem Weg zum Supermarkt. »Es muß aufgehen, denn sonst hätte das alles doch keinen Sinn.«

Grijpstra stand vor dem Supermarkt. »Es ist drei Uhr. De

Gier ist schon hier. Fabelhafter Kerl. Wenn der sagt, daß er um drei Uhr hier ist, dann ist er auch hier.«

De Gier war nicht da.

»Zweimal drei ist sechs«, brummte Grijpstra, betrat den Laden und ließ sich beim Filialleiter anmelden.

»Jansen«, stellte der sich vor. »Angenehm. Ich habe Sie bereits erwartet. Die Hauptverwaltung rief mich deswegen heute früh an.

Jemand von der Polizei wollte kommen, um mich zu vernehmen und hier ein bißchen herumzuschnüffeln. Sie sind allein?«

»Allein.«

»Nur mal um nachzufragen? Oder weil Sie nicht an die Differenz glauben? Es gibt keine Differenz. Diese Filiale floriert und verdient eine Menge Geld. Die in der Hauptverwaltung spinnen doch. Setzen Sie sich, Adjudant.«

Ob das vielleicht ein Täter ist? dachte Grijpstra verstimmt. Dieser höfliche Mann in seinem Kittel mit dem aufgestickten Firmennamen? Dieser freundliche Mann mit dem ehrlichen Gesicht? Diesem kurzen Haarschnitt? Seinen errötenden Wangen? Seinen strahlenden blauen Glupschaugen? Bin ich überhaupt schon mal in einem so ordentlichen Supermarkt gewesen? Warum verschwende ich hier bloß meine kostbare Zeit?

»Mijnheer de Vries behauptet, daß ...«, begann Grijpstra kühl.

»Ich weiß, ich weiß.« Jansen deutete auf seine Stirn. »Meschugge sind diese Federlecker in der Hauptverwaltung. Wir verdienen denen das Geld, und die produzieren Hirngespinste. Das geht jetzt schon seit Monaten so. Aber hier geschieht alles so, wie sich's gehört. Die Waren kommen mit vollen Lastwagen herein, und sie gehen in den Einkaufstaschen wieder hinaus. Das Geld der Kundschaft wandert in die Kassen, und ich rechne täglich ab. Was der Computer angibt, das ist auch vorhanden, in Münzen und Geldscheinen. Na gut, es gibt schon mal kleine Differenzen, die Kassiererinnen müssen hastig arbeiten, und Fehler macht jeder mal. An einem Tag ein halbes Prozent zuwenig, am nächsten Tag dafür wieder ein halbes Prozent zuviel.«

»Zwei Komma acht Millionen«, sagte Grijpstra kalt. »Fehlen die nicht?«

»Ach was«, antwortete Jansen gutgelaunt. »Nur im Kopf des Leiters der Hauptverwaltung. Mijnheer de Vries, der spinnt doch.«

»Sie arbeiten schon lange bei der Johannes de Zwart N.V.?«

»Seit dreißig Jahren.«

»Fünfmal sechs?«

»Wie?« fragte Jansen verständnislos.

»Das Sechsfache dessen, was fehlt, müßte Ihr Umsatz eigentlich sein.«

»Quatsch«, tat Jansen die Frage ab. »Sie stecken doch wohl nicht mit denen unter einer Decke? So schnell schon? Das ist doch wohl hoffentlich keine ansteckende Krankheit?«

»Darf ich mich mal umsehen?« fragte Grijpstra.

Der Adjuant zählte die Mädchen, die Flaschen und Pakete auf die Regale stellten. Sechs Mädchen, aber dann kam noch ein siebtes hinzu. Er zählte die jungen Männer, die die Kartons aufrissen. Das waren drei. Er zählte die Regale und die Bretter, die Tische und die Schränke. Zuviel. Der Laden war voll und wurde immer noch voller. Er zählte nur, während er sich zwischen den Kunden und den Registrierkassen hindurchzwängte. Fünf Kassen. Frauen schoben ihre Einkaufswagen gegen seine Schienbeine, kleine Kinder krabbelten über seine Füße, ein vorbeigetragenes Baby spuckte auf seinen Ärmel. Einer Dame, die sich bückte, schaute er in den Busenausschnitt. Zwei. Ein Meterbrot wurde ihm in den Rücken gestoßen. Eins. Eine junge Frau nahm acht Flaschen Ketchup aus dem Regal. Ein dicker Mann angelte nach zwei Lebkuchenmännchen. Wer drei Büchsen Bohnen kauft, erhält die vierte gratis. Was zähle ich hier bloß herum? dachte der Adjudant. Ich bin für diese Aufgabe einfach zu blöd. Im Rätselraten war ich noch nie gut. Sechs wer, sechs wo? Im ganzen Laden entdecke ich keine Sechs.

Mijnheer Jansen kam. »Schon etwas gefunden, Adjudant?«

»Ich gehe«, antwortete Grijpstra lakonisch.

»Ich bringe Sie zum Ausgang«, bot Jansen an. »Vorn im Laden ist zuviel Gedränge. Da kommt man kaum durch. Nur eine Tür, und da müssen sich sechs Kundenreihen hindurchwurschteln, und das auch noch mit den Einkaufstaschen.«

»Hoppla«, rief Grijpstra aus.

Jansen blieb stehen.

»Sechs?« fragte Grijpstra.

»Natürlich, Adjudant. Sehen Sie nur. Sechs Registrierkassen, sechs Reihen.«

»Ich habe aber eben nur fünf gezählt«, sagte Grijpstra verwundert. »Die sechste am Ende hab' ich übersehen, weil da ein Karren voller Kartons steht, der die Sicht behindert.«

»Wir haben sechs«, bestätigte Jansen.

Zwei Komma acht Millionen Ihres Umsatzes ist verschwunden. Wohin? In Ihre Tasche. Nicht in der Kasse und nicht verbucht. Kinderleicht, wirklich. Fünf Registrierkassen sind an den Computer angeschlossen, aber eine ist es nicht.«

»Quatsch«, protestierte Jansen. »Und der Mord?«

»Sie hatten im Mai Urlaub, nicht wahr?«

»Das stimmt«, bestätigte Jansen.

»Auf Mallorca?«

»Nix Mallorca. Ich habe eine Fußwanderung durch die Niederlande gemacht.«

»Alleine?« fragte Grijpstra. »Mit Rucksack und Zelt? Durch die freie Natur? Einsam, ohne Begleiter?«

»Tatsächlich, so war es.«

»Nein, mein Lieber«, sagte Grijpstra überzeugt. »Sie waren auf Mallorca. Und zwar mit Ihrem heimlichen Genossen, van Gennep von der Hauptverwaltung. Eben derselbe van Gennep, der in der Verwaltung herumgepfuscht und sechs Registrierkassen aufstellen ließ, von denen nur fünf angeschlossen wurden. Das heißt ... warten Sie mal.«

Jansen schwieg.

»Umgekehrt war es, Mijnheer Jansen. Sie waren der Genosse, und van Gennep war der Haupttäter, der sich den Trick einfallen ließ. Ohne Sie hätte die Sache natürlich nicht geklappt. Sie mußten die Kasse täglich leeren, um sie mit Ihrem Komplizen, dem eigentlichen Übeltäter, zu teilen.

»Na, na, na«, protestierte Jansen.

»Sind Sie verheiratet?«

»Nein.«

»Van Gennep auch nicht«, sagte Grijpstra.

»Und?«

»Die Sache wird mir immer klarer«, sagte Grijpstra. »Zwei Junggesellen, die keine störende Familienbindung haben, stehlen gemeinsam. Alles teilen sie miteinander, aber beide tragen sich mit dem Gedanken, irgendwann einmal Schluß damit zu machen. Aber Sie wollten alles alleine kassieren, und van Gennep stürzte vom Felsen. Tritt in den Hintern? Hatten Sie ihn zuvor noch auf die herrliche Aussicht hingewiesen?«

»Sie sprechen in Rätseln«, sagte Jansen kopfschüttelnd. »Und Sie basteln sich die Antworten selber zusammen.«

Grijpstra erhob sich. »Keineswegs. Die spanische Polizei betrachtete die Sache als Unglücksfall. Aber wenn wir den Vorgang nachträglich noch einmal etwas genauer unter die Lupe nehmen? Vielleicht kommen wir noch dahinter, wo Sie zusammen gezeltet haben? Es gibt da Campingplätze, und die Verwalter dieser Campings führen ein Gästebuch. Es wird mir gelingen zu beweisen, daß Sie dort mit van Gennep zusammenwaren. Wo haben Sie das Geld?«

»Welches Geld?«

»Na, die zwei Komma acht Millionen«, sagte Grijpstra, »und da ist inzwischen noch etwas hinzugekommen. Also reden wir mal über drei Millionen. Auf ein paar Hunderttausender mehr oder weniger kommt es jetzt auch nicht mehr an. Sie haben daheim Unterlagen. Von den Postüberweisungen. Sie haben das Geld vermutlich gegen Dollarschecks eingetauscht und die weggeschickt. Das wird sich noch zeigen. Auslandskonto? Curaçao? Bermudas? Die komischen Inseln im Südwesten von England, auf denen alles erlaubt ist? Ein Nummernkonto in der Schweiz?«

»Setzen Sie sich hin«, befahl Jansen.

Welch ein wieselfinkes Kerlchen, dachte Grijpstra. Wo hat der nur auf einmal die Pistole her? Wahrscheinlich aus der Schreibtischlade. »Legen Sie das Ding weg«, gebot er. »Damit machen Sie alles nur viel schlimmer. Nötigung eines Beamten im Dienst, das wird Ihnen vor Gericht besonders übel angekreidet.«

Jansen stand auf und schloß die Tür ab. Die Tür war unten aus Sperrholz und oben aus Milchglas. Seine Pistole hielt er auf den Adjudanten gerichtet. »Los, klettern Sie in den Schrank, Adjudant. Ich werde Sie fesseln und einsperren. Knebel in den Mund, und als Gag lege ich Ihnen Ihre eigenen Handschellen an. Das Licht wird ausgemacht, und dann wird man Sie heute nicht mehr finden. Morgen kommt die Putzfrau. Geben Sie mir jetzt Ihre Handschellen?«

»Ich denke nicht dran«, antwortete Grijpstra. »Im übrigen sind Sie selbst verhaftet, und daran ändert sich nichts. Sie haben doch nicht alle Tassen im Schrank.«

»O doch.« Jansen tippte sich an die Schläfen. »Ich war selten so klar im Kopf wie jetzt. Aber es hat schon mehr Leute gegeben, die mich unterschätzt haben, sogar van Gennep. Dieser blöde Kerl wollte weitermachen, bis wir fünf Millionen zusammenhaben. Das hätte mir zu lange gedauert, und ich wollte selbst drei Millionen haben. Die hab' ich jetzt, und heute abend bin ich bereits verschwunden. Große Verbrecher arbeiten immer allein, gehen ins Ausland und sind für die Polizei verschollen. Los, geben Sie endlich die Handschellen her. Die Pistole auch.«

»Ich will Ihnen mal etwas sagen«, erwiderte Grijpstra. »Sie spielen zwar den großen Ganoven, aber Sie haben sich mir doch selbst ans Messer geliefert.«

Jansen schwieg.

»Jetzt gucken Sie ganz schön dumm aus der Wäsche, wie?«

Jansen guckte.

»Na, hören Sie. Haben Sie mich nicht selbst auf die sechste Registrierkasse hingewiesen? Obwohl Sie doch wußten, daß ich nach etwas im Zusammenhang mit der Zahl Sechs suchte!«

Jansen hielt Maulaffen feil.

»Das war Ihr unterbewußtes Schuldgefühl, Mijnheer Jansen. Das erleben wir so oft. Ein Verdächtigter macht absichtlich einen Fehler. Legen Sie Ihre Pistole hin, und gehen Sie mit.«

»Ich muß Sie erschießen«, flüsterte Jansen. »Sie lassen mir keine andere Wahl. Das mache ich zwar nicht gerne, aber wenn ich's tue, dann laufe ich keinerlei Risiko. Diese Pistole verursacht nur wenig Lärm, und der fällt nicht einmal auf, weil links und rechts Lagerräume sind, in denen ständig Kisten und Kartons geworfen werden. Zum letzten Mal, Adjudant, rücken Sie mir die Sachen raus. Glauben Sie nicht, daß ich sie Ihnen mit Gewalt abnehmen werden. Ich knalle Sie von der Stelle aus ab, an der ich jetzt stehe. Dann rolle ich Sie in den Schrank und bin verschwunden.«

»Nein«, sagte Grijpstra kalt.

Jansen streckte seinen Arm aus und kniff die Augen zu.

Jemand klopfte an die Tür.

»Jetzt nicht«, rief Jansen. »Ich bin beschäftigt.«

Jemand rüttelte an der Tür.

»Abhauen«, brüllte Jansen.

Mit einem Satz kam de Gier durch die verschlossene Tür geflogen. Sperrholz und Glas zersplitterten.

»Vorsicht!« brüllte Grijpstra.

De Gier kümmerte sich nicht darum und flog weiter, auf Jansen zu. Sein linker Arm schlug Jansens rechten Arm nach oben. Die Pistole segelte durch die Luft und fiel zu Boden. De Gier drehte Jansens Arm auf den Rücken und legte ihm Handschellen an. »Sie sind verhaftet!« rief er zugleich.

»Das war er schon«, sagte Grijpstra stirnrunzelnd. »Wo warst du nur?«

De Gier hob die Pistole auf und steckte sie ein. Dann zog er den Mann hoch. »Ich bin aufgehalten worden. Dieser besoffene Landstreicher in Het Kolkje war von einem anderen besoffenen Landstreicher zusammengeschlagen worden. Und diesen anderen mußte ich zuerst suchen. Inzwischen waren die Zeugen fortgelaufen. Die Sache ist inzwischen geregelt. Tut mir leid, Adjudant.«

»Bah«, rügte Grijpstra, »und ich hatte mich auf dich verlassen.«

»Du kannst dich auf nichts und auf niemanden verlassen«, meinte de Gier, »und das ist sogar gut so.«

»Na, waren wir nicht mal wieder gut, was?« sagte de Gier, während er sich auf den Tresen der Kneipe lehnte. »Fall noch am selben Tag geklärt. Wo gibt's das heute noch?«

»War trotzdem nicht gut«, sagte Grijpstra. »Herr Wirt, noch zwei Genever.«

»Wir schließen«, meinte der Wirt, »aber Sie dürfen noch bleiben.«

»Wieso nicht gut?« wollte de Gier wissen.

Grijpstra trank und ließ sein Glas nachfüllen. »Bewaffneten und Drohenden soll man gut zureden, aber man soll sich nicht auf sie stürzen. Ein ruhiges Gespräch führt meist zum Geständnis, und das kommt meist ganz von selbst heraus, weil sie glauben, daß sie die stärkere Position haben.«

»Jedenfalls kam ich noch gerade rechtzeitig.« De Gier ließ sein Glas ebenfalls nachfüllen.

»Auf mich schießt keiner«, erklärte Grijpstra. Dazu bin ich viel zu nett. Das sagte die Professorin auch. Sie hat mich sogar zum Essen eingeladen.«

»Erzähl ein bißchen mehr über sie.«

Grijpstra berichtete.

»Und das, während ich mich mit diesem besoffenen Typen abquälen mußte«, meinte de Gier neidisch. »Was hast du denn mit ihr vor? Ich meine, nach dem Essen.«

»Nichts. Kaffee trinken. Vielleicht auch einen Cognac. Was sonst? Geschirr abtrocknen vielleicht. Dann nach Hause.«

»Unfaßbar.« De Gier schüttelte den Kopf. »Das hör' ich gerne. Du begehrst sie, aber du nimmst sie nicht. Du liebst das Unbestimmbare in ihr. Das paßt gut zu dem, was sie dir sagte. Das Dasein ist ein Chaos, und der wahre Weise verhält sich dementsprechend.«

»Noch einen Schnaps«, rief Grijpstra. »Für Sie auch, Herr Wirt. Sind Sie ein wahrer Weiser?«

»Ich bin ein Trottel«, antwortete der Wirt.

»Ich auch«, erklärte de Gier. »aber der Unterschied erscheint den Nichteingeweihten meist verschwommen.«

Sie tranken weiter, bis sie betrunken waren. Die Morgendämmerung brach an, und sie schlenderten heim; Arm in Arm entlang den leeren Grachten.

»Ich bin kein wahrer Weiser«, lallte Grijpstra, »aber ich hab' meine fünf Sinne beisammen. Ich respektiere diese Professorin, und ich finde sie schön. Was schön ist, das soll man nicht besudeln, auch wenn man das Versäumte nachher bereuen wird.«

»Armer Grijpstra.«

»Nein, nein, Rinus, du siehst das falsch. Im Gegenteil. Ich bin, wenn ich mich nicht über die anderen ärgern muß, ein zufriedener und glücklicher Mann. Ich lebe in einer sicheren Welt, denn alles, was ich mache, das ist durch klare Gesetze geregelt. Wer ruhig nachdenkt, so wie ich, und haarfein begründet, so wie ich wieder, und den Strömungen folgt, von A nach B …«

»Noch immer, so wie du?«

»Ja.« Grijpstra lächelte bescheiden. »Aber ich brauche wohl

Hilfe von anderen, die mehr Verstand haben, so wie die Professorin, und auch von dir, denn du bist flott auf den Beinen.«

Grijpstra seufzte. »Mann, hat die Frau eine Stimme. Ein bißchen heiser, so hab' ich's am liebsten. Sie hat mir die Zahl Sechs geschenkt; darin steckt die Lösung aller Probleme.«

Zuhörend ging De Gier weiter.

»Schau«, rief Grijpstra aus, »dies ist die ideale Umgebung, um meine Ansicht zu erklären. Wir laufen hier durch menschenleere Straßen und wissen, daß uns nichts zustoßen kann. Die Leere kennt keine Bedrohung. Ich bin gleich daheim, und dann gehe ich zu Bett. Das weiß ich mit aller Gewißheit. Kannst du mich noch verstehen?«

»Nein«, widersprach de Gier. »Und ich glaube dir auch nicht, obwohl ich dein Freund bin. Auch hier herrscht das Chaos.«

Grijpstra löste seinen Arm. Sie mußten sich trennen. Da er sich auf seinen Beinen nicht mehr sicher fühlte, umarmte er einen Laternenpfahl, und weil die Füße unter ihm wegrutschten, zog er den Laternenpfahl auf sich zu. Der kippte um und begrub Grijpstra unter sich.

»Was?« fragte der Commissaris am nächsten Morgen.

»Der Laternenpfahl ist auf Grijpstra gefallen. Mijnheer«, erklärte de Gier. »Der Adjudant konnte nicht mehr zur Seite springen, weil er zu tief ins Glas geschaut hatte. Es war ein schwerer Mast. Dreifacher Rippenbruch. Ich habe den Krankenwagen bestellt.«

»Und?«

»Ich komme gerade aus dem Krankenhaus. Es geht dem Patienten den Umständen entsprechend gut.«

»Laternenpfähle fallen doch nicht von selbst um«, meinte der Commissaris.

»Dieser wohl, Mijnheer. Umgepißt, verstehen Sie?«

»Etwa von Grijpstra? Soll der so gepißt haben?«

»Nein, von Hunden, Mijnheer. Ich hab' die Sache untersucht. Zwar glaube ich an Zufälle, aber nicht an so etwas Unwahrscheinliches. Einzelne Faktoren potenzieren sich ins Unglaubliche, aber wenn man der Sache nachgeht, dann stellt sich doch ein Zusammenhang heraus. In dieser Gegend gibt es unglaublich viele Hunde, und die pissen immer gegen diesen einen Laternenpfahl. Die Hundepisse enthält Säure, die das Metall im Laufe der Zeit zersetzt. Kann natürlich lange dauern, fünfzig oder hundert Jahre, wer weiß, wie lange so ein Pfahl da steht? Aber irgendwann steht er schließlich auf einem schwachen Bein.«

»Und dann kommt Grijpstra und wirft ihn einfach um. Haha.«

De Gier blickte ihn verärgert an.

»Armer Grijpstra«, sagte der Commissaris.

Der Angestellte des Börsenmaklers

Kurz nach meiner Heirat hatte ich im Bezirk Paddington eine Praxis samt Patienten übernommen. Der alte Mr. Farquar, von dem ich sie erworben hatte, hatte früher einmal eine ausgezeichnete Allgemeinpraxis gehabt, doch mit seinem Alter und seinen Gebrechen – er litt an Veitstanz – wurden die Patienten immer spärlicher. Das Publikum verhält sich nicht unnatürlicherweise nach dem Prinzip, daß, wer andere gesundmachen will, selbst gesund sein muß, und mißtraut den Fähigkeiten eines Heilers, dessen eigener Fall seinen Heilmitteln trotzt. Je hinfälliger daher mein Vorgänger wurde, desto mehr ging es mit seiner Praxis bergab, bis das Einkommen schließlich von zwölfhundert auf wenig mehr als dreihundert pro Jahr abgesunken war. Ich hatte jedoch Vertrauen in meine Jugend und Energie und war davon überzeugt, daß das Unternehmen in sehr wenigen Jahren wie nur je florieren würde.

Nach Einrichtung der Praxis wurde ich drei Monate lang sehr stark von Arbeit beansprucht und sah wenig von meinem Freund Sherlock Holmes, denn ich war zu beschäftigt, um der Baker Street einen Besuch abzustatten, und er selbst ging selten, und nur aus beruflichen Gründen, aus. Ich war deshalb überrascht, als ich eines Morgens im Juni, da ich nach dem Frühstück gerade das *British Medical Journal* las, das Klingeln der Glocke hörte und gleich darauf die hohen, etwas schneidenden Töne der Stimme meines alten Gefährten.

»Ah, mein lieber Watson«, sagte er, ins Zimmer schreitend. »Ich bin sehr erfreut, Sie zu sehen. Ich hoffe doch, Mrs. Watson hat sich von all den kleinen Aufregungen in Zusammenhang mit unserem Abenteuer von ›Zeichen der Vier‹ mittlerweile völlig erholt?«

»Danke, es geht uns beiden sehr gut«, sagte ich und schüttelte ihm herzlich die Hand.

»Und ich hoffe außerdem«, sagte er, indem er sich im Schaukelstuhl niederließ, »daß die Belange der ärztlichen Tätigkeit das Interesse, das Sie an unseren kleinen Deduktionsproblemen zu nehmen pflegten, nicht gänzlich ausgelöscht haben.«

»Im Gegenteil«, antwortete ich; »erst gestern abend habe ich meine alten Aufzeichnungen durchgesehen und einige unserer früheren Ergebnisse geordnet.«

»Sie halten Ihre Kollektion doch hoffentlich nicht für abgeschlossen?«

»Keineswegs. Ich wünsche mir nichts mehr, als noch weitere solche Erfahrung zu machen.«

»Heute, zum Beispiel?«

»Ja; heute, wenn Sie wollen.«

»Und so weit weg wie Birmingham?«

»Gewiß, wenn Sie es wünschen.«

»Und die Praxis?«

»Ich versehe die meines Nachbarn, wenn er weggeht. Er ist stets bereit, die Schuld abzuarbeiten.«

»Ha! Es könnte nicht besser sein!« sagte Holmes, lehnte sich in seinem Stuhl zurück und musterte mich scharf unter halb geschlossenen Lidern hervor. »Wie ich sehe, sind Sie kürzlich unpäßlich gewesen. Erkältungen im Sommer sind immer ein wenig beschwerlich.«

»Letzte Woche hat mich ein starker Schnupfen drei Tage lang ans Haus gefesselt. Ich dachte allerdings, ich hätte jede Spur davon abgeworfen.«

»Das haben Sie auch. Sie sehen bemerkenswert robust aus.«
»Woher haben Sie es dann gewußt?«
»Mein lieber Freund, Sie kennen doch meine Methoden.«
»Sie haben es also deduziert?«
»Gewiß.«
»Und woraus?«
»Aus Ihren Pantoffeln.«

Ich starrte auf die neuen Glanzledernen hinunter, die ich trug. »Wie um alles in der Welt –?« hob ich an, aber Holmes beantwortete meine Frage, bevor sie noch gestellt war.

»Ihre Pantoffeln sind neu«, sagte er. »Sie können sie noch nicht länger als ein paar Wochen haben. Die Sohlen, die Sie mir gerade zuwenden, sind leicht angesengt. Einen Moment lang dachte ich, sie seien vielleicht feucht geworden und beim Trocknen angebrannt. Doch nahe beim Innenrist befindet sich eine kleine runde Siegelmarke aus Papier mit den Hieroglyphen des Geschäftsinhabers darauf. Feuchtigkeit hätte sie natürlich abgelöst. Sie haben dagesessen, die Füße zum Kamin hin ausgestreckt, was ein Mann auch in einem so feuchtkalten Juni bei voller Gesundheit kaum tun würde.«

Wie jede Holmesche Beweisführung schien die Sache die Einfachheit selbst zu sein, wenn sie erst einmal erklärt war. Er las mir den Gedanken vom Gesicht ab, und sein Lächeln bekam einen Anflug von Bitterkeit.

»Ich fürchte, ich gebe mich ziemlich preis, wenn ich erkläre«, sagte er. »Ergebnisse ohne Gründe sind weitaus eindrucksvoller. Sie sind also bereit, mit nach Birmingham zu kommen?«

»Gewiß. Um was für einen Fall handelt es sich?«

»Sie werden alles im Zug erfahren. Mein Klient sitzt draußen in einer Droschke. Können Sie gleich mitkommen?«

»Sofort.« Ich kritzelte einen Zettel für meinen Nachbarn, eilte nach oben, um die Sache meiner Frau zu erklären, und traf Holmes auf der Schwelle.

»Ihr Nachbar ist Arzt?« fragte er mit einem Nicken zum Messingschild.

»Ja. Er hat eine Praxis gekauft, wie ich.«

»Eine alteingeführte?«

»Genauso wie meine. Beide bestehen, seit die beiden Häuser erbaut wurden.«

»Aha, dann haben Sie sich die bessere von beiden gesichert.«

»Ich glaube schon. Aber woher wissen Sie das?«

»Aufgrund der Stufen, mein Bester. Ihre sind drei Inch tiefer ausgetreten als seine. Aber dieser Gentleman in der Kutsche ist mein Klient, Mr. Hall Pycroft. Erlauben Sie mir, ihn Ihnen vorzustellen. Treiben Sie Ihr Pferd an, Kutscher, denn wir haben eben noch Zeit, unseren Zug zu erreichen.«

Der Mann, dem ich mich gegenübersah, war ein gutgebauter, junger Mensch mit blühendem Teint, offenem, ehrlichem Gesicht und einem dünnen, krausen blonden Schnurrbart. Er trug einen stark glänzenden Zylinder und einen kleidsamen Anzug von nüchternem Schwarz, der ihn nach dem aussehen ließ, was er war – ein smarter, junger Mann der City, aus der Klasse, die man als Cockneys bezeichnet, aus der sich jedoch unsere famosen Freiwilligen-Regimenter rekrutieren und bessere Athleten und Sportsmänner als aus jedem anderen Menschenschlag auf diesen Inseln. Sein rundes, rosiges Gesicht war von Natur aus voller Heiterkeit, aber seine Mundwinkel schienen mir in halb komischem Kummer herabgezogen. Ich sollte allerdings erst, als wir alle in einem Erster-Klasse-Abteil saßen und unsere Reise nach Birmingham richtig angetreten hatten, erfahren, was für ein Problem ihn zu Sherlock Holmes getrieben hatte.

»Von hier aus fahren wir volle siebzig Minuten«, bemerkte Holmes. »Ich möchte, daß Sie, Mr. Hall Pycroft, meinem Freund Ihr höchst interessantes Erlebnis genau so erzählen, wie Sie es mir erzählt haben, das heißt, wenn möglich noch etwas detaillierter. Es wird mir von Nutzen sein, noch einmal den Ablauf der Ereignisse zu hören. Es handelt sich um einen Fall, Watson, an dem etwas dran sein mag oder auch nicht, der jedoch zumindest jene ungewöhnlichen und outrierten Züge aufweist, die Ihnen so teuer sind wie mir. Nun denn, Mr. Pycroft, ich werde Sie nicht wieder unterbrechen.«

Unser junger Begleiter sah mich mit einem Augenzwinkern an.

»Das Schlimmste an der Geschichte ist«, sagte er, »daß ich wie ein vollkommener Trottel dastehe. Natürlich kann es gut ausgehen, und ich sehe nicht, wie ich mich hätte anders verhalten können; aber wenn ich meinen Futterplatz verloren habe und nichts dafür bekomme, werde ich merken, was für eine weiche Birne ich gehabt habe. Ich bin nicht sehr gut im Geschichtenerzählen, Dr. Watson, aber es verhält sich so:

Bis vor einiger Zeit hatte ich eine Stellung bei Coxon & Woodhouse in Draper's Gardens, aber die sind, wie Sie sich zweifellos erinnern, im Frühjahr mit der Venezuela-Anleihe reingelegt worden und ganz schön auf den Bauch gefallen. Ich war fünf Jahre bei ihnen gewesen, und der alte Coxon gab mir ein kolossal gutes Zeugnis, als es krachte, aber natürlich wurden wir Angestellten an die Luft gesetzt, alle siebenundzwanzig. Ich versuchte es hier und versuchte es da, aber in meiner Branche gab's noch viele andere Burschen, und lange Zeit herrschte völlige Eiszeit. Bei Coxon hatte ich drei Pfund die Woche verdient und ungefähr siebzig gespart, aber die hatte ich bald schon weggeputzt mit Stumpf und Stiel. Schließlich war ich mit meinem Latein ziemlich am Ende und konnte kaum noch die Briefmarken aufbringen, um die Anzeigen zu beantworten, oder die Umschläge, um sie daraufzukleben. Ich hatte mir mit Treppensteigen in Kontoren die Hacken abgelaufen und schien von einer Stellung so weit entfernt wie nur je.

Schließlich erfuhr ich von einer Vakanz bei Mawson & Williams, der großen Börsenmaklerfirma in der Lombard Street. Ich darf wohl annehmen, daß die Hochfinanz nicht gerade in

Ihr Fach schlägt, aber ich kann Ihnen sagen, daß das so ungefähr das reichste Haus in London ist. Die Anzeige sollte ausschließlich brieflich beantwortet werden. Ich schickte mein Zeugnis und die Bewerbung, jedoch ohne die geringste Hoffnung, die Stelle zu bekommen. Postwendend kam eine Antwort, in der es hieß, wenn ich nächsten Montag vorspräche, könnte ich möglicherweise sofort meine neuen Pflichten antreten, vorausgesetzt, mein Auftreten stelle zufrieden. Niemand weiß, wie diese Dinge gehandhabt werden. Manche behaupten, der Manager stecke einfach seine Hand in den Stapel und ziehe die erstbeste Bewerbung heraus. Wie auch immer, diesmal war ich am Schlage, und ich konnte mir gar nichts Schöneres vorstellen. Die Kohle betrug ein Pfund mehr pro Woche, und die Pflichten waren ungefähr die gleichen wie bei Coxon.

Und jetzt komme ich zum komischen Teil der Geschichte. Ich hatte eine Bude draußen in Hampstead – Potter Terrace 17 war die Adresse. Nun ja, am gleichen Abend saß ich gerade da und rauchte, als meine Hauswirtin mit einer Karte heraufkam, auf der stand ›Arthur Pinner, Finanzmakler‹. Ich hatte den Namen noch nie gehört und konnte mir nicht vorstellen, was er bei mir wollte, aber natürlich bat ich sie, ihn heraufzuführen. Herein kam er – ein mittelgroßer, dunkelhaariger, dunkeläugiger, schwarzbärtiger Mann mit einem Anflug von Itzig um die Nase. Er hatte eine forsche Art an sich und sprach lebhaft, wie ein Mann, der den Wert der Zeit kennt.

›Mr. Hall Pycroft, glaub' ich?‹ sagte er.

›Ja, Sir‹, antwortete ich und schob ihm einen Stuhl hin.

›Bis vor kurzem bei Coxon & Woodhouse beschäftigt?‹

›Ja, Sir.‹

›Und jetzt Mitarbeiter von Mawson?‹

›Ganz recht.‹

›Nun‹, sagte er. ›Tatsache ist, daß ich ein paar wirklich außergewöhnliche Geschichten über Ihren finanziellen Sachverstand gehört habe. Sie erinnern sich an Parker, der früher Manager bei Coxon war? Er kann nicht genug davon erzählen.‹

Natürlich freute es mich, das zu hören. Ich war im Büro immer ziemlich auf Draht gewesen, aber ich hätte mir nie träumen lassen, daß man in der City in dieser Weise von mir sprach.

›Sie haben ein gutes Gedächtnis?‹ sagte er.

›Recht anständig‹, antwortete ich bescheiden.

›Haben Sie sich über den Markt auf dem laufenden gehalten, während Sie arbeitslos waren?‹

›Ja; ich lese jeden Morgen den Börsenbericht.‹

›Also das zeigt wirklich Hingabe!‹ rief er. ›So kommt man vorwärts! Sie haben doch nichts dagegen, daß ich Sie prüfe, nicht wahr? Wir wollen sehen! Wie stehen Ayrshires?‹

›Einhundertundfünf zu einhundertfünf und ein Viertel.‹

›Und New Zealand Consolidated?‹

›Einhundertundvier.‹

›Und British Broken Hills?‹

›Sieben zu sieben Komma sechs.‹

›Wunderbar!‹ rief er mit hochgeworfenen Armen. ›Das paßt genau zu allem, was ich gehört habe. Mein Lieber, mein Lieber. Sie sind ja viel zu gut, um Angestellter bei Mawson zu sein!‹

Dieser Ausbruch verblüffte mich ziemlich, wie Sie sich vorstellen können. ›Nun‹, sagte ich, ›andere Leute halten nicht ganz so viel von mir, wie Sie es zu tun scheinen, Mr. Pinner. Ich habe hart genug kämpfen müssen, um diesen Posten zu bekommen, und ich bin sehr froh, daß ich ihn habe.‹

›Pah, Mann, Sie sollten hoch hinaus. Sie sind nicht in der Ihnen gebührenden Spähre. Jetzt werde ich Ihnen sagen, wie es mit mir steht. Was ich anzubieten habe, ist wenig genug, gemessen an Ihrem Können, aber verglichen mit Mawson verhält es sich wie Licht zu Dunkel. Wir wollen sehen! Wann gehen Sie zu Mawson?‹

›Am Montag.‹

›Ha! Ha! Ich glaube, ich würde aufs Geratewohl eine kleine

Spekulation riskieren, daß Sie überhaupt nicht dorthin gehen.‹

›Nicht zu Mawson gehen?‹

›Nein, Sir. An diesem Tag werden Sie schon Geschäftsführer der Franco-Midland Eisenwaren Gesellschaft mit beschränkter Haftung sein, mit einhundertundvierunddreißig Niederlassungen in den Städten und Dörfern Frankreichs, nicht gerechnet eine in Brüssel und eine in San Remo.‹

Das verschlug mir den Atem. »Ich habe nie davon gehört‹, sagte ich.

›Höchstwahrscheinlich nicht. Es ist sehr geheim gehalten worden, denn das ganze Kapital wurde privat gezeichnet, und die Sache ist zu gut, um sie öffentlich zur Zeichnung anzubieten. Mein Bruder, Harry Pinner, ist der Gründer und tritt dem Aufsichtsrat nach Ernennung zum Geschäftsführer bei. Er wußte, daß ich mich hier unten auskenne, und bat mich, billig einen guten Mann aufzutreiben – einen jungen Draufgänger mit viel Biß. Parker hat von Ihnen gesprochen, und das hat mich heute abend hergeführt. Wir können Ihnen für den Anfang nur lumpige fünfhundert anbieten –‹

›Fünfhundert pro Jahr!‹ rief ich.

›Das nur zu Beginn, aber Sie werden eine Gesamtprovision von einem Prozent auf alle von Ihren Agenten getätigten Geschäfte bekommen, und Sie haben mein Wort darauf, daß sich das auf mehr belaufen wird als Ihr Gehalt.‹

›Aber ich kenne mich mit Eisenwaren nicht aus.‹

›Na, na, mein Bester, Sie kennen sich mit Zahlen aus.‹

Mir schwirrte der Kopf, und ich konnte kaum still auf dem Stuhl sitzen bleiben. Doch plötzlich überkam mich leiser Zweifel.

›Ich will offen zu Ihnen sein‹, sagte ich. ›Mawson gibt mir nur zweihundert, aber Mawson ist sicher. Nun weiß ich aber wirklich so wenig über Ihre Gesellschaft, daß –‹

›Ah, schlau, schlau!‹ rief er in einer Art Freudentaumel. ›Sie sind genau der richtige Mann für uns! Sie lassen sich nicht beschwatzen und haben auch ganz recht damit. Hier ist also eine Banknote über hundert Pfund; und wenn Sie meinen, daß wir handelseinig werden, so dürfen Sie sie als Vorschuß auf Ihr Gehalt kurzerhand in die Tasche stecken.‹

›Das ist sehr nobel‹, sagte ich. ›Wann werde ich meine neuen Pflichten antreten?‹

›Seien Sie morgen um eins in Birmingham‹, sagte er. ›Ich habe hier in der Tasche eine Mitteilung, die Sie meinem Bruder bringen. Sie finden ihn in der Corporation Street 126 B, wo sich vorläufig die Büros der Gesellschaft befinden. Natürlich muß er Ihre Einstellung bestätigen, aber zwischen uns ist es abgemacht.‹

›Wirklich, ich weiß kaum, wie ich meine Dankbarkeit ausdrücken soll, Mr. Pinner‹, sagte ich.

›Nicht doch, mein Bester. Sie haben nur Ihren wohlverdienten Lohn empfangen. Es gibt da noch ein, zwei kleine Dinge – bloße Formalitäten –, die ich mit Ihnen erledigen muß. Sie haben da ein wenig Papier neben sich liegen. Schreiben Sie freundlicherweise darauf: ‚Ich bin durchaus gewillt, zu einem Mindestgehalt von £ 500 als Geschäftsführer der Franco-Midland Eisenwaren Gesellschaft mit beschränkter Haftung tätig zu sein.‘‹

Ich tat, worum er mich gebeten hatte, und er steckte das Papier in die Tasche.

›Da ist noch eine Kleinigkeit‹, sagte er. ›Was gedenken Sie hinsichtlich Mawson zu unternehmen?‹

In meiner Freude hatte ich Mawson völlig vergessen.

›Ich schreibe ihnen, ich verzichte‹, sagte ich.

›Genau das, was ich nicht möchte. Ich hatte wegen Ihnen Streit mit Mawsons Manager. Ich bin hingegangen, um mich bei ihm über Sie zu erkundigen, und er war sehr beleidigend – beschuldigte mich, Sie den Diensten der Firma abzuwerben, und dergleichen. Schließlich verlor ich ziemlich die Beherrschung. ‚Wenn Sie gute Leute wollen, müssen Sie ihnen ein gutes Gehalt zahlen‘, sagte ich. ‚Er nimmt lieber unser geringes als Ihr hohes Gehalt', sagte er. ‚Ich setze einen Fünfer', sagte ich, ‚daß Sie, wenn er mein Angebot hat, nicht einmal mehr von ihm hören werden.' ‚Topp!' sagte er. ‚Wir haben ihn aus der Gosse aufgelesen, und er wird uns nicht so ohne weiteres verlassen.' Das waren genau seine Worte.‹

›Der unverschämte Schuft!‹ rief ich. ›Ich habe ihn in meinem ganzen Leben noch nicht einmal zu Gesicht bekommen. Warum sollte ich irgend Rücksicht auf ihn nehmen? Ich werde ihm gewiß nicht schreiben, wenn Ihnen das lieber ist.‹

›Gut! Das ist ein Versprechen!‹ sagte er und erhob sich. ›Nun denn, ich bin erfreut, für meinen Bruder einen so guten Mann gefunden zu haben. Hier ist Ihr Vorschuß über hundert Pfund, und hier ist der Brief. Notieren Sie sich die Adresse, Corporation Street 126 B, und denken Sie daran, daß Sie morgen um eins Ihre Verabredung haben. Gute Nacht, und möge Ihnen alles Glück widerfahren, das Sie verdienen.‹

Das ist so ungefähr alles, was sich zwischen uns ereignete, soweit ich mich entsinnen kann. Sie können sich vorstellen, Dr. Watson, wie erfreut ich über diesen außerordentlichen Glücksfall war. Die halbe Nacht blieb ich wach und beglückwünschte mich dazu, und am nächsten Tag fuhr ich mit einem Zug nach Birmingham, der mir reichlich Zeit ließ, meine Verabredung einzuhalten. Ich brachte meine Sachen zu einem Hotel in der New Street und machte mich dann auf zu der Adresse, die man mir gegeben hatte.

Ich war eine Viertelstunde vor der Zeit, aber ich dachte, das mache nichts. 126 B war eine Passage zwischen zwei großen Läden, an deren Ende eine steinerne Wendeltreppe war, die zu zahlreichen Wohnungen führte, die als Büros an Gesellschaften oder Freiberufler vermietet waren. Die Namen der Mieter waren unten an der Mauer angeschrieben, aber eine Bezeichnung wie Franco-Midland Eisenwaren Gesellschaft mit beschränkter Haftung war nicht darunter. Ich stand ein paar Minuten da, das Herz war mir in die Hose gerutscht, und ich fragte mich, ob die ganze Sache ein ausgepichter Schabernack sei oder nicht, als ein Mann auftauchte und mich ansprach. Er sah dem Burschen sehr ähnlich, den ich am vorigen Abend gesehen hatte, die gleiche Figur und Stimme, aber er war glattrasiert, und sein Haar war heller.

›Sind Sie Mr. Hall Pycroft?‹ fragte er.

›Ja‹, sagte ich.

›Aha! Ich habe Sie erwartet, aber Sie sind ein wenig zu zeitig daran. Ich erhielt heute morgen eine Mitteilung von meinem Bruder, in der er sehr laut Ihr Loblied sang.‹

›Ich habe gerade nach den Büros gesucht, als Sie kamen.‹

›Unser Name ist noch nicht angeschrieben, weil wir uns diese vorläufigen Räumlichkeiten erst letzte Woche beschafft haben. Kommen Sie mit mir nach oben, und wir besprechen die Sache.‹

Ich folgte ihm bis zum obersten Absatz einer himmelhohen Treppe, und dort, direkt unter dem Schieferdach, lagen ein paar leere und staubige Räume ohne Teppiche und Vorhänge, und dahin führte er mich. Ich hatte mir ein großes Büro mit glänzenden Tischen und Reihen von Angestellten vorgestellt, so wie ich es gewohnt war, und ich habe wohl ziemlich unverblümt auf die beiden Holzstühle und den kleinen Tisch gestarrt, die mit einem Hauptbuch und einem Papierkorb das ganze Mobilar ausmachten.

›Nur den Kopf nicht hängen lassen, Mr. Pycroft‹, sagte mein neuer Bekannter, als er mein langes Gesicht sah. ›Rom wurde auch nicht an einem Tag erbaut, und hinter uns steht eine Menge Geld, auch wenn wir in Punkto Büros noch nicht viel hermachen. Nehmen Sie doch bitte Platz, und geben Sie mir Ihren Brief!‹

Ich reichte ihn rüber, und er las ihn sehr gründlich.

›Sie scheinen großen Eindruck auf meinen Bruder Arthur gemacht zu haben‹, sagte er, ›und ich weiß, daß er ein recht scharfes Urteilsvermögen hat. Er schwört auf London, wissen Sie, und ich auf Birmingham, aber diesmal werde ich seinen Rat befolgen. Betrachten Sie sich bitte als definitiv eingestellt.‹

›Was sind meine Pflichten?‹ fragte ich.

›Sie werden in Bälde das große Depot in Paris leiten, das einen Strom englischen Geschirrs in die Läden von einhundertundvierunddreißig Kommissionären in Frankreich leiten wird. Der Kauf wird in einer Woche getätigt sein, und bis dahin werden Sie in Birmingham bleiben und sich nützlich machen.‹

›Wie?‹

Als Antwort zog er ein großes rotes Buch aus einer Schublade. ›Das ist ein Adreßbuch von Paris‹, sagte er, ›mit den Berufen hinter den Namen der Leute. Ich möchte, daß Sie es mit nach Hause nehmen und alle Eisenwarenhändler mit ihrer Adresse herausschreiben. Es wäre mir von größtem Nutzen, sie zu haben.‹

›Bestimmt gibt es nach Branchen eingeteilte Listen?‹ schlug ich vor.

›Keine verläßlichen. Ihr System ist anders als unseres. Sputen Sie sich und geben sie mir die Liste bis Montag um zwölf. Guten Tag, Mr. Pycroft; wenn Sie weiterhin Eifer und Intelligenz an den Tag legen, werden Sie in der Gesellschaft einen guten Dienstherrn finden.‹

Ich ging mit dem großen roten Buch unterm Arm und sehr widerstreitenden Gefühlen in der Brust zum Hotel zurück. Einerseits war ich definitiv eingestellt und hatte hundert Pfund in der Tasche. Andererseits hatten das Aussehen der Büros, das Fehlen des Namens an der Wand und gewisse andere Punkte, die einem Geschäftsmann ins Auge springen müssen, einen schlechten Eindruck von der Position meiner Arbeitgeber hinterlassen.

Immerhin hatte ich, komme was da wolle, mein Geld, und so machte ich mich an meine Aufgabe. Den ganzen Sonntag über wurde ich von der Arbeit hart beansprucht und war dennoch am Montag erst bis H gekommen. Ich begab mich zu meinem Arbeitgeber, fand ihn in dem nämlichen, gewissermaßen leergeräumten Zimmer und wurde angewiesen, bis

Mittwoch weiterzumachen und dann wiederzukommen. Am Mittwoch war sie immer noch nicht fertig, und so rackerte ich weiter bis Freitag – das heißt gestern. Dann brachte ich sie zu Mr. Harry Pinner.

›Vielen Dank‹, sagte er. ›Ich fürchte, ich habe die Schwierigkeit der Aufgabe unterschätzt. Diese Liste wird mir eine sehr wesentliche Hilfe sein.‹

›Es hat einige Zeit gebraucht‹, sagte ich.

›Und jetzt‹, sagte er, ›möchte ich, daß Sie eine Liste der Möbelgeschäfte erstellen, denn die verkaufen alle Geschirr.‹

›Sehr wohl.‹

›Und Sie können morgen abend um sieben mal kommen und mich wissen lassen, wie Sie vorankommen. Überarbeiten Sie sich nicht. Abends ein paar Stunden in Day's Music Hall würden Ihnen nichts schaden nach Ihren Mühen.‹ Er lachte beim Sprechen, und mit Schaudern bemerkte ich, daß sein zweiter Zahn auf der linken Seite höchst unfachmännisch mit Gold gefüllt war.«

Sherlock Holmes rieb sich entzückt die Hände, und ich starrte unseren Klienten verdutzt an.

»Sie haben allen Grund, überrascht dreinzuschauen, Dr. Watson, aber es verhält sich so«, sagte er. »Als ich mit dem anderen Burschen in London sprach und er darüber lachte, daß ich nicht zu Mawson ging, bemerkte ich zufällig, daß sein Zahn auf genau die gleiche Art gefüllt war. Das Glitzern des Goldes sprang mir in beiden Fällen ins Auge, verstehen Sie. Als ich das damit zusammenbrachte, daß die Stimme und die Figur gleich und nur die Merkmale geändert waren, die sich mittels eines Rasiermessers oder einer Perücke verwandeln ließen, konnte ich nicht daran zweifeln, daß es ein und derselbe Mann war. Natürlich erwartet man, daß zwei Brüder einander ähneln, aber nicht, daß sie den gleichen Zahn auf die gleiche Weise gefüllt haben. Er geleitete mich unter Verbeugungen hinaus, und ich fand mich auf der Straße wieder und wußte kaum, ob ich auf dem Kopf oder den Beinen stand. Ich ging zurück in mein Hotel, steckte den Kopf in ein Becken mit kaltem Wasser und versuchte, die Sache zu entwirren. Warum hatte er mich von London nach Birmingham geschickt; warum war er vor mir dort gewesen; und warum hatte er einen Brief von sich selbst an sich selbst geschrieben? Es war einfach zuviel für mich, und ich konnte mir keinen Reim darauf machen. Und dann fiel mir plötzlich ein, daß das, was mir dunkel war, für Sherlock Holmes durchaus klar sein mochte. Ich hatte gerade noch Zeit, mit dem Nachtzug zur Stadt zu fahren, ihn heute morgen aufzusuchen und Sie beide mit mir nach Birgminham zu nehmen.«

Es trat eine Pause ein, nachdem der Angestellte des Börsenmaklers sein erstaunliches Erlebnis berichtet hatte. Dann zwinkerte Sherlock Holmes mir zu und lehnte sich mit zufriedenem und doch kritischem Gesicht in die Polster zurück, wie ein Connaisseur, der soeben den ersten Schluck eines überragenden Jahrgangs gekostet hat.

»Ganz hübsch, Watson, finden Sie nicht?« sagte er. »Es gibt Punkte darin, die mir gefallen. Ich denke, Sie stimmen mit mir überein, daß eine Unterredung mit Mr. Arthur Harry Pinner in den vorläufigen Büros der Franco-Midland Eisenwaren Gesellschaft mit beschränkter Haftung ein recht interessantes Erlebnis für uns beide sein dürfte.«

»Aber wie können wir das machen?« fragte ich.

»Oh, nichts leichter als das«, sagte Hall Pycroft heiter. »Sie sind zwei Freunde von mir, die eine Stellung brauchen, und was könnte natürlicher sein, als daß ich Sie beide zum geschäftsführenden Direktor mitnehme?«

»Ganz recht! Natürlich!« sagte Holmes. »Ich würde gern einen Blick auf den Gentleman werfen und sehen, ob ich hinter sein kleines Spiel kommen kann. Was für Qualitäten haben Sie, mein Freund, die Ihre Dienste so wertvoll machen würden? Oder ist es möglich, daß –« Er begann, auf den Fingernägeln zu kauen und ausdruckslos aus dem Fenster zu starren, und wir konnten ihm kaum ein weiteres Wort entlocken, bis wir in der New Street waren.

Um sieben Uhr an diesem Abend gingen wir selbdritt die Corporation Street entlang zu den Büros der Gesellschaft.

»Es hat keinen Zweck, daß wir vor der Zeit da sind«, sagte unser Klient. »Er kommt offenbar nur her, um mich zu treffen, denn die Räume sind bis genau zu der Stunde verlassen, die er nennt.«

»Das ist vielversprechend«, bemerkte Holmes.

»Donnerwetter, ich hab's Ihnen gesagt!« rief der Angestellte. »Da vor uns geht er.«

Er deutete auf einen recht kleinen, blonden, gutgekleideten Mann, der auf der anderen Straßenseite dahineilte. Während wir ihn beobachteten, schaute er zu einem Jungen hinüber, der die neueste Ausgabe der Abendzeitung ausschrie, lief zwischen den Droschken und Bussen hindurch auf die andere Seite und kaufte ihm eine ab. Die Zeitung krampfhaft festhaltend, verschwand er in einer Einfahrt.

»Da geht er!« rief Hall Pycroft. »Das sind die Büros der Gesellschaft, wo er hineingegangen ist. Kommen Sie mit mir, und ich regle das so leicht wie möglich.«

Seiner Führung folgend stiegen wir fünf Stockwerke hinauf, bis wir uns vor einer halbgeöffneten Tür befanden, an die unser Klient pochte. Von drinnen entbot uns eine Stimme ein »Herein«, und wir betraten ein kahles, unmöbliertes Zimmer, wie es Hall Pycroft beschrieben hatte. An dem einzigen Tisch saß, seine Abendzeitung vor sich ausgebreitet, der Mann, den wir auf der Straße gesehen hatten, und als er zu uns aufblickte, schien es mir, als hätte ich noch nie in ein Gesicht geschaut, das so von Gram gezeichnet war, von Gram und darüber hinaus – von einem Grauen, wie es nur wenigen Menschen im Laufe eines Lebens widerfährt. Seine Stirn glänzte vor Schweiß, seine Wangen waren von der stumpfen Totenblässe eines Fischbauchs, und seine Augen waren wirr und glasig. Er starrte seinen Angestellten an, als erkenne er ihn nicht, und ich konnte dem Erstaunen, das sich auf dem Gesicht unseres Begleiters abzeichnete, entnehmen, daß dies keineswegs das gewöhnliche Erscheinungsbild seines Arbeitgebers war.

»Sie sehen krank aus, Mr. Pinner«, rief er aus.

»Ja, ich fühle mich nicht sonderlich wohl«, entgegnete der andere, sichtlich bemüht, sich zusammenzunehmen, und sich die trockenen Lippen leckend, bevor er sprach. »Wer sind die beiden Gentlemen, die Sie mitgebracht haben?«

»Der eine ist Mr. Harris aus Bermondsey, und der andere ist Mr. Price von hier«, sagte unser Angestellter zungenfertig. »Es sind Feunde von mir und Gentlemen mit Erfahrung, aber sie sind seit kurzer Zeit stellungslos und haben gehofft, daß Sie vielleicht in den Diensten der Gesellschaft eine Möglichkeit für sie fänden.«

»Durchaus möglich! Durchaus möglich!« rief Mr. Pinner mit schaurigem Lächeln. »Ja, ich hege keinen Zweifel, daß wir in der Lage sein werden, etwas für Sie zu tun. Was ist Ihr besonderes Fach, Mr. Harris?«

»Ich bin Buchhalter«, sagte Holmes.

»Ah, ja, wir werden etwas in der Art brauchen. Und Sie, Mr. Price?«

»Kaufmännischer Angestellter«, sagte ich.

»Ich bin ganz zuversichtlich, daß die Gesellschaft Sie unterbringen kann. Ich werde Ihnen Bescheid geben, sobald wir eine Entscheidung getroffen haben. Und jetzt bitte ich Sie zu gehen. Um Gottes willen, lassen Sie mich allein!«

Diese letzten Worte schleuderte es aus ihm hervor, als sei die Beherrschung, die er sich offensichtlich auferlegte, urplötzlich völlig zusammengebrochen. Holmes und ich wechselten einen Blick, und Hall Pycroft machte einen Schritt auf den Tisch zu.

»Sie vergessen, Mr. Pinner, daß ich laut Vereinbarung hier bin, um einige Anweisungen von Ihnen entgegenzunehmen«, sagte er.

»Gewiß, Mr. Pycroft, gewiß«, antwortete der andrere in ruhigerem Ton. »Wenn Sie einen Moment hier warten möchten, und es gibt keinen Grund, warum Ihre Freunde nicht mit Ihnen warten sollten. Ich werde in drei Minuten ganz zu Ihrer Verfügung stehen, wenn ich Ihre Geduld so lange in Anspruch nehmen dürfte.« Er erhob sich mit sehr verbindlicher Miene und verschwand mit einer Verbeugung durch eine Tür am anderen Ende des Zimmers, die er hinter sich schloß.

»Was nun?« flüsterte Holmes. »Entschlüpft er uns?«

»Unmöglich«, antwortete Pycroft.

»Warum das?«

»Diese Tür führt in ein Innenzimmer.«

»Es gibt dort keinen Ausgang?«

»Keinen.«

»Ist es möbliert?«

»Gestern war es leer.«

»Was um alles in der Welt kann er dann tun? Es gibt da etwas, was ich an dieser Sache nicht begreife. Wenn je ein Mensch dreiviertel verrückt war vor Entsetzen, dann ein Mensch namens Pinner. Was kann ihn so schaudern gemacht haben?«

»Er vermutet, daß wir Detektive sind«, schlug ich vor.

»Das ist es«, sagte Pycroft.

Holmes schüttelte den Kopf. »Er ist nicht bleich geworden. Er *war* bleich, als wir das Zimmer betraten«, sagte er. »Es ist durchaus möglich, daß –«

Seine Worte wurden von einem scharfen rat-tat von der inneren Tür her unterbrochen.

»Wozu zum Kuckuck klopft er an seine eigene Tür?« rief der Angestellte.

Noch einmal und viel lauter kam das rat-tat-tat. Wir starrten erwartungsvoll auf die geschlossene Tür. Mit einem Blick auf Holmes sah ich, wie sein Gesicht starr wurde und er sich in höchster Erregung vorbeugte. Dann plötzlich kam ein schwacher, gurgelnd-röchelnder Laut und ein rasches Trommeln auf Holz. Holmes sprang ungestüm durchs Zimmer und stieß gegen die Tür. Sie war von der anderen Seite abgeschlossen. Seinem Beispiel folgend warfen wir uns mit unserem ganzen Gewicht dagegen. Eine Angel brach, dann die andere, und mit einem Krach kam die Tür herunter. Darüber wegspringend fanden wir uns im Innenzimmer.

Es war leer.

Aber wir waren nur einen Moment in Verlegenheit. In einer Ecke, der Ecke, die dem Zimmer, das wir verlassen hatten, am nächsten lag, befand sich eine zweite Tür. Holmes stürzte zu ihr hin und riß sie auf. Ein Jackett und eine Weste lagen auf dem Boden, und an einem Haken hinter der Tür hing, die eigenen Hosenträger um den Hals, der geschäftsführende Direktor der Franco-Midland Eisenwaren Gesellschaft. Er hatte die Knie angezogen, sein Kopf hing in schrecklichem Winkel zum Körper, und das Klappern seiner Absätze gegen die Tür verursachte das Geräusch, das unser Gespräch unterbrochen hatte. Im Nu hatte ich ihn um die Hüften gepackt und hob ihn hoch, während Holmes und Pycroft die elastischen Bänder aufknoteten, die zwischen den leichenfahlen Hautfalten verschwunden waren. Dann trugen wir ihn ins andere Zimmer, wo er mit schiefergrauem Gesicht dalag, die blauroten Lippen bei jedem Atemzug ein- und ausstülpend – ein schreckliches Wrack all dessen, was er vor fünf Minuten gewesen war.

»Was meinen Sie zu ihm, Watson?« fragte Holmes.

Ich beugte mich über ihn und untersuchte ihn. Sein Puls war schwach und setzte zeitweilig aus, aber seine Atemzüge wurden länger, und seine Augenlider bewegte ein leises Zittern, das einen schmalen Schlitz von Augenweiß erkennen ließ.

»Es stand auf des Messers Schneide mit ihm«, sagte ich, »aber nun wird er leben. Öffnen Sie nur das Fenster, und reichen Sie mir die Wasserkaraffe.« Ich knöpfte ihm den Kragen auf, goß ihm das kalte Wasser übers Gesicht und bewegte seine Arme auf und ab, bis er einen langen, normalen Atemzug tat.

»Jetzt ist es nur noch eine Frage der Zeit«, sagte ich und wandte mich von ihm ab.

Holmes stand am Tisch, die Hände tief in den Taschen vergraben und das Kinn auf der Brust.

»Ich nehme an, wir sollten jetzt die Polizei rufen«, sagte er, »und doch gebe ich zu, daß ich ihnen gern einen abgeschlossenen Fall vorlegen möchte, wenn sie kommen.«

»Mir ist das ein verwünschtes Rätsel«, rief Pycroft und kratzte sich den Kopf. »Da haben die mich den ganzen Weg hierher gelotst, nur um –«

»Pah! All das ist klar genug«, sagte Holmes ungeduldig. »Es geht um diesen letzten, unvermuteten Schritt.«

»Sie verstehen also alles Übrige?«

»Ich denke, das ist ziemlich offensichtlich. Was meinen Sie, Watson?«

Ich zuckte die Achseln.

»Ich muß zugeben, daß das über mein Begriffsvermögen geht«, sagte ich.

»Oh, wenn Sie die Ereignisse betrachten, so können sie zunächst gewiß nur auf einen Schluß hindeuten.«

»Wie deuten Sie es?«

»Nun ja, die ganze Sache hängt an zwei Punkten. Der erste ist, daß man Pycroft bewog, eine Erklärung zu schreiben, durch welche er in den Dienst dieser albernen Gesellschaft trat. Sehen Sie denn nicht, wie vielsagend das ist?«

»Ich fürchte, mir entgeht der wesentliche Punkt.«

»Nun, warum wollten sie, daß er das tat? Nicht aus geschäftlichen Gründen, denn solche Vereinbarungen werden üblicherweise mündlich getroffen, und es gab keinen denkbaren geschäftlichen Grund, warum es hier eine Ausnahme geben sollte. Sehen Sie denn nicht, mein junger Freund, daß sie sehr erpicht darauf waren, sich eine Probe Ihrer Handschrift zu verschaffen, und keine andere Möglichkeit dazu besaßen?«

»Und warum?«

»Ganz recht. Warum? Wenn wir das beantworten, haben wir bei unserem kleinen Problem einen gewissen Fortschritt erzielt. Warum? Es kann nur einen hinreichenden Grund geben. Jemand wollte lernen, Ihre Handschrift nachzuahmen, und mußte sich zunächst eine Probe besorgen. Und wenn wir nun zum zweiten Punkt übergehen, so stellen wir fest, daß sie sich gegenseitig erhellen. Dieser Punkt ist Pinners Forderung, Sie sollten nicht auf Ihre Stelle verzichten, sondern den Manager dieses bedeutenden Unternehmens in dem festen Glauben lassen, ein Mr. Hall Pycroft, den er noch nie gesehen hatte, stehe im Begriff, am Montagmorgen ins Büro einzutreten.«

»Mein Gott!« rief unser Klient, »ich muß stockblind gewesen sein!«

»Nun sehen Sie auch den springenden Punkt bezüglich der Handschrift. Angenommen, jemand wäre an Ihrer Stelle erschienen, der eine ganz andere Handschrift schrieb als die in der Bewerbung, so wäre das Spiel natürlich aus gewesen. Aber in der Zwischenzeit lernte der Schurke, Sie nachzuahmen, und seine Lage war damit wohl sicher, da ich annehme, daß niemand im Büro Sie jemals zu Gesicht bekommen hat.«

»Keine Seele«, stöhnte Hall Pycroft.

»Sehr gut. Natürlich war es von höchster Wichtigkeit, zu verhindern, daß Sie sich eines Besseren besännen, und Sie außerdem davon abzuhalten, mit irgend jemand in Kontakt zu kommen, der Ihnen erzählen könnte, daß Ihr Doppelgänger in Mawsons Büro an der Arbeit war. Daher gaben sie Ihnen einen ansehnlichen Vorschuß auf Ihr Gehalt und beförderten Sie in die Midlands, wo sie Ihnen genug Arbeit gaben, um Sie von London fernzuhalten, wo sie das kleine Spiel hätten auffliegen lassen können. Da ist alles ganz eindeutig.«

»Aber warum sollte dieser Mann vorgeben, sein eigener Bruder zu sein?«

»Nun, auch das ist ziemlich klar. Es sind offensichtlich nur zwei beteiligt. Der andere gibt sich im Büro fälschlich für Sie aus. Dieser hier trat als derjenige auf, der Sie einstellte, und merkte dann, daß er keinen Arbeitgeber für Sie auftreiben konnte, ohne eine dritte Person in sein Komplott einzuweihen. Und das wollte er auf keinen Fall. Er änderte sein Aussehen so weitgehend, wie er es vermochte, und vertraute darauf, daß die Ähnlichkeit, die zu bemerken Sie nicht verfehlen konnten, auf die Verwandschaft zurückgeführt würde. Und wäre der glückliche Zufall mit der Goldfüllung nicht gewesen, so wäre wahrscheinlich Ihr Verdacht niemals erregt worden.«

Hall Pycroft schüttelte die geballten Fäuste. »Herr im Himmel!« rief er. »Während ich so zum Narren gehalten wurde, was hat dieser andere Hall Pycroft derweil bei Mawson getan? Was sollen wir tun, Mr. Holmes? Sagen Sie mir, was tun!«

»Wir müssen an Mawson telegrafieren.«

»Sie schließen samstags um zwölf.«

»Macht nichts; vermutlich gibt es da einen Pförtner oder Aufseher –«

»Ach ja; sie haben dort einen ständigen Wächter, weil die Effekten, die sie verwahren, so wertvoll sind. Ich erinnere mich, in der City davon reden gehört zu haben.«

»Sehr gut, wir werden ihm telegrafieren und sehen, ob alles in Ordnung ist und ob ein Angestellter Ihres Namens dort arbeitet. Das ist soweit klar, aber nicht klar ist, warum einer der Schurken bei unserem Anblick unverzüglich das Zimmer verläßt und sich aufhängt.«

»Die Zeitung!« krächzte eine Stimme hinter uns. Der Mann saß aufrecht, geisterhaft bleich, während Vernunft in seinen Blick zurückzukehren schien und seine Hände fahrig über den breiten roten Streifen rieben, der immer noch seinen Hals umschloß.

»Die Zeitung! Natürlich!« schrie Holmes in äußerster Erregung. »Schwachkopf, der ich war! Ich dachte so sehr an unseren Besuch, daß mir die Zeitung keinen Augenblick lang in den Sinn kam. Selbstverständlich, da muß des Rätsels Lösung liegen.« Er breitete sie auf dem Tisch aus, und ein Triumphschrei brach ihm von den Lippen.

»Schauen Sie sich das an, Watson!« rief er. »Es ist eine Londoner Zeitung, eine Frühausgabe des *Evening Standard.* Da steht, was wir suchen. Sehen Sie sich die Schlagzeile an – »Verbrechen in der City. Mord bei Mawson & Williams. Gigantischer Raubversuch; Verbrecher gefaßt.« Hier, Watson, wir sind alle gleichermaßen darauf versessen, es zu hören, also lesen Sie es uns freundlicherweise laut vor.«

Aus der Aufmachung in der Zeitung wurde deutlich, daß es in der Stadt das wichtige Ereignis schlechthin gewesen war, und der Bericht darüber lautete folgendermaßen:

Heute nachmittag ereignete sich in der City ein tollkühner Raubversuch, der im Tod eines Mannes und der Ergreifung des Verbrechers gipfelte. Schon seit einiger Zeit ist Mawson & Williams, das berühmte Finanzunternehmen, Treuhänder von Effekten, deren Gesamtwert beträchtlich höher ist als eine Million Sterling. So bewußt war sich der Manager seiner Verantwortung, die ihm infolge der großen Interessen, die auf dem Spiel standen, zufiel, daß Tresore der allerneusten Bauart verwendet und ein bewaffneter Wachmann Tag und Nacht im Gebäude belassen wurden. Es scheint, daß letzte Woche ein neuer Angestellter namens Hall Pycroft von der Firma eingestellt wurde. Diese Person scheint niemand anders gewesen zu sein als Beddington, der berüchtigte Fälscher und Schränker, der zusammen mit seinem Bruder erst kürzlich nach Verbüßung einer fünfjährigen Zuchthausstrafe entlassen wurde. Auf die eine oder andere Weise, die noch nicht klar ist, gelang es ihm, unter falschem Namen diese offizielle Position im Büro zu erlangen, die er sich zunutze machte, um sich Abdrücke vom verschiedenen Schlössern und eine gründliche Kenntnis der Lage des Tresorraums und der Tresore anzueignen.

Die Angestellten bei Mawson gehen üblicherweise Samstag mittag weg. Sergeant Tuson von der Stadtpolizei war daher einigermaßen überrascht, als er zwanzig Minuten nach eins einen Gentleman mit einer Reisetasche die Treppe herunterkommen sah. Da der Sergeant Verdacht schöpfte, folgte er dem Mann und vermochte ihn mit Hilfe von Constable Pollock nach höchst erbittertem Widerstand festzunehmen. Es war sogleich klar, daß ein tollkühner und gigantischer Raub begangen worden war. Nahezu einhunderttausend Pfund in amerikanischen Eisenbahnaktien nebst einer großen Anzahl von Interimsscheinen anderer Minen und Gesellschaften wurden in der Tasche entdeckt. Bei der Durchsuchung der Räumlichkeiten fand man den Leichnam des unglücklichen Wachmannes, zusammengekrümmt in den größten Tresor gedrückt, wo er bis Montag morgen nicht entdeckt worden wäre, hätte nicht Sergeant Tuson prompt eingegriffen. Der Schädel des Mannes war durch einen von hinten geführten Schlag mit einem Schürhaken zerschmettert worden. Zweifellos hatte sich Beddington Einlaß verschafft, indem er vorgab, er habe etwas liegenlassen, und, nachdem er den Wachmann ermordet hatte, rasch den großen Tresor geplündert und sich dann mit seiner Beute davongemacht. Sein Bruder, der gewöhnlich mit ihm arbeitet, ist bei diesem Unternehmen nicht aufgetaucht, soweit sich das zum jetzigen Zeitpunkt feststellen läßt; nichtsdestoweniger stellt die Polizei aber energische Nachforschungen nach seinem Verbleib an.

»Nun ja, in dieser Hinsicht können wir der Polizei einige Mühe ersparen«, sagte Holmes, indem er zu der trübsinnig am Fenster zusammengekauerten Gestalt hinsah. »Die menschliche Natur ist ein seltsames Gemisch, Watson. Sie sehen, daß selbst ein Schurke und Mörder solche Zuneigung erwecken kann, daß sein Bruder sich umbringen will, wie er erfährt, daß des anderen Leben verwirkt ist. Wir haben allerdings keine Wahl hinsichtlich unseres Vorgehens. Der Doktor und ich werden Wache halten, Mr. Pycroft, wenn Sie die Freundlichkeit hätten, die Polizei zu holen.«

Hansjörg Martin

Ferngesteuert

Bei Lichte betrachtet ist Karl-Friedrich Grain nicht an den zwei Kugeln gestorben, die ihn ins Herz trafen, sondern an seinen Fehlern.

Wenn man Mitte Sechzig ist – korrekt 67 Jahre und acht Monate –, dann räumt man besser seinen Stuhl freiwillig einem Jüngeren. Auch dann, wenn es der Stuhl eines Chefredakteurs ist, obschon Chefredakteure gewöhnlich keine Altersgrenze kennen. Das war das eine, was Grain nicht durchblickt hatte.

Und in diesem Alter – und in dieser Position – greift man klugerweise nicht nach Trauben, die zu hoch hängen. Auch dann nicht, wenn es sich um offenbar – oder scheinbar – bereitwillige Trauben in Gestalt überaus attraktiver Sekretärinnen handeln sollte. Das war das zweite, was Chefredakteur Karl-Friedrich Grain nicht durchblickt hatte.

Für jeden dieser beiden Fehler saß ihm nun eine Kugel – 7,65 Millimeter – im siebenundsechzigjährigen Herzen und hatte dieses abrupt und endgültig zum Stillstand gebracht, wie gut gezielte Kugeln das so an sich haben.

Grain selbst hatte auf seinem Chefredakteurstuhl gesessen, als ihn das Ereignis ereilte.

Da saß er noch, als ich eintraf, wenn man diese verhuckte Haltung als Sitzen bezeichnen kann.

Ich war gerufen worden, wie man meine Crew und mich

immer ruft, wenn irgendwo irgendwer unter irgendwelchen ungewöhnlichen Umständen stirbt, unter Umständen, die nach Mord aussehen, gewissermaßen.

Deshalb nennt man uns dienstlich, im Volksmund und in einschlägigen Romanen, Filmen und Fernsehstücken »Mordkommission«, ja. Als ich festgestellt hatte, daß Grain tot war – wozu keine besonderen medizinischen Kenntnisse erforderlich waren, als ich die Geschoßhülsen aus dem Flor des riesigen, sehr schönen Berberteppichs gepult hatte und mir Gedanken zu machen begann, wer wohl und warum wer wohl den dekorativ wirkenden Spätsechziger ins Jenseits befördert haben könnte (denn wenn man erst mal ein Warum weiß, dann hat man meist auch bald den Täter) –, als ich also soweit war, wußte ich noch nichts von den Fehlern, die in Wahrheit der Anlaß, wenn auch nicht die Ursache zu Karl-Friedrich Grains Ableben darstellten.

Ich erfuhr jedoch ziemlich bald von diesen Fehlern.

Stop – richtiger: Ich bekam schnell eine Ahnung davon, und zwar, als Verena Vohwinkel die Szene betrat.

Verena Vohwinkel, ihres Zeichens Chefsekretärin, kam zusammen mit einem unscheinbaren Mädchen in Grains Zimmer. Neben ihr wäre jedoch jedes Mädchen unscheinbar gewesen – Cleopatra, die junge Garbo, die Pompadour und Sophia Loren vielleicht ausgenommen, obwohl ich da nicht so sicher bin; denn historische wie auch Leinwandreize verlieren bei näherer Betrachtung häufig an Durchschlagskraft.

Verene Vohwinkel war eine 92-58-88-Erscheinung, und sie kannte ihre Maße offensichtlich ganz genau.

Ob sie erschrocken war, konnte ich nicht mit Sicherheit feststellen. Das Make-up, das sie trug, verhinderte jeden Ausdruck jeder Art von Gemütsbewegungen. Für Lachen oder Weinen war kein Raum zwischen Lidschatten, Wimperntusche, Rouge und Tagescreme.

Das unscheinbare Mädchen neben ihr aber heulte fassungslos und ohne Rücksicht auf verlaufende Gesichtsfarben.

Es war allerdings auch die Tochter des Toten, wie ich gleich darauf erfuhr. Und in solchen Fällen wird manchmal – auch nicht immer – Wimperntusche weniger wichtig.

Ich nahm die beiden mit in eines der Vorzimmer, weil die Kollegen ungestört von Emotionen nach Fingerabdrücken suchen, fotografieren und Spuren sichern wollten.

In dem Vorzimmer standen verstörte Leute herum und wisperten und hatten verschreckte Augen in blassen Gesichtern.

Ich ließ sie sich alle zusammen in das anschließende Konferenzzimmer setzen und beorderte einen Beamten, bei ihnen zu bleiben und aufzupassen, daß sie nicht miteinander redeten, obschon das genaugenommen eine hirnrissige Maßnahme ist; denn wenn es sich bei dem Mord nicht um eine Kollektivarbeit handelt, was soll da der Einzelmörder schon in Gesprächen verschleiern, vertuschen, verwischen?

Zwei der Herren versuchten zu meutern.

Es sei nicht mehr lange bis zum Redaktionsschluß, sagten sie, das Blatt müsse fertig gemacht werden, jede Minute sei kostbar ... und so weiter.

Ich fand, daß ein Mord und die Aufklärung eines Mordes – ganz gleichgültig, ob am Chefredakteur oder am Nachtportier – wichtiger sei als die Fertigstellung einer Illustrierten. Ob die barbusige Titelbildmieze donnerstag oder freitags an den Kiosken des Vaterlandes prangte, schien mir von zweitrangiger Bedeutung.

Sie waren anderer Meinung, redeten von Vertriebsnetz und Lieferterminen und unabsehbarem Schaden – aber mir imponierten ihre Argumente nicht. Und da ich die Obrigkeit war und sie beide gute Deutsche, gaben sie schließlich klein bei und setzten sich murrend nach nebenan unter die Obhut des Uniformierten, während ich mit den Vernehmungen begann.

Das lief an wie immer: kein Verdacht und viele Verdächtigungen, kein Motiv und massenhafte Munkeleien, nichts Präzises, aber penetranter Privatklatsch, pauschales Geschwätz, dummes und unausgegorenes Gerede:

»Das habe ich schon lange kommen sehen, daß da mal was ...«

»Er war auch so komisch in letzter Zeit ...!«

»Gerade vorgestern habe ich in der Kantine noch zu meiner Kollegin gesagt: ›Wenn das mal gutgeht!‹ hab' ich gesagt ...«

»Da war schon lange was im Busch, Herr Kommissar ...«

Bla-bla-bla.

Sachlich kam nichts weiter heraus, als daß der Chefredakteur sich heute ungewöhnlich früh von seinem Chauffeur hatte abholen und in die Redaktion fahren lassen.

Er mußte – laut Aussage des Pförtners – kurz nach dem Weggang der Putzfrauen und schon vor dem Erscheinen der ersten Stenotypistinnen dagewesen sein, hatte aber niemand gesagt, was er zu so nachtschlafender Zeit (halb neun vormittags!) schon in seinem Arbeitszimmer gewollt hatte. Daß er sich hatte totschießen lassen wollen, war zumindest unwahrscheinlich. Das hätte er auch später haben können.

Aber dieses Frühaufstehen war auch das einzig Ungewöhnliche, das ich erfuhr.

Wenn ich irgendwas über Grains Leben oder Lebenswandel, über eventuelle Feinde oder Schwierigkeiten, über Streitfälle, Ärgernisse, Meinungsverschiedenheiten oder so was zu erfragen versuchte, dann griff ich in einen Teich voll Fische.

Ich spürte, daß da allerlei losgewesen war.

Ich fühlte die Feindschafts-, Streit-, Ärgerfische, die Neid- und Rachefische zwischen den Fingern, aber sie glitschten mir immer wieder weg, ehe ich sie fassen konnte.

Es war zum Mäusemelken.

Nach zwei Stunden war ich der Antwort auf das Warum nicht näher als ein Eskimo einem Sonnenstich.

Dann aber kam zu meinem Glück Herr Benno Borstel, der Redaktionsbote.

Benno Borstel sah auch so aus. Er war klein, mollig – aber von jener Gummiballmolligkeit, die fast graziös wirkte; er trug eine runde, billige Nickelbrille auf seiner großporigen Knubbelnase und eine Pfeffer-und-Salz-farbene Frisur, die auch der fettigsten Pomade widerstand und nach allen Seiten hochzipfelte. Er hatte ein Gesicht voll dauernd wechselnder Falten, darin zwei wasserhelle Schlitzaugen und einen Mund, der selbst dann in steter Bewegung war, wenn Benno Borstel schwieg.

Der ganze Mann war zwei- oder dreiundsechzig, ein armes Würstchen, das seine Würstchenexistenz aber mit Humor trug und das viel, viel schlauer war, viel wachsamer und schlitzohriger, viel gescheiter, als die meisten ahnten.

Borstel berichtete.

Ich vergaß vor lauter Zuhören sogar das Rauchen, machte mir Notizen und brauchte überhaupt nichts zu fragen, denn der Alte erzählte – von meinem aufmerksamen Zuhören animiert – von früher und heute, von gestern und vorigem Jahr, von den Angewohnheiten des ermordeten Chefs, der ihn nett, aber immer ein bißchen wie einen Deppen behandelt hatte, von dem Reigen der Herren und vor allem Damen, die er, Borstel, im Laufe seiner zwanzig Botenjahre so hatte vorübertanzen sehen. Was und wie er erzählte, das hatte durchaus nichts von Denunziation an sich, das war freimütig und offen und ohne die mindeste Absicht, irgendwem irgendwie zu schaden.

Ja, und dann sprach er von der Veränderung in Tonart und Atmosphäre in der Redaktion, seit Semmler da war.

Der Name Semmler schien ein Schlüsselname zu sein.

Semmler war seit ungefähr drei Jahren hier, seit zwei Jahren mit Grains Tochter verheiratet, seit anderthalb Jahren stellvertretender Chefredakteur.

Semmler war – laut Borstel – ein »Mistpfützenkrebs« –, aber ein außerordentlich geschickter und besonders hinterhältiger Mistpfützenkrebs.

»Das ist ein Mannsbild, Herr Kommissar«, plauderte Borstel, »so eins, wissen Sie, wo man Filmstars draus macht, weil sie so schön sind. So eins, wo man Offiziere draus macht, weil sie so deutlich dekorativ sind, so eins, wo man Diplomaten draus macht, weil sie so gerissen sind, so eins, wo man Manager draus macht, weil sie so kalt sind, und so eins, wo man … na ja …« Er brach ab, und ich konnte ihn nicht bewegen, zu Ende zu reden.

»Glauben Sie, Herr Borstel«, fragte ich schließlich direkt, »daß man aus so was auch Mörder macht? Halten Sie es für möglich, daß der von Ihnen so wenig geschätzte Herr Semmler den Herrn Grain erschossen hat?«

»Aber nein, aber nicht doch, Herr Kommissar!« sagte Benno Borstel und schaute mich an wie ein Lehrer einen Schüler anschaut, der nach zweieinhalbstündiger Erklärung immer noch nicht kapiert hat, warum drei mal drei neun ist. »Wie kommen Sie denn auf so was? Und außerdem ist ja der Herr Semmler seit vorgestern verreist, nicht wahr? Er ist irgendwo im Ausland. Ich weiß nicht, wo …«

Semmler war tatsächlich seit drei Tagen in Rom.

Ich ließ, so schnell es ging, sein Alibi über Interpol prüfen. Nach einer Stunde war klar, Semmler hatte sich aus Rom nicht eine Minute entfernt.

Ich rauchte wieder.

Die Herren im Konferenzzimmer, die unterdessen alle schon befragt worden waren, murrten jetzt so laut und so nachdrücklich und redeten von einem Millionenverlust für den Verlag, wenn ich nicht sofort die Weiterarbeit erlaubte, daß ich es mit der Angst kriegte, am Ende gar mit meinem Gehalt für die verlorenen Millionen aufkommen zu müssen, und den Belagerungszustand aufhob, damit das Kulturgut in Form unbedruckten Papiers noch zeitig genug fertiggemacht und in die Hände der Konsumenten gebracht werden konnte.

Der Nachmittag verging, ohne daß ich die mindesten Fortschritte erzielte. Um halb sieben riefen dann die Kollegen aus dem Präsidium an: In einer Kneipe am Stadtrand sei ein volltrunkener Mann aufgegriffen worden, der vor dem Lokal einen großen, teuren Wagen stehen hatte und im Suffstreit mit einem anderen Zecher den markanten Satz gesagt haben sollte:

»Halt die Fresse, sonst leg' ich dich um! Du wärst nicht der erste heute!«

Dieser Mann war Karl-Friedrich Grains Chauffeur.

Ich fuhr auf das Revier, wo er in der Ausnüchterungszelle saß und bitterlich weinte. Mir kam es vor, als röchen sogar seine Tränen nach Doppelkorn.

Auf Benno Borstels Bericht gestützt, stellte ich ihm ein halbes Dutzend Fragen. Er gab bereitwillig Auskunft und Antwort.

Die Sache war nach zwölf Minuten klar:

Er, Ludwig Lohmeyer, zweiunddreißig, nicht vorbestraft, ledig, er hatte Karl-Friedrich Grain, seinen Chef, heute morgen erschossen. Jawohl.

Die Pistole lag irgendwo im Fluß. Er wußte nicht mehr genau, wo er sie über die Böschung geworfen hatte.

Und warum hatte er das getan? – Neue Doppelkorntränenflut. Weil er den Alten gestern abend – auf einen Anruf hin – ein Anruf von wem? Von einer unbekannten Stimme ... seltsam ... weil er also den Chef gestern abend mit Verena erwischt hatte.

Mit Verena? Verena Vohwinkel?

Jawohl, genau mit der! Auf dem Schoß hatte sie gesessen beim Chef. Auf dem Schoß hinter dem großen Schreibtisch! Und er hatte seine Hand in ihrer Bluse gehabt, ja. Tief drin, jawohl. Und ihr Arm hatte um seinen Hals gelegen, jawohl – und er, Lohmeyer, war aus allen Wolken gefallen. Er hatte das, was er selbst gesehen hatte, überhaupt nicht glauben können, weil Verena ihm erst vorige Woche gesagt hatte, daß sie ihn, Lohmeyer, heiraten wolle, ja, das hatte sie gesagt, ganz ernsthaft! Und nun das! Die Hand des Chefs in ihrer Bluse, tief ... und ihr Arm um den Hals des Alten! Was sollte man denn da noch glauben auf der Welt, zumal er sie doch liebte ...

Er hatte sie noch zur Rede gestellt, telefonisch, heute nacht. Sie hatte gesagt, daß Grain ihr mit Entlassung gedroht habe, wenn sie nicht … na ja. Aber ihr Arm um seinen Hals?

Er, Lohmeyer, sei rumgelaufen bis nach zwölf. Wie von Sinnen. Aber getrunken habe er da noch nicht. Nein, nur darüber nachgedacht, was er denn machen solle.

Und dann, heute nacht, habe ihn Semmler aus Rom angerufen. Semmler, den er auch fahren müsse, wenn der nicht selber führe – Semmler also habe geschimpft. Er hätte schon sechsmal versucht, ihn zu erreichen. Wo er sich denn die ganze Nacht herumtreibe? Denn er müsse ihn heute nachmittag vom Flugplatz abholen, verstanden? »Jawohl!« habe er, Lohmeyer, gesagt und schon auflegen wollen. Aber da habe Semmler noch gesagt, er solle gleich früh, wenn er den Chef in die Redaktion bringe – an diesem Tage besonders früh, weil Semmler ein wichtiges Ferngespräch mit einem wichtigen Mann in Rom für frühmorgens arrangiert habe –, er, Lohmeyer, solle also gleich in sein, Semmlers, Zimmer gehen und die Pistole, die da im rechten Schreibtischfach liege, herausnehmen und sicherstellen. Die Waffe sei geladen und wahrscheinlich nicht gesichert – ja, und er, Semmler, mache sich Sorgen, daß damit was passiere. Er habe sie vergessen.

Na ja.

Und das sei ihm, Lohmeyer, wie ein Fingerzeig des Himmels sozusagen vorgekommen – und da er, wegen des Ferngesprächs, das Semmler für den Chef so früh … wie gesagt, da er Grain also habe besonders zeitig abholen müssen, zu einer Stunde, da das ganze Büro noch leer war – ja, da habe er die Gelegenheit genutzt …

Ich war seiner Meinung, daß die Sache mit der geladenen und ungesicherten Pistole ein Fingerzeig war – ob jedoch einer des Himmels schien mir angesichts der anderen teuflischen Umstände und scheinbaren Zufällen recht zweifelhaft. Ich wollte es nur noch ein bißchen genauer wissen:

Wer hatte ihn gestern abend unten im Fahrerzimmer neben

der Garage angerufen und hatte ihm gesagt, daß er gleich raufkommen und den Chef abholen solle. War das üblich, daß er raufkommen mußte?

Ja, ja, das kam schon vor, wenn Grain was zu tragen gehabt hatte, war er, Lohmeyer, raufgerufen worden – aber wer ihn da nun angeläutet hatte …? Die Stimme war ihm, wie schon gesagt, unbekannt gewesen – aber es war eine Männerstimme, jawohl. Er hatte sich nichts dabei gedacht. Es konnte irgendeiner der Redakteure oder Reporter gewesen sein, den Grain beauftragt hatte, ihn, Lohmeyer, raufzurufen, nicht wahr. Er kannte auch nicht alle Stimmen, woher denn wohl …?

Ich fragte herum. Keiner wußte etwas von einem Auftrag Grains, den Chauffeur anzurufen.

Verena allerdings geriet leicht ins Stottern und verzog sogar unsicher ihr Gesicht, so daß ihr Make-up in Gefahr kam.

Ich rief – nicht auf Steuerzahler-, sondern auf Redaktionskosten – in Rom an.

Semmler hatte um sieben von seinem Hotel aus mit Deutschland telefoniert. Die nette Italienerin in der Telefonzentrale des Hotels hatte sogar gleich die Nummer. Es war die Rufnummer der Redaktion. Niemand hier hatte mit ihm gesprochen. Das Mädchen in der hiesigen Telefonzentrale erinnerte sich an ein Gespräch von außerhalb, das sie für Lohmeyer in die Fahrerstube durchgestellt hatte.

Ich kramte ein bißchen in Verena Vohwinkels Vergangenheit. Sie war früher Stenotypistin bei einer Plattenfirma gewesen. Dort hatte als Geschäftsführer ein gewisser Semmler gearbeitet. Er hatte sie aber bald nach seinem Weggang nachgeholt.

»Warum setzten Sie sich gerade Punkt sieben auf den Schoß Ihres alten Chefs, Fräulein Vohwinkel?« fragte ich Verena. »War das so ausgemacht? Punkt sieben? Wußten Sie, daß Herr Semmler den Chauffeur, Herrn Lohmeyer, Ihren Quasi-Verlobten genau um diese Zeit zum Abholen des Chefs bestellen würde?«

Sie brach viel schneller zusammen, als ich geglaubt und zu hoffen gewagt hatte – und gestand alles.

Sie gestand, unter zunehmender Auflösung ihrer kosmetischen Maske, daß alles geplant war: ihr Flirt mit Lohmeyer, ihre Poussage mit Grain, dessen Stuhl Semmler anstrebte, die Termine, das minuziöse »timing«, die Pistole in Semmlers Schreibtisch ... alles.

Ich holte den stellvertretenden Chefredakteur selbst vom Flugplatz ab.

Er entsprach haargenau dem Bild, das ich mir nach Borstels Bericht von ihm gemacht hatte: ein richtig schöner Mensch, gepflegt, selbstsicher, mit dem Zahnputzreklamelächeln, das mich immer so an Wölfe erinnert, ich kann gar nicht sagen, warum.

Er war durch nichts aus der Fassung zu bringen. Sein Lächeln wurde immer höhnischer, weil er bald merkte, daß ich am kürzeren Hebel saß.

Anstiftung? Mittäterschaft? »Aber wieso? Das müssen Sie wohl besser begründen, Kommissar, wie? – Ich muß in meinem Beruf sehr viel sorgfältiger arbeiten ...« Und so weiter. Frech war der Bursche auch noch.

Es wird sehr schwer werden, ihm mehr als Beihilfe oder Anstiftung nachzuweisen. Ja, noch – unerlaubter Waffenbesitz ...

Aber die Lohmeyers, die erwischen wir meistens, die armen Würstchen.

Frederick Forsyth

Wie du mir

Das Telefon klingelte kurz nach halb acht, und es war Sonntagmorgen. Bill Chadwick lag noch im Bett. Er versuchte, nicht hinzuhören, aber es klingelte einfach weiter. Nach dem zehnten Klingeln kletterte er aus dem Bett und die Treppe hinunter in die Diele.

»Ja.«

»Hallo, Bill. Hier Henry.«

Es war Henry Carpenter, den er als Nachbarn kannte, aber nicht sehr gut.

»Morgen, Henry«, sagte Chadwick. »Halten Sie nichts vom Ausschlafen am Sonntag?«

»Äh, nein«, sagte die Stimme. »Ich mache nämlich Jogging im Park.«

Chadwick brummte. Sieht ihm ähnlich, dachte er. Marke: Wer rastet, der rostet. Er gähnte.

»Was gibt's denn um diese Zeit an einem Wintertag?« fragte er. Der Anrufer schien zu zögern.

»Schon einen Blick in die Morgenzeitung geworfen?« fragte Carpenter. Chadwicks Augen wanderten zum Dielenteppich, wo seine üblichen zwei Zeitungen zusammengefaltet lagen.

»Nö«, sagte er. »Warum?«

»Lesen Sie den *Sunday Courier*?« fragte Carpenter.

»Nö«, sagte Chadwick. Es folgte eine lange Pause.

»Ich glaube, heute sollten Sie es tun«, sagte Carpenter. »Es steht etwas über Sie drin.«

»Oh«, sagte Chadwick mit erwachendem Interesse. »Was denn?«

Carpenter wurde noch zurückhaltender. Sein Tonfall verriet eindeutig Verlegenheit. Er hatte offenkundig geglaubt, Chadwick habe den Artikel gelesen und könne mit ihm darüber sprechen.

»Am besten lesen Sie erstmal selber, alter Junge«, sagte Carpenter und legte auf. Chadwick starrte eine Weile den summenden Hörer an und legte ihn dann wieder auf die Gabel. Wie jeder Mensch, der erfährt, daß sein Name in der Zeitung steht, war er neugierig geworden.

Er trug den *Express* und den *Telegraph* seiner Frau hinauf ins Schlafzimmer und zog sich eine Hose und einen Rollkragenpullover über den Pyjama.

»Wo gehst du denn hin?« fragte seine Frau.

»Bloß über die Straße, den *Sunday Courier* kaufen«, antwortete er. »Henry Carpenter sagt, es steht was über mich drin.«

»Oh, endlich werden wir berühmt«, sagte seine Frau. »Ich mach' inzwischen Frühstück.«

Der Zeitungsladen an der Ecke hatte noch zwei Exemplare des *Sunday Courier*, einer dicken Zeitung mit vielen Beilagen und, nach Chadwicks Ansicht, von Snobs für Snobs geschrieben. Es war kalt draußen, daher entschloß er sich, anstatt gleich an Ort und Stelle die zahlreichen Teile und Spezialbeilagen durchzugehen, seine Neugier noch ein paar Minuten zu zügeln und die Lektüre in sein behagliches Heim zu verlegen. Als er wieder dort eintraf, hatte seine Frau bereits Orangensaft und Kaffee auf den Küchentisch gestellt.

Carpenter hatte ihm die Seitenzahl nicht genannt, fiel ihm ein, als er die Zeitung zur Hand nahm, also fing er mit dem Nachrichtenteil an. Nach der zweiten Tasse Kaffee hatte er ihn durchgelesen, das Feuilleton erledigt und den Sportteil gleichfalls ad acta gelegt. Blieb noch die Bildbeilage und das Wirtschaftsmagazin. Er hatte eine eigene Firma am Stadtrand von London und griff daher zunächst zum Wirtschaftsmagazin.

Auf Seite drei fiel ihm ein Name auf; nicht sein eigener, sondern der eines Unternehmens, das unlängst in Konkurs gegangen war und mit dem er einmal eine kurzlebige und, wie sich herausstellte, kostspielige Partnerschaft eingegangen war. Der Artikel stand in einer Kolumne, die sich viel auf ihren Enthüllungseifer zugute tat.

Als er den Text las, stellte er die Tasse ab, und sein Mund klappte auf.

»So etwas kann man nicht über mich schreiben«, flüsterte er. »Es ist einfach nicht wahr.«

»Was ist los, Lieber?« fragte seine Frau. Sie war sichtlich beunruhigt über die Betroffenheit in den Zügen ihres Mannes. Wortlos reichte er ihr die Zeitung, die er so gefaltet hatte, daß der Artikel nicht zu übersehen war. Sie las ihn genau und stieß, als sie zur Mitte gelangte, ein kurzes Schnauben aus.

»Entsetzlich«, sagte sie, als sie fertig war. »Der Mensch läßt durchblicken, du seist gewissermaßen an dem Betrug beteiligt gewesen.«

Bill Chadwick war aufgestanden und marschierte in der Küche auf und ab.

»Er läßt es nicht durchblicken«, sagte er, und der Schock wich hellem Zorn, »er schreibt es klipp und klar. Die Schlußfolgerung liegt auf der Hand. Verdammt, ich war das Opfer dieser Leute, nicht ihr Komplize. Ich habe ihre Produkte guten Glaubens verkauft. Ihr Bankrott hat mich genausoviel gekostet wie irgendwen sonst.«

»Könnte dir das schaden, Darling?« fragte seine Frau mit sorgenvoller Miene.

»Schaden? Ruinieren könnte es mich. Und es ist einfach nicht wahr. Ich kenne den Schreiber nicht einmal. Wie heißt er?«

»Gaylord Brent«, las seine Frau vor.

»Aber ich kenne ihn gar nicht. Er hat sich nicht einmal bei mir nach den Fakten erkundigt. Er kann so etwas einfach nicht über mich schreiben.«

Eben diese Worte benutzte Chadwick, als er am Montagnachmittag bei seinem Anwalt saß. Der Advokat hatte den Artikel gelesen und prompt seine Abscheu darüber geäußert; jetzt lauschte er mitfühlend Chadwicks Schilderung der Vorgänge um dessen Partnerschaft mit der liquidierten Handelsgesellschaft.

»Ausgehend von Ihrer Darstellung scheint außer Zweifel zu stehen, daß dieser Artikel eine offenkundige Verleumdung Ihrer Person beinhaltet«, sagte er.

»Dann muß die Zeitung ihn verdammt noch mal widerrufen und sich entschuldigen«, sagte Chadwick wütend.

»Im Prinzip ja«, sagte der Anwalt. »Ich halte es, als ersten Schritt, für ratsam, daß ich dem Herausgeber in Ihrem Namen schreibe und ihm erkläre, nach unserer Meinung seien Sie von einem Mitarbeiter des Blattes verleumdet worden und forderten daher Genugtuung in Form eines Widerrufs und einer Entschuldigung, selbstredend an entsprechend ins Auge fallender Stelle plaziert.«

So geschah es. Zwei Wochen lang hörten sie nichts vom Herausgeber des *Sunday Courier.* Zwei Wochen lang mußte Chadwick die sprechenden Blicke seiner kleinen Belegschaft ertragen und anderen Geschäftsleuten tunlichst aus dem Wege gehen. Zwei Abschlüsse, auf die er gehofft hatte, gingen ihm durch die Lappen.

Schließlich traf ein Schreiben vom *Sunday Courier* bei Chadwicks Anwalt ein. Es war in höflich ablehnendem Ton gehalten und von einer Sekretärin im Auftrag des Herausgebers unterschrieben.

Der Herausgeber, so hieß es, habe den Brief des Anwalts in Sachen Mr. Chadwick sorgfältig überdacht und sei willens, eventuell ein Schreiben Mr. Chadwicks in der Leserspalte abzudrucken, wobei der Herausgeber selbstverständlich von seinem Vorrecht, das Schreiben zu redigieren, Gebrauch machen könne.

»Mit anderen Worten, es in Fetzen zu reißen«, sagte Chadwick, als er aufs neue seinem Anwalt gegenübersaß. »Eine glatte Abfuhr, wie?«

Der Anwalt überlegte. Er beschloß, offen zu sprechen. Er kannte seinen Klienten seit Jahren.

»Ja«, sagte er, »das ist es. Ich hatte erst einmal mit einer überregionalen Zeitung in einer solchen Sache zu tun, aber diese Art Schreiben ist die Standardantwort. Kein Blatt bringt gern einen Widerruf, von einer Entschuldigung ganz zu schweigen.«

»Was kann ich also tun?« fragte Chadwick.

Der Anwalt schob die Lippen vor. »Es gibt natürlich den Presserat«, sagte er. »Dort könnten Sie sich beschweren.«

»Was würde dann passieren?«

»Nicht viel. Im allgemeinen befaßt man sich dort mit Beschwerden gegen Zeitungen nur, wenn bewiesen wird, daß ohne Not nachteilige Folgen gezeitigt wurden aufgrund mangelnder Sorgfalt bei der Veröffentlichung durch die Zeitung oder eklatanter Ungenauigkeit seitens des betreffenden Rechercheurs. Im allgemeinen befaßt der Rat sich auch nicht mit Verleumdungsfällen, die überläßt man den Gerichten. Ohnehin kann der Presserat nur einen Tadel aussprechen, weiter nichts.«

»Der Presserat kann keinen Widerruf oder keine Entschuldigung durchsetzen?«

»Nein.«

»Was bleibt dann noch?«

Der Anwalt seufzte. »Dann bleibt leider nur ein Prozeß. Ein Gerichtsverfahren wegen Verleumdung und eine Klage auf Schadenersatz. Natürlich würde die Zeitung vielleicht in dem Fall, daß tatsächlich Strafanzeige ergeht, lieber die von Ihnen verlangte Entschuldigung veröffentlichen als einen Prozeß führen.«

»Vielleicht?«

»Vielleicht. Vielleicht auch nicht.«

»Aber dazu wäre sie doch verpflichtet. Es ist ein ganz klarer Fall.«

»Ich möchte ganz offen sprechen«, sagte der Anwalt. »Bei Verleumdung gibt es keine klaren Fälle. Erstens gibt es, genau genommen, kein Gesetz gegen Verleumdung. Oder vielmehr, sie fällt unter das Common Law, eine gewaltige Sammlung von Präzedenzfällen, in Jahrhunderten zusammengetragen. Alle diese Präzedenzfälle lassen verschiedene Auslegungen zu, und Ihr Fall – oder jeder andere Fall – wird sich in einer Nuance oder einer Kleinigkeit von seinen Vorgängern unterscheiden. Zweitens: Es geht um die Einsicht, die Sie in einen Tatbestand hatten, um eine Geistesverfassung, um das, was zu einem bestimmten Zeitpunkt in einem Menschen vorging; es geht um das Vorhandensein von Kenntnis und folglich einer Absicht oder um Unkenntnis und folglich fehlender Absicht. Können Sie mir folgen?«

»Ja, ich glaube schon«, sagte Chadwick. »Aber ich werde doch wohl nicht meine Unschuld beweisen müssen?«

»Im Endeffekt ja«, sagte der Anwalt. »Verstehen Sie, Sie würden der Kläger sein, die Zeitung, der Herausgeber und Mr. Gaylord Brent die Beklagten. Also müßten Sie beweisen, daß Sie zur Zeit Ihrer Partnerschaft mit der liquidierten Firma keine Kenntnis von deren Unlauterkeit besaßen; nur dann wäre erweislich, daß die Andeutung, Sie seien in diese Sache verwickelt gewesen, eine Verleumdung darstellt.«

»Raten Sie mir also von einer Anzeige ab?« fragte Chadwick. »Meinen Sie allen Ernstes, ich sollte einen Haufen Lügen von einem Mann hinnehmen, der sich nicht einmal die Mühe gemacht hat, die Fakten nachzuprüfen, ehe er so etwas veröffentlicht? Daß ich sogar meinen geschäftlichen Ruin klaglos hinnehmen soll?«

»Mr. Chadwick, lassen Sie mich ganz offen sprechen. Zuweilen heißt es, wir Anwälte ermutigten unsere Klienten, wegen jeder Lappalie vor Gericht zu ziehen, weil wir dann natürlich hohe Honorare kassieren könnten. In Wahrheit ist es meist umgekehrt. Meist sind es die Freunde, Ehefrauen, Kollegen und so weiter, die zum Prozessieren drängen. Denn sie müssen ja die Kosten nicht tragen. Für den Laien ist ein Prozeß ein erregendes Spektakel. Wir Juristen wissen nur zu gut, welche Kosten ein Rechtsstreit mit sich bringt.«

Chadwick grübelte über den Preis der Gerechtigkeit nach, eine Frage, mit der er sich bisher selten beschäftigt hatte.

»Wie hoch könnten sie sich belaufen?« fragte er ruhig.

»Sie könnten Sie ruinieren«, sagte der Anwalt.

»Ich dachte, in diesem Lande könne jedermann zu seinem Recht kommen.«

»Theoretisch, ja. Die Praxis sieht oft ganz anders aus«, sagte der Anwalt. »Sind Sie ein reicher Mann, Mr. Chadwick?«

»Nein, ich habe nur eine kleine Firma. Das bedeutet in dieser Zeit, daß ich mit einem Minimum an Kapital auskommen muß. Ich habe mein Leben lang schwer gearbeitet, und ich komme über die Runden. Mein Haus gehört mir, mein Wagen, meine Kleidung. Eine freiwillige Altersversorgung, eine Lebensversicherungspolice, ein paar Tausender auf der hohen Kante. Ich bin nur ein Durchschnittsmensch.«

»Darauf will ich hinaus«, sagte der Anwalt. »Heutzutage können nur Reiche gegen Reiche prozessieren, und für kein Gebiet gilt das so sehr wie für Verleumdungsklagen, bei denen man zwar den Prozeß gewinnen mag, aber dennoch sämtliche Kosten tragen muß. Nach längerem Prozessieren, ganz zu schweigen von einer Berufung, können diese Kosten zehnmal so hoch sein wie der zugesprochene Schadenersatz.

Große Zeitungen, große Verlage und dergleichen sind stets hoch versichert gegen eventuelle Schadenersatzforderungen. Sie können sich Staranwälte aus dem West End leisten, die teuersten Verteidiger. Ist ihr Gegner ein – verzeihen Sie – kleiner Mann, dann wird er fast immer ausgetrickst. Mit einiger Geschicklichkeit lassen sich die meisten Fälle bis zu fünf Jahre lang hinziehen, ehe sie überhaupt zur Verhandlung kommen, und die ganze Zeit über wachsen für beide Seiten die Kosten unaufhörlich. Allein die Prozeßvorbereitung kann Tausende und Abertausende kosten. Kommt der Fall dann vor Gericht, explodieren diese Kosten, da die Rechtsvertreter ein Honorar und einen Tagessatz fordern. Auch wünscht der Anwalt vielleicht noch, einen Juniorpartner zu beteiligen.«

»Wie hoch könnten die Kosten gehen?« fragte Chadwick.

»Bei einem längeren Prozeß mit jahrelanger Vorbereitung, selbst wenn wir eine mögliche Berufung ausschließen, mehrere zehntausend Pfund«, sagte der Anwalt. »Und auch das ist noch nicht alles.«

»Was kann denn noch kommen?« fragte Chadwick.

»Falls Sie gewinnen und Ihnen Schadenersatz und Kosten zu Lasten der Angeklagten, das heißt der Zeitung, zugesprochen werden, wären Ihre Auslagen gedeckt. Wenn jedoch der Richter nicht auf Kostenersatz erkennt, was die Regel ist, müßten Sie Ihre Kosten selbst tragen. Sollten Sie verlieren, könnten Ihnen sogar die Kosten der Gegenpartei angelastet werden, zusätzlich zu Ihren eigenen. Und wenn Sie gewinnen, könnte die Zeitung Berufung einlegen. Dann fallen doppelte Kosten an. Und sogar wenn Sie auch in zweiter Instanz gewinnen, aber nicht auf Kostenersatz erkannt wird, würden Sie ruiniert sein.

Dann bedenken Sie die Schlammschlacht. Nach zwei Jahren haben die Leute ohnehin den ursprünglichen Zeitungsartikel längst vergessen. Der Prozeß rollt alles wieder auf und bringt dazu eine Fülle zusätzlicher Einzelheiten und Unterstellungen. Obwohl Sie der Kläger wären, müßte der Verteidiger der Zeitung im Interesse seiner Klientin trachten, Ihren Ruf als ehrlicher Geschäftsmann zu zerstören. Etwas von dem Schmutz, mit dem Sie beworfen würden, bleibt immer hängen. Unzählige Männer haben ihre Prozesse gewonnen und ihren guten Ruf verloren. Alle vom Beschuldigten vor Gericht vorgebrachten Äußerungen können gedruckt und müssen nicht erhärtet werden.«

»Was ist mit dem Armenrecht?« fragte Chadwick. Wie die meisten Leute hatte er davon gehört, ohne sich genauer darüber zu informieren.

»Vermutlich nicht das, was Sie glauben«, sagte der Anwalt. »Man muß zuerst die Mittellosigkeit nachweisen. Das können Sie nicht. Ehe es Ihnen bewilligt würde, müßten Ihr Haus, Ihr Wagen und Ihre Ersparnisse dahin sein.«

»Also sieht es aus, als wäre ich in jedem Fall ruiniert«, sagte Chadwick.

»Es tut mir leid, aufrichtig leid. Ich könnte Sie ermutigen, sich auf einen langen und kostspieligen Rechtshandel einzulassen, aber ich bin ehrlich überzeugt, daß es nur zu Ihrem Besten ist, wenn ich Sie auf die Gefahren und Fallstricke hinweise. Nicht wenige Menschen haben sich mit Feuereifer in einen Rechtsstreit gestürzt und es ihr Leben lang bitter bereut. Manche erholen sich sogar nie mehr von den damit verbundenen jahrelangen Aufregungen und Geldsorgen.«

Chadwick stand auf. »Sie waren sehr offen zu mir, und ich danke Ihnen«, sagte er.

Als er wieder in seinem Büro saß, rief er beim *Sunday Courier* an und verlangte den Herausgeber. Eine Sekretärin meldete sich. Auf ihre Frage nannte er seinen Namen.

»In welcher Angelegenheit möchten Sie Mr. Buxton sprechen?« fragte sie.

»Ich möchte ihn fragen, wann ich ihn persönlich aufsuchen kann«, sagte Chadwick.

Eine Weile schwieg der Apparat, und Chadwick hörte, daß an einem Haustelefon gesprochen wurde. Dann kam die Sekretärin wieder.

»In welcher Sache möchten Sie Mr. Buxton aufsuchen?« fragte sie.

Chadwick erklärte kurz, daß er den Herausgeber aufsuchen wolle, um ihm seine eigene Darstellung der über ihn in Gaylord Brents Artikel von vor zwei Wochen aufgestellten Verlautbarungen vorzutragen.

»Es tut mir leid, Mr. Buxton kann in seinem Büro niemanden empfangen«, sagte die Sekretärin. »Wenn Sie vielleicht die Freundlichkeit haben wollten, einen Brief zu schreiben, so werden Sie Antwort erhalten.«

Sie legte auf. Am nächsten Vormittag fuhr Chadwick mit der U-Bahn in die City und präsentierte sich am Empfang des Zeitungsgebäudes.

Bei einem stattlichen uniformierten Portier trug er in ein Formular Name und Adresse ein, wen er aufzusuchen wünschte und in welcher Angelegenheit. Das Formular wurde weggebracht, und er setzte sich und wartete.

Nach einer halben Stunde öffneten sich die Türen des Lifts, und heraus trat ein eleganter schlanker junger Mann, umschwebt von Rasierwasserduft. Er warf dem Portier einen fragenden Blick zu, und der wies mit dem Kopf auf Chadwick. Der junge Mann trat zu ihm. Chadwick stand auf.

»Ich bin Adrian St. Clair«, sagte der junge Mann, »Mr. Buxtons Assistent. Kann ich Ihnen behilflich sein?«

Chadwck berief sich auf den mit Gaylord Brent gezeichneten Artikel und sagte, er wünsche Mr. Buxton persönlich zu erklären, daß die über ihn gemachten Angaben nicht nur unwahr seien, sondern seinen geschäftlichen Ruin bedeuten könnten. St. Clair war voll Bedauern, aber unbeeindruckt.

»Ja, gewiß, Ihre Unruhe kann man verstehen, Mr. Chadwick. Aber leider ist ein persönliches Gespräch mit Mr. Buxton einfach unmöglich. Ein sehr beschäftigter Mann, müssen Sie verstehen. Ich … äh … meines Wissens hat ein Anwalt bereits in ihrem Auftrag mit dem Herausgeber Kontakt aufgenommen.«

»Er schickte Mr. Buxton einen Brief«, sagte Chadwick. »Die Antwort war von einer Sekretärin geschrieben. Darin stand, der Abdruck einer Leserzuschrift könne eventuell in Erwägung gezogen werden. Nun möchte ich bitten, daß Mr. Buxton sich wenigstens meine Darstellung anhört.«

St. Claire lächelte knapp. »Ich erklärte Ihnen bereits, daß dies nicht möglich ist«, sagte er. »Der Brief, der im Auftrag des Herausgebers geschrieben wurde, ist das Äußerste, was wir für Sie tun können.«

»Könnte ich dann Mr. Gaylord Brent sprechen?« fragte Chadwick.

»Ich glaube nicht, daß Ihnen damit gedient wäre«, sagte St. Claire. »Natürlich, wenn Sie oder Ihr Anwalt nochmals schreiben wollen, so wird der Brief sicherlich von unserer Rechtsabteilung in der üblichen Weise berücksichtigt. Eine andere Möglichkeit, Ihnen behilflich zu sein, sehe ich leider nicht.«

Der Portier entließ Chadwick durch die Pendeltüren.

Er aß zum Lunch ein Sandwich in einer Cafeteria nahe der Fleet Street und dachte während des Essens intensiv nach. Am frühen Nachmittag saß er in einer der Lesebüchereien der City, die auf Zeitgeschichte und Pressematerial spezialisiert sind. Das Studium der jüngsten Verleumdungsprozesse bewies ihm, daß sein Anwalt nicht übertrieben hatte.

Ein Fall war besonders kraß. Ein Mann mittleren Alters war im Buch eines Modeautors übel verleumdet worden. Er hatte prozessiert und gewonnen, der Verlag mußte ihm dreißigtausend Pfund zahlen und alle Kosten erstatten. Aber der Verlag hatte Berufung eingelegt, und die Berufungsinstanz hatte die Kostenerstattung annulliert und jeder Prozeßpartei die Zahlung der eigenen Kosten zudiktiert. Der Kläger, der nach vierjährigem Verfahren vor dem endgültigen finanziellen Ruin stand, hatte den Fall vor das Oberhaus gebracht. Die Herren Lords hatten das Urteil der Berufungsinstanz aufgehoben, dem Kläger abermals seinen Schadenersatz zugesprochen, jedoch in bezug auf die Kosten keine Entscheidung getroffen. Der Kläger bekam seine dreißigtausend Pfund Schadenersatz, seine Kostenrechnung belief sich jedoch, nach nunmehr fünf Jahren, auf fünfundvierzigtausend. Der Verlag, der etwa die gleichen Kosten tragen mußte, hatte fünfundsiebzigtausend Pfund verloren, war aber für den größten Teil dieser Summe versichert. Der Kläger hatte gewonnen, war jedoch ein ruinierter Mann. Fotos aus dem ersten Jahr des Rechtsstreits zeigten ihn als munteren Sechziger, fünf Jahre später war er nur noch ein Wrack, zugrunde gerichtet vom endlosen Streß und den wachsenden Schulden. Der Konkurs brachte ihn ins Grab, aber seine Ehre war gerettet.

Bill Chadwick beschloß, daß ihm das nicht passieren sollte, und begab sich zur Westminsterbibliothek. Dort zog er sich mit einem Exemplar von Halsburys *Laws of England* in den Lesesaal zurück.

Wie sein Anwalt gesagt hatte, existierte über Verleumdungen kein eigenes Gesetz, wie zum Beispiel über den Straßenverkehr, aber die Law of Libel Amendment Act von 1888 gab folgende, allgemein anerkannte Definition von Verleumdung beziehungsweise übler Nachrede:

»Verleumdung oder üble Nachrede liegt vor, wenn eine Behauptung geeignet ist, den Betroffenen in den Augen der rechtlich denkenden Allgemeinheit herabzuwürdigen oder seine gesellschaftliche Isolierung oder Ächtung herbeizuführen oder ihn dem Haß, der Verachtung oder der Lächerlichkeit preiszugeben oder einen Makel auf ihn zu werfen mit nachteiligen Folgen für sein Amt, seinen Beruf, sein Fortkommen, Gewerbe oder Geschäft.«

Na, der letzte Teil zumindest trifft bei mir zu, dachte Chadwick.

Irgend etwas, was der Anwalt in seinem Vortrag über Gerichte gesagt hatte, wollte ihm nicht aus dem Kopf. »Alle vom Beschuldigten vor Gericht vorgebrachten Äußerungen können gedruckt und müssen nicht erhärtet werden.« Wirklich nicht?

Aber der Anwalt hatte recht gehabt. Auch das ging aus dem Gesetz von 1888 klar hervor. Alles, was während der Gerichtsverhandlung gesagt wird, kann berichtet oder veröffentlicht werden, ohne daß Berichterstatter oder Herausgeber, Drucker oder Verleger eine Verleumdungsklage zu befürchten haben, lediglich vorausgesetzt, daß der Bericht »objektiv, gegenwartsbezogen und präzis ist«.

Das, dachte Chadwick, muß dazu dienen, daß Richter, Beisitzer, Zeugen, Polizeibeamte, Staatsanwälte und sogar der Angeklagte furchtlos vorbringen, was sie für wahr halten, ohne Rücksicht auf den Ausgang des Prozesses.

Diesen Schutz vor Gegenmaßnahmen des Klägers – und sei er noch so übel beleidigt, entwürdigt, diffamiert oder verleumdet worden, vorausgesetzt, daß die Behauptungen während der Verhandlung vor Gericht aufgestellt wurden – und den Schutz für jeden, der darüber berichtete, schrieb und veröffentlichte, nannte man das »absolute Privileg«.

In der U-Bahn, auf der Rückfahrt zu den äußeren Vororten, begann in Bill Chadwicks Gehirn ein Gedanke zu keimen.

Gaylord Brent, den Chadwick nach viertägiger Suche endlich aufspürte, wohnte in einer schicken kleinen Straße in Hamstead, und dorthin begab sich Chadwick am folgenden Sonntagvormittag. Er vermutete, daß kein Journalist eines Sonntagsblatts am Sonntag arbeitete, und setzte darauf, daß die Familie nicht übers Wochenende aufs Land gefahren war. Er stieg die Treppe hinauf und klingelte.

Nach zwei Minuten öffnete eine hübsche Frau Mitte Dreißig.

»Ist Mr. Brent zu sprechen?« fragte Chadwick und fuhr ohne Pause fort: »Es handelt sich um seinen Artikel im *Courier.*«

Es war keine Lüge und genügte doch, um Mrs. Brent zu überzeugen, der Besucher komme von der Redaktion in der Fleet Street. Sie lächelte, drehte sich um, rief: »Gaylord!« in die Diele und wandte sich wieder Chadwick zu.

»Er kommt gleich«, sagte sie, verschwand in Richtung Kindergeschrei irgendwo im Haus und ließ die Tür offen. Chadwick wartete.

Kurz darauf erschien Gaylord Brent persönlich an der Tür, in beigen Leinenhosen und rosa Hemd, ein eleganter Mann Mitte Vierzig.

»Ja, bitte?« sagte er.

»Mr. Gaylord Brent?« fragte Chadwick.

»Ja.«

Chadwick entfaltete den Zeitungsausschnitt, den er in der Hand hielt, und zeigte ihn vor.

»Es geht um diesen Artikel, den Sie im *Sunday Courier* geschrieben haben.«

Gaylord Brent blickte ein paar Sekunden lang auf den Ausschnitt, ohne ihn zu berühren. Seine Miene war erstaunt und eine Spur gereizt.

»Das ist ungefähr vier Wochen alt«, sagte er. »Was ist damit?«

»Verzeihen Sie, daß ich Sie an einem Sonntagmorgen belästige«, sagte Chadwick, »aber mit dergleichen müssen wir offenbar alle rechnen. Also, in diesem Artikel verleumden Sie mich, und zwar in ziemlich übler Weise. Er hat mir geschäftlich wie auch gesellschaftlich beträchtlich geschadet.«

Das Erstaunen verharrte in Brents Zügen, wich jedoch zusehends wachsendem Unmut.

»Wer sind Sie überhaupt?« fragte er.

»Oh, Entschuldigung. Mein Name ist William Chadwick.«

Bei der Nennung des Namens ging Gaylord Brent endlich ein Licht auf, und der Unmut gewann vollends die Überhand.

»Jetzt passen Sie auf«, sagte er, »Sie können nicht einfach in meine Wohnung kommen und sich beschweren. Es gibt entsprechende Wege. Lassen Sie von Ihrem Anwalt ein Schreiben –«

»Schon geschehen«, sagte Chadwick, »aber genutzt hat es gar nichts. Ich habe ferner versucht, den Herausgeber zu sprechen, aber er ließ mich nicht vor. Also bin ich zu Ihnen gekommen.«

»Das ist unerhört«, wetterte Gaylord Brent und schickte sich an, die Tür zu schließen.

»Moment, ich habe noch etwas für Sie«, sagte Chadwick geduldig. Brents Hand blieb auf dem Türgriff liegen.

»Und was?« fragte er.

»Das«, sagte Chadwick.

Dabei hob er die geballte Rechte und versetzte Gaylord

Brent einen herzhaften, aber nicht gefährlichen Nasenstüber. Der Schlag brach weder das Nasenbein, beschädigte nicht einmal die knorpelige Nasenscheidewand, aber er bewirkte, daß Gaylord Brent einen Schritt zurücktaumelte, ein lautes »Oooo« ausstieß und die Hand vor die Nase hielt. Seine Augen füllten sich mit Wasser, und er schnupfte die ersten Blutstropfen hoch. Einen Moment lang starrte er Chadwick wie einen Irren an, dann schmetterte er die Tür zu. Chadwick hörte eilige Schritte in der Diele.

An der Ecke der Heath Street fand er den gesuchten Polizisten, einen jungen Mann, der den Frieden des kühlen Morgens genoß, aber sich im übrigen ziemlich langweilte.

»Officer«, sagte Chadwick, als er ihn erreicht hatte, »bitte kommen Sie mit mir. Auf einen Anwohner wurde ein Überfall verübt.«

Der junge Polizist fuhr hoch. »Überfall, Sir?« fragte er. »Angaben?«

»Nur zwei Straßen von hier«, sagte Chadwick. »Bitte folgen Sie mir.«

Ohne weitere Fragen abzuwarten, winkte er dem Polizisten mit gekrümmtem Zeigefinger, machte kehrt und marschierte flotten Schritts den Weg zurück, den er gekommen war. Hinter sich hörte er den Polizisten in sein Funkgerät sprechen und das Stapfen amtlicher Stiefelsohlen.

Der Gesetzeshüter holte Chadwick an der Ecke der Straße ein, in der die Familie Brent wohnte. Um weitere Fragen zu verhindern, behielt Chadwick seine zügige Gangart bei, während er dem Polizisten mitteilte: »Hier ist es, Officer, Haus Nummer 32.«

Die Tür war, als sie hinkamen, noch immer geschlossen. Chadwick wies darauf.

»Dort drinnen«, sagte er.

Nach kurzem Zögern und einem mißtrauischen Seitenblick auf Chadwick stieg der Constable die Treppe hinauf und klingelte. Chadwick stellte sich neben ihn auf die oberste Stufe.

Die Tür öffnete sich einen Spalt. Mrs. Brent erschien. Bei Chadwicks Anblick wurden ihre Augen groß. Ehe der Polizist den Mund auftun konnte, ergriff Chadwick das Wort.

»Mrs. Brent? Ob der Constable wohl Ihren Gatten kurz sprechen könnte?«

Mrs. Brent nickte und flüchtete ins Haus zurück. Von draußen hörten die beiden Männer eine geflüsterte Unterredung. Die Wörter »Polizei« und »dieser Mann« waren deutlich zu vernehmen. Kurz darauf erschien Gaylord Brent an der Tür. Mit der linken Hand hielt er ein nasses Geschirrtuch vor die Nase. Dahinter schnüffelte er mehrmals.

»Sie wünschen?« sagte er.

»Das ist Mr. Gaylord Brent«, sagte Chadwick.

»Sind Sie Mr. Gaylord Brent?« fragte der Constable.

»Ja«, erwiderte Gaylord Brent.

»Vor ein paar Minuten«, sagte Chadwick, »erhielt Mr. Brent mit Vorbedacht einen Hieb auf die Nase.«

»Stimmt das?« fragte der Polizist den Hausherrn.

»Ja«, nickte Brent und glotzte Chadwick über das Geschirrtuch hinweg wütend an.

»Verstehe«, sagte der Constable und verstand offensichtlich gar nichts. »Und wer hat das getan?«

»Ich hab's getan«, sagte Chadwick neben ihm.

Der Polizist wandte sich ihm ungläubig zu. »Wie bitte?« fragte er.

»Ich war's. Ich hab' ihn auf die Nase gehauen. Das ist vorsätzliche Körperverletzung, nicht wahr?«

»Stimmt das?« fragte der Polizist Brent.

Das Gesicht hinter dem Geschirrtuch nickte.

»Darf ich fragen, warum?« wollte der Polizist von Chadwick wissen.

»Das«, sagte Chadwick, »werde ich alles erst auf dem Polizeirevier erklären.«

Der Polizist war jetzt vollends ratlos. Endlich sagte er: »Gut, Sir, dann muß ich Sie bitten, mich aufs Revier zu begleiten.«

Inzwischen war in der Heath Street der Streifenwagen eingetroffen, den der Constable vor fünf Minuten angefordert hatte. Der Polizist wechselte ein paar Worte mit den beiden uniformierten Insassen und nahm mit Chadwick auf dem Rücksitz Platz. In zwei Minuten brachte der Wagen sie zum nächsten Polizeirevier. Chadwick wurde zum diensthabenden Sergeant geführt. Dort stand er schweigend, während der junge Constable dem Sergeant Bericht erstattete. Der Sergeant, ein altgedienter Mann von resignierter Langmut, betrachtete Chadwick mit einigem Interesse.

»Wer ist der Mann, den Sie geschlagen haben?« fragte er schließlich.

»Mr. Gaylord Brent«, sagte Chadwick.

»Mögen ihn wohl nicht, wie?« fragte der Sergeant.

»Nicht besonders«, sagte Chadwick.

»Warum gehn Sie dann zu dem Constable und sagen, daß Sie's getan haben?« fragte der Sergeant.

Chadwick zuckte die Achseln. »So will es doch das Gesetz? Ein Gesetz wurde übertreten; das muß der Polizei gemeldet werden.«

»Das hört man gern«, räumte der Sergeant ein. Er wandte sich an den Constable. »Ist Mr. Brent schwer angeschlagen?«

»Hat nicht so ausgesehen«, sagte der junge Mann. »Eher wie ein kleiner Klaps auf den Zinken.«

Der Sergeant seufzte. »Adresse«, sagte er. Der Constable nannte sie ihm. »Hier warten«, sagte der Sergeant.

Er verzog sich in ein Hinterzimmer. Gaylord Brent hatte eine Geheimnummer, aber der Sergeant bekam sie von der Auskunft. Dann rief er dort an. Nach einer Weile kam er zurück.

»Mr. Gaylord Brent ist, scheint's, nicht scharf drauf, Anzeige zu erstatten«, sagte er.

»Das spielt keine Rolle«, sagte Chadwick. »Es geht nicht darum, ob Mr. Brent Anzeige erstatten will. Wir sind hier nicht in Amerika. Tatsache ist, daß eindeutig eine Körperverletzung verübt wurde, also eine gesetzwidrige Handlung, und die Polizei hat zu entscheiden, ob Anzeige zu erstatten ist.«

Der Sergeant beäugte ihn angewidert.

»Man kennt Recht und Gesetz, wie, Sir?« fragte er.

»Hab's mal studiert«, sagte Chadwick.

»Hat das nicht jeder?« seufzte der Sergeant. »Na und? Die Polizei könnte entscheiden, die Sache nicht weiter zu verfolgen.«

»Wenn dem so ist, muß ich Ihnen leider mitteilen, falls Sie nichts unternehmen, dann gehe ich hin und tu's nochmals«, sagte Chadwick.

Der Sergeant griff langsam nach einem Stoß Formblätter. »Das genügt«, sagte er. »Name?«

Bill Chadwick gab Namen und Adresse an und wurde in den Vernehmungsraum geführt. Er verweigerte jede Aussage und blieb dabei, daß er seine Tat zu gegebener Zeit vor Gericht begründen werde. Dies wurde zu Protokoll genommen, und er unterschrieb. Dann wurde in aller Form Anzeige erstattet. Chadwick verpflichtete sich schriftlich zu einer Zahlung von hundert Pfund, falls er nicht am nächsten Vormittag vor dem Polizeigericht von Nord-London erscheinen würde. Dann durfte er gehen.

Anderentags stellte er sich dem Gericht. Die Vernehmung dauerte zwei Minuten. Er weigerte sich, eine Entschuldigung abzugeben, denn er wußte, diese Weigerung würde vom Gericht dahingehend ausgelegt, daß er zur gegebenen Zeit auf nichtschuldig plädieren wollte. Er bekam einen Termin für die übernächste Woche, und die Kaution von hundert Pfund wurde erneuert. Da es sich nur um eine erste Einvernahme handelte, war Gaylord Brent nicht anwesend. Der Einvernahme lag eine Anzeige wegen vorsätzlicher Körperverletzung zugrunde, und sie wurde in der Regionalzeitung nur mit ein paar Zeilen erwähnt. Dort, wo Bill Chadwick wohnte, viele Meilen entfernt, las kein Mensch jemals diese Zeitung, so daß niemand etwas erfuhr.

Während der Woche vor der Verhandlung des Falles erhielten die Nachrichtenredakteure der wichtigsten Tages-, Abend- und Sonntagszeitungen in der Fleet Street und Umgebung eine Anzahl anonymer Telefonanrufe.

Jedesmal flüsterte der Anrufer dem Redakteur, daß der Star-Rechercheur des *Courier*, Gaylord Brent, im Zusammenhang mit einem tätlichen Überfall am kommenden Montag vor dem Polizeigericht von London erscheinen werde, in Sachen *Königin versus Chadwick*, und daß es sich für den Redakteur lohnen könne, seinen eigenen Reporter hinzuschicken, anstatt nur auf den Gerichtsdienst der Presseagentur zurückzugreifen.

Die meisten Redakteure sahen in der Verhandlungsliste für den genannten Tag nach, stellten fest, daß der Name Chadwick tatsächlich aufgeführt war, und beorderten einen Reporter zum Gericht. Niemand wußte, was im Busch war, aber jeder hoffte das Beste. Wie in der Gewerkschaftsbewegung reicht auch in der Fleet Street die Theorie des Zusammenhalts nicht einmal bis dorthin, wo die praktische Solidarität anfangen müßte.

Bill Chadwick stellte sich Punkt zehn Uhr im Gerichtsgebäude ein und wurde aufgefordert, zu warten, bis sein Fall zur Verhandlung komme. Das war um Viertel nach elf. Als er in die Anklagebank trat, bestätigte ihm ein rascher Blick zu den Pressebänken, daß sie gedrängt voll waren. Er hatte bereits gesehen, daß Gaylord Brent, der als Zeuge geladen war, vor dem Verhandlungssaal auf einer Bank im Korridor saß. Nach britischem Gesetz darf kein Zeuge den Gerichtssaal betreten, ehe er aufgerufen wird. Erst wenn er seine Aussage gemacht hat, darf er sich in die hinterste Reihe setzen und sich den Rest der Verhandlung anhören. Was nicht in Chadwicks Konzept paßte. Er löste das Problem, indem er auf nichtschuldig plädierte.

Er lehnte den Vorschlag des Polizeirichters ab, wonach die Verhandlung vertagt werden sollte, bis er sich einen Rechtsbeistand besorgt hätte, und erklärte, er wolle seine Verteidigung selbst übernehmen. Der Polizeirichter zuckte die Achseln, war aber einverstanden.

Der Ankläger umriß die Tatumstände, jedenfalls soweit sie bekannt waren, und erregte einiges Staunen, als er erwähnte, daß Chadwick selber an jenem Morgen in Hamstead den Police Constable Clarke von dem tätlichen Überfall in Kenntnis gesetzt habe. Ohne weitere Umstände rief er sodann Constable Clarke als Zeugen auf.

Der junge Polizist wurde vereidigt und sagte über die Festnahme aus. Chadwick wurde gefragt, ob er den Zeugen ins Kreuzverhör nehmen wolle. Er lehnte ab. Er wurde nochmals aufgefordert. Er lehnte ab. Police Constable Clarke wurde entlassen und setzte sich hinten in den Saal. Gaylord Brent wurde aufgerufen. Er trat in den Zeugenstand und legte den Eid ab. Chadwick stand von der Anklagebank auf.

»Euer Gnaden«, sagte er mit klarer Stimme zum Polizeirichter, »ich habe nachgedacht und es mir anders überlegt. Ich plädiere auf schuldig.«

Der Richter starrte ihn an. Der Ankläger, der sich zur Befragung erhoben hatte, setzte sich wieder. Der Zeuge Gaylord Brent stand schweigend da.

»So?« sagte der Polizeirichter. »Bleibt es dabei, Mr. Chadwick?«

»Ja, Sir. Es bleibt dabei.«

»Mr. Cargill, haben Sie irgendwelche Einwände?« fragte der Polizeirichter den Kronanwalt.

»Kein Einwand, Euer Ehren«, sagte Mr. Cargill. »Ich darf annehmen, daß der Beschuldigte die Tatumstände, wie ich sie umrissen habe, nicht länger bestreitet.«

»Ich bestreite sie nicht«, sagte Chadwick. »Alles entspricht der Wahrheit.«

Der Polizeirichter wandte sich an Gaylord Brent. »Ich bedauere, daß Sie sich hierherbemühen mußten, Mr. Brent«, sagte er, »doch wie es scheint, werden Sie nicht mehr als Zeuge benötigt. Sie können gehen oder hinten im Saal Platz nehmen.«

Gaylord Brent nickte und verließ den Zeugenstand. Er schickte ein weiteres Nicken zu den Pressebänken und setzte sich hinten neben den Constable, der bereits ausgesagt hatte. Der Polizeirichter wandte sich an Chadwick:

»Mr. Chadwick, Sie haben beschlossen, sich schuldig zu bekennen. Das bedeutet, daß Sie die an Mr. Brent verübte vorsätzliche Körperverletzung zugeben. Wollen Sie irgendeinen Zeugen für Ihre Aussage benennen?«

»Nein, Euer Gnaden.«

»Sie können Leumundszeugen benennen, wenn Sie das wünschen, oder selbst strafmildernde Umstände anführen.«

»Ich will keine Zeugen benennen, Sir«, sagte Chadwick. »Und was die strafmildernden Umstände betrifft, so möchte ich eine Aussage von der Anklagebank her machen.«

»Das ist Ihr Privileg und gutes Recht«, sagte der Polizeirichter.

Chadwick, der aufgestanden war, um sich an das Gericht zu wenden, zog einen gefalteten Zeitungsausschnitt aus der Tasche.

»Euer Gnaden, vor sechs Wochen veröffentlichte Mr. Gaylord Brent diesen Artikel in der Zeitung, für die er arbeitet, dem *Sunday Courier*. Dürfte ich Euer Gnaden bitten, Einsicht zu nehmen?«

Ein Gerichtsdiener tauchte auf, nahm den Zeitungsausschnitt und trat an den Richtertisch.

»Ist dies für den zur Verhandlung stehenden Fall relevant?« fragte der Richter.

»Ich versichere, daß es dies ist, Sir. In hohem Maße.«

»Gut«, sagte der Richter. Er nahm den Zeitungsausschnitt, den der Gerichtsdiener ihm reichte, und las ihn rasch durch. Danach legte er ihn beiseite und sagte: »Aha.«

»In diesem Artikel«, sagte Chadwick, »beging Gaylord Brent an mir eine böswillige und schimpfliche Verleumdung.

Wie Sie bemerkt haben werden, Sir, handelt der Artikel von einer Firma, die ein bestimmtes Produkt vertrieb und in Konkurs ging, wodurch mehrere Bürger dieses Landes ihre Kapitaleinlagen einbüßten. Ich war unglücklicherweise einer der Geschäftsleute, die dieser Firma auf den Leim gegangen waren, weil sie sie für ein solides Unternehmen mit einem seriösen Produkt hielten. Tatsache ist, daß auch ich mein Geld verlor, daß ich unklug gehandelt hatte – unklug, nicht unredlich. In diesem Artikel werde ich aus heiterem Himmel und grundlos einer nicht näher bezeichneten Mittäterschaft an der Sache bezichtigt, und zwar von einem oberflächlichen, faulen und inkompetenten Schreiberling, dem man nicht einmal zumuten darf, daß er seine Hausaufgabe ordentlich erledigt.«

Aus der Versammlung stieg ein Gemurmel auf – dann herrschte Stille. Und die Schreibstifte an den Pressetischen begannen wie rasend über die Stenoblöcke zu fliegen.

Der Vertreter der Anklage erhob sich. »Ist das für strafmildernde Umstände wirklich notwendig, Euer Gnaden?« fragte er tadelnd.

Chadwick mischte sich ein: »Ich versichere Euer Gnaden, daß ich nur die Hintergründe des Falles zu erklären suche. Ich meine einfach, Euer Gnaden könnten das Mißverhalten besser beurteilen, wenn die Gründe hierfür ersichtlich sind.«

Der Polizeirichter sah Chadwick eine Weile prüfend an. »Der Beschuldigte hat recht«, sagte er. »Fahren Sie fort.«

»Vielen Dank, Sir«, sagte Chadwick. »Nun, hätte dieser sogenannte recherchierende Journalist geruht, sich an mich zu wenden, ehe er diesen Schundartikel schrieb, so hätte ich ihm meine sämtlichen Unterlagen, meine Bücher und Kontoauszüge vorlegen und beweisen können, daß ich genauso hereingelegt wurde wie die Kunden. Und daß ich bei der Sache beträchtliche Einbußen erlitt. Aber er geruhte nicht, sich an mich zu wenden, obwohl ich im Telefonbuch und im Branchenverzeichnis stehe. Es scheint, daß dieser furchtlose Rechercheur bei all seiner zur Schau getragenen Anmaßung weit lieber auf Kneipenklatsch hört, als die Fakten nachzuprüfen ...«

Gaylord Brent sprang, puterrot vor Zorn, von der hintersten Sitzreihe auf. »Also hören Sie ...!« schrie er.

»Ruhe!« brüllte der Gerichtsdiener, der gleichfalls aufgestanden war. »Ruhe im Saal!«

»Ich verstehe Ihre Erbitterung, Mr. Chadwick«, sagte der Polizeirichter ernst, »aber ich frage mich, was das alles mit den strafmildernden Umständen zu tun hat?«

»Euer Gnaden«, sagte Chadwick demütig, »ich appelliere nur an Ihren Gerechtigkeitssinn. Wenn ein Mann, der immer ein friedfertiges und rechtschaffenes Leben geführt hat, plötzlich auf einen anderen Menschen einschlägt, so ist es gewiß notwendig, daß man die Gründe für eine so untypische Tat kennt. Diese Gründe müssen meines Erachtens das Urteil des Mannes beeinflussen, dessen Pflicht es ist, Recht zu sprechen, nicht wahr?«

»Ganz richtig«, sagte der Polizeirichter. »Legen Sie Ihre Gründe dar. Aber bitte, mäßigen Sie Ihre Sprache.«

»Gewiß«, sagte Chadwick. »Das Erscheinen dieses Lügengebräus, das sich als ernsthafter Journalismus ausgibt, hatte höchst negative Auswirkungen auf meine Geschäfte. Einige meiner Geschäftspartner, die nicht wissen konnten, daß Mr. Gaylord Brents sogenannte Enthüllung keineswegs aus mühevollen gewissenhaften Recherchen, sondern vielmehr vom Grund einer Whiskyflasche stammten, waren sogar bereit, der Verleumdung Glauben zu schenken.«

Im Hintergrund des Saals geriet Gaylord Brent vollends außer sich. Er stieß den neben ihm sitzenden Polizisten an.

»Das muß man sich doch nicht bieten lassen, wie?« zischte er.

»Pssst!« machte der Polizist.

Brent sprang auf. »Euer Gnaden!« rief er laut. »Ich möchte nur sagen –«

»Ruhe!« schrie der Gerichtsdiener.

»Falls noch weitere Störungen aus dem Saal erfolgen, werde ich die Verantwortlichen entfernen lassen«, sagte der Richter.

»Verstehen Sie, Sir«, fuhr Chadwick fort, »ich fing an zu grübeln. Ich fragte mich, was einen Hampelmann, der zu faul ist, seine Behauptungen nachzuprüfen, berechtigt, sich hinter dem Schutzschild der juristischen und finanziellen Möglichkeiten einer großen Zeitung zu verstecken und aus diesem Hinterhalt einen kleinen Mann zu ruinieren, mit dem er nicht einmal zu sprechen geruhte, einen Mann, der sein Leben lang schwer und ehrlich gearbeitet hat.«

»Wenn man sich verleumdet fühlt, gibt es andere Mittel und Wege«, bemerkte der Richter.

»Ja, die gibt es, Sir«, sagte Chadwick. »Doch Ihnen, als Gesetzeskundigen, wird bekannt sein, daß sich heutzutage nur wenige Menschen den ungeheuren Aufwand leisten können, den der Kampf gegen eine überregionale Zeitung erfordert. Ich versuchte daher, dem Herausgeber persönlich zu erklären, mit Fakten und Unterlagen, daß sein Mitarbeiter etwas gänzlich Falsches geschrieben und nicht einmal den Versuch zur Genauigkeit gemacht hatte. Der Herausgeber ließ mich abweisen, ein für allemal. Dann wollte ich Gaylord Brent sprechen. In seinem Büro wurde ich nicht vorgelassen, also suchte ich ihn zu Hause auf.«

»Um ihn auf die Nase zu schlagen?« sagte der Richter. »Mag sein, daß Sie übel verleumdet wurden, aber das berechtigt Sie nicht zur Gewaltanwendung.«

»Du meine Güte, nein, Sir«, sagte Chadwick erstaunt. »Überhaupt nicht, um ihn zu schlagen. Um zu bitten, meine Unterlagen zu prüfen, die ihm sicherlich bewiesen hätten, daß das, was er schrieb, nicht der Wahrheit entsprach.«

»Aha«, sagte der Polizeirichter interessiert. »Endlich ein Motiv. Sie suchten Mr. Brent zu Hause auf, weil Sie ihn um etwas bitten wollten?«

»Genau so war es, Sir«, sagte Chadwick. Er wußte so gut wie der Kronanwalt, daß er, da er nicht unter Eid und von der Anklagebank her sprach, nicht ins Kreuzverhör genommen werden konnte.

»Und warum haben Sie nicht mit ihm gesprochen?« fragte der Richter.

Chadwicks Schultern sanken nach vorn. »Ich wollte ja«, sagte er, »aber er behandelte mich genauso abweisend und von oben herab wie die Leute von der Zeitung. Er wußte, daß ich nur ein kleiner Mann bin, ein Mann ohne Bedeutung, daß ich es niemals mit dem mächtigen *Courier* aufnehmen könnte.«

»Was geschah dann?« fragte der Richter.

»Ich gestehe, daß ich durchgedreht habe«, sagte Chadwick. »Und das Unverzeihliche tat. Ich versetzte ihm eins auf die Nase. Eine einzige Sekunde lang habe ich die Beherrschung verloren.«

Damit setzte er sich. Der Polizeirichter ließ von seinem Sitz aus den Blick über das Gericht schweifen.

Du, mein Lieber, dachte er bei sich, hast so wenig die Beherrschung verloren, wie eine Schnecke ihr Haus verliert. Unwillkürlich erinnerte er sich jedoch, wie er vor Jahren in der Presse wegen eines Urteils, das er in einer Strafsache gefällt hatte, verunglimpft worden war; damals hatte sein Zorn sich erst gelegt, als sich herausstellte, daß er recht gehabt hatte. Laut sagte er: »Das ist ein sehr ernster Fall. Das Gericht billigt Ihnen zu, daß Sie sich ungerecht behandelt fühlten, ferner, daß Sie an jenem Morgen nicht mit dem Vorsatz zur Gewalttätigkeit Ihr Haus verließen und sich nach Hampstead begaben. Indessen bleibt die Tatsache, daß Sie Mr. Brent an dessen eigener Tür einen Schlag versetzten. Unsere Gesellschaft kann nicht dulden, daß einzelne Bürger sich das Recht nehmen, die führenden Journalisten des Landes auf die Nasen zu schlagen. Geldbuße einhundert Pfund, zuzüglich fünfzig Pfund Gerichtskosten.«

Bill Chadwick schrieb einen Scheck aus, während sich die Pressebänke leerten und die Reporter zu Telefonen und Taxis stürzten. Als er die Treppe des Gerichtsgebäudes hinunterging, packte ihn jemand am Arm.

Er wandte sich um und sah einem zornesbleichen und vor Erregung zitternden Gaylord Brent ins Auge.

»Sie gemeiner Hund«, keuchte der Journalist, »Sie werden verdammt noch mal nicht ungeschoren davonkommen, nach dem, was Sie dort drinnen alles gesagt haben.«

»O doch, ich werde«, sagte Chadwick. »Da ich als Beschuldigter gesprochen habe, ja, deshalb werde ich es. Man nennt es das ›absolute Privileg‹.«

»Aber es stimmt nicht, was Sie da über mich gesagt haben«, sagte Brent. »Man kann nicht einfach jemandem alles X-beliebige nachsagen.«

»Warum nicht?« sagte Chadwick milde. »Sie haben's doch auch gekonnt.«

Simon Brett

Der Nougatriegel

Bei Mord, wie bei jedem großen Unternehmen, macht sich sorgfältige Planung bezahlt; und wenn es etwas gab, worauf Hector Griffiths stolz war, so war es sein Planungstalent.

Es war sein Planungstalent gewesen, das ihn durch den Dschungel der Reinigungsmittelindustrie in die Position des Product Managers bei GLISS gehoben hatte, einer Firma, die höchst erfolgreich bemüht war, Hausfrauen mit immer neuen Paletten unentbehrlicher Hilfsmittel zu versorgen. Seine Eheschließung mit Melissa Wintle, einer attraktiven und reichen Witwe mit einer halbwüchsigen Tochter, war ebenfalls ein Triumph der Planung gewesen. Sogar der plötzliche Tod seiner Frau drei Jahre später, als er gerade geschäftlich im Ausland war, verursacht durch Ersticken an giftigen Dämpfen aus einem defekten Gasofen, konnte als Ergebnis, wenn nicht geradezu seiner Planung, so doch wenigstens seines Spürsinns angesehen werden.

Doch kein noch so gründliches Planen hatte ihn voraussehen lassen, daß Melissas Testament die Hauptmasse ihres nicht unbeträchtlichen Vermögens Janet hinterließ, der Tochter aus ihrer ersten Ehe, und nicht Hector, ihrem zweiten Mann.

Als Hector Griffiths, zweiundfünfzigjährig, sich also reduziert sah auf sein Gehalt von GLISS (großzügig, aber keinesfalls ausreichend, um die kleinen Extras beizubehalten – die Wohnung in der Sloane Street, die Hütte in Cornwall, den Mercedes, das Motorboot –, die ihm zu Lebzeiten seiner Frau zur lieben Gewohnheit geworden waren) und sich überdies eingespannt fand in die Verantwortung für eine wenig entgegenkommende, dafür aber reiche Stieftochter, gelangte er zu dem Schluß, daß es Zeit sei, sich wieder ans Planen zu machen.

Hector Griffiths hatte wie Moses, Matthäus, Markus, Lukas, Johannes und andere unbedeutende Propheten und Evangelisten den Vorteil, sich seine eigene Bibel geschrieben zu haben. Es handelte sich um eine Reihe von Merksätzen, die er im Verlaufe der Projektplanung für das neue GLISS GRÜN – MIT SALMIAK zusammengestellt hatte, und was sie wert waren, hatte nicht nur er allein erkannt. Kein Geringerer als der für Europa zuständige Marketing Director (Reinigungsflüssigkeiten) der Firma hatte ihm zu der Überzeugungskraft und Eingängigkeit der Merksätze gratuliert, nachdem er sich angehört hatte, wie Hector sie als Grundlage eines Fortbildungskursus für die leitenden Angestellten verwendete. Hector bewahrte die von seiner Sekretärin säuberlich abgetippten Merksätze in einer blauen Sichthülle auf, in die bevorzugte Kursteilnehmer gelegentlich Einblick nehmen durften. Auf der Titelseite standen zwei Grundregeln, die Hectors Seminaren eine dramatische Eröffnung garantierten und die, wie er selber fand, recht gut formuliert waren.

A *Auch wenn es den Stapellauf Ihres Produkts verzögert: Lassen Sie sich stets genügend Zeit für die Planung. Ungeduld ist die Mutter des Irrtums, und Irrtum ist teuer.*

B *Haben Sie die wichtigsten Entscheidungen über Ihr Produkt und das Timing seines Stapellaufs einmal getroffen, folgen Sie ihnen unbeirrt. Ein nicht eingehaltener Zeitplan ist ebenfalls teuer.*

Eine dritte Grundregel, genauso wichtig, aber nicht aufgeschrieben, forderte, daß, bevor irgendwelche Schritte im Hinblick auf ein neues Produkt unternommen wurden, der Schreibtischarbeit gehörig Zeit einzuräumen sei, eine Zeit, in der man sitzen und überlegen, das Projekt aus allen Blickwinkeln betrachten, alle nur erdenklichen Details in Erwägung ziehen sollte, um sich solcherart allgemein mit jedem Aspekt der vorliegenden Sache vertraut zu machen. Die in diesem noch entspannten Frühstadium angestellten Überlegungen erleichterten den Umgang mit später auftauchenden Problemen, wenn Zeit zum Nachdenken ein Luxus war und man schnell handeln mußte.

Erst drei Monate nach Melissas Tod fand Hector die Zeit, sich an die Schreibtischarbeit für sein neues Projekt zu machen. Er war damit beschäftigt gewesen, die GLISS SCHEUERPADS auf den europäischen Markt zu bringen, und hatte außerdem die Erfahrung machen müssen, daß die Regelung des Nachlasses einer Verstorbenen und die Vollstreckung eines Testaments, selbst eines so einfachen und unbefriedigenden wie in Melissas Fall, erstaunlich zeitaufwendig waren. Auch um Janet hatte er sich kümmern müssen: Ihre Mutter war zu Ostern ums Leben gekommen, was hieß, daß Janet Ferien von ihrem Internat in Yorkshire gehabt hatte und zu Hause gewesen war. Janet, nun eine in sich zurückgezogene Fünfzehnjährige, hatte dummerweise geschlafen, als Melissa verunglückt war, hatte nichts gehört und sie folglich nicht retten können. Ja, vom Standpunkt ihres Stiefvaters aus war sie dummerweise nicht bei ihrer Mutter im Badezimmer gewesen, als die Gasdämpfe zu entweichen begannen, was seine derzeitigen Schwierigkeiten behoben hätte, bevor sie aufkamen.

Doch wie Hector den eifrigen jungen Männern in ihren beigefarbenen Anzügen und mit den gestreiften Krawatten in seinen Fortbildungsseminaren stets sagte: Erfolg stellt sich selten leicht ein, und der kluge Manager mißtraut der Lösung, die sich ihm als die bequemste anbietet.

Nein, Janet war noch immer bei ihm, und er bedauerte die Zeit nicht, die er ihr gewidmet hatte. Seine Pläne für ihre Zukunft hatten sich noch nicht herauskristallisiert, aber wie immer ihre Zukunft sich gestalten würde, es war ein Gebot der Klugheit, die Rolle des fürsorglichen Stiefvaters zu übernehmen. Da sie nun eine so wohlhabende junge Frau war, konnte es kein Fehler sein, sich wenigstens ihr Wohlwollen zu erwerben.

Er lächelte gezwungen bei dem Gedanken. Irgend etwas sagte ihm, daß er mehr von ihr brauchte als hin und wieder ein wohlwollendes Almosen. Die Wohnung in London, das Sommerhäuschen in Cornwall, das Motorboot und der Mercedes erforderten ein weniger unregelmäßiges Einkommen. Was er brauchte, war die ständige Verfügungsgewalt über Janets Geld.

Aber er war dabei, voreilige Schlüsse zu ziehen. Stets warnte er die angehenden Führungskräfte in seinen Seminaren vor solchen vorschnellen Schlüssen ohne vorherige Schreibtischarbeit.

Hector Griffiths schlug die blaue Mappe auf seinem Schreibtisch auf. Er blätterte die Seite mit den Merksätzen um und betrachtete den nächsten Abschnitt.

1. Bedarf für das Produkt (Marktlücke füllen, Firmenanteil steigern)

Es bedurfte keiner besonderen Forschungsarbeit, um zu wissen, daß ein Bedarf für das Produkt bestand. Da Melissa nun tot war, gab es eine Marktlücke, und das Produkt, um diese zu füllen, war Geld.

Da er keine Möglichkeit allzu schnell verwerfen wollte, bedachte er verschiedene Methoden des Geldmachens. Seine Aussichten bei GLISS waren glänzend, aber nicht glänzend genug. Selbst wenn im Falle der Pensionierung des Marketing Directors (United Kingdom) dessen Stelle von dem für das europäische Ausland zuständigen Marketing Director (Reinigungsflüssigkeiten) eingenommen werden würde und Hector dann (was als wahrscheinlich galt) den Posten des letzteren bekäme, würde sein Gehalt nur um etwa 25 Prozent steigen, was längst nicht an die Fülle heranreichte, aus der er als Melissas Mann geschöpft hatte. Sogar eine massive Häufung von Schlaganfällen unter dem alten Management von GLISS, die Hector in das Büro des Geschäftsführers katapultieren würde, könnte ihm nicht aus der Patsche helfen.

Die Karriereaussichten bei einer anderen Firma waren für einen Mann von zweiundfünfzig, auch wenn er ein noch so guter Planer war, noch ungünstiger. Und ackern und schuften wollte Hector sowieso nicht. Er hatte vorgehabt, seine Untergebenen in seinem derzeitigen Job noch ein paar Jährchen zu begönnern und sich dann beizeiten, würdevoll und gemächlich, auf sein Altenteil zurückzuziehen, umgeben von all den Annehmlichkeiten Melissas (ausgenommen Melissa selber).

Wie also kamen die Leute sonst noch zu Geld? Natürlich, es gab Diebstahl, Unterschlagung und so weiter, aber solche Praktiken hielt Hector für würdelos, riskant und ausgesprochen unmoralisch.

Nein, es lag auf der Hand, daß das Geld, das ihm seine Bürden erleichtern sollte, Melissas Geld war. Schon fühlte er sich als dessen rechtmäßiger Eigentümer.

Aber Janet war es.

Andererseits, wenn Janet stürbe, würde das treuhänderisch für sie verwaltete Geld unvermeidlich an ihren einzigen noch lebenden Angehörigen fallen, an ihren armen Stiefvater, der nun auch noch einen weiteren Todesfall zu beklagen hätte.

Folglich war das Produkt, für das eine Marktlücke bestand und das Hector Griffiths' Gewinnchancen unleugbar steigern würde, Janets Tod.

2. *Spezifische Beschreibung des Produkts*

Fünfzehnjährige Mädchen sterben selten spontan, so angebracht und gemeinnützig eine solche Tat auch sein mochte, es würde sich also nicht vermeiden lassen, Janet etwas auf die Sprünge zu helfen.

Es bedurfte keiner großen Schreibtischarbeit, um zu dem Schluß zu gelangen, daß sie zu ermorden sei. Und da er mit dem Delegieren der Verantwortung für den Stapellauf der grünen GLISS SCHEUER-PADS im europäischen Ausland keine glücklichen Erfahrungen gemacht hatte, erkannte Hector klar, daß er die Sache selber würde machen müssen.

3. Timing des Stapellaufs

Dies war der entscheidende Faktor. Wie viele Produkte, pflegte Hector rhetorisch seine strebsamen Seminarteilnehmern zu fragen, die von Firmenwagen und Patiotüren träumten, wie viele Produkte sind nicht schon wegen eines übereilten Zeitplans in der Versenkung verschwunden? Bevor der Termin für den Stapellauf festgelegt wird, sind also folgende drei Punkte zu klären:

A *Wie schnell können Produktion, Werbung und Vertrieb erreichen, daß das Produkt kommerziell lebensfähig ist?*

B *Wie lange wird es dauern, bis die Marktlage sich ändert? (NB, oder bis ein Konkurrenzunternehmen den Bedarf ebenfalls bemerkt und ihn mit seinem eigenen Produkt deckt?)*

C *Welche speziellen Faktoren des Produkts machen ein spezielles Timing notwendig? (Beispiel: Ein Reinigungsmittel für Tennisschuhe bringt man nicht im Winter auf den Markt.)*

An diesen Abschnitt wandte Hector eine ganze Menge Schreibtischarbeit. Die erste Frage konnte er erst beantworten, wenn er ernsthaft eine Mordmethode und deren Entwicklungsergebnis erforscht haben würde. Das konnte noch eine Weile dauern.

Doch selbst wenn er schon in den nächsten Tagen auf die perfekte Lösung kommen würde, gab es viele Argumente, die für einen Aufschub des Stapellaufs sprachen. Das stärkste war, daß Melissa erst vor kurzem gestorben war. Zwar war in keinem Augenblick während der polizeilichen Untersuchungen oder Ermittlungen auch nur der leiseste Verdacht auf ihn gefallen, aber zwei Unglücksfälle allzu schnell nacheinander konnten unnötigerweise ein besonders gewissenhaftes Verhör zur Folge haben. Außerdem war es ratsam, daß Hector sein Image als fürsorglicher Stiefvater noch eine Weile pflegte, um so jeden eventuell später aufkommenden Verdacht im Keim zu ersticken.

Die Antwort auf Frage A war also, daß der Stapellauf so lange wie möglich aufgeschoben werden sollte.

Aber die Dauer dieses Aufschubs wurde begrenzt durch die Antwort auf Frage B. Obwohl Hector bei einer so trauten Privatangelegenheit wie der Ermordung Janets nicht fürchtete – wie er es bei dem mörderischen Wettbewerb in der Reinigungsmittelindustrie getan hätte –, daß ein Konkurrent ihm zuvorkommen könnte, gab es immer noch den starken Druck der Marktlage. Das bißchen, das Melissa ihm in ihrem Testament zugesprochen hatte, würde seinen derzeitigen Lebensstil (bei einem mäßigen Abzug für die Inflation) noch etwa achtzehn Monate ermöglichen. Damit stand der letzte Termin für den Stapellauf fest (obwohl Vernunft ihm sagte, daß es weniger verdächtig aussehen würde, wenn er es nicht erst bis zum Bankrott kommen ließe).

Bei der Antwort auf Frage C (die er seinen Seminarteilnehmern gegenüber launig die »Tennisschuh-Frage« nannte) kam ein sehr spezieller Faktor ins Spiel. Da Janet ein Internat in Yorkshire besuchte, wo seine Anwesenheit unvermeidlich Fragen aufwerfen würde, mußte der Stapellauf irgendwann in den Schulferien stattfinden. Bei genauem Erwägen dieser und anderer Faktoren kam er für den Stapellauf zu einem Termin, der irgendwann im Sommer des kommenden Jahres lag, noch etwa fünfzehn Monate entfernt. Das schien eine lange Wartezeit zu sein, doch Hector wußte: UNGEDULD IST DIE MUTTER DES IRRTUMS.

4. Erforschung und Entwicklung des Produkts (A *Theoretisch)*

Eine ganze Reihe möglicher Mordmethoden konnte er am Schreibtisch eliminieren. Die meisten davon kamen nicht in Betracht, weil sie eine wichtige Voraussetzung nicht erfüllten: daß er in keiner Hinsicht selber mit hineingezogen werden durfte.

Vereinfacht hieß das entweder, daß a) Janets Tod aussehen sollte wie ein Unfall; daß b) ihr Stiefvater ein gußeisernes Alibi für die Zeit ihres Todes haben sollte; oder c) am besten beides.

Die Idee mit dem Unfall gefiel ihm. Selbst wenn er die Dinge so arrangierte, daß er von einer Morduntersuchung nichts zu fürchten haben würde, war es besser, den ganzen Vorgang zu vermeiden. Ideal wäre ein Unfall, der sich ereignete, wenn er außer Landes wäre.

Ein gerissener Instinkt riet ihm von jedem Plan ab, der etwas mit defekten Gasöfen zu tun hatte. Ein neues Produkt sollte stets ein echtes Original sein.

Hector erwog eine Reihe verschiedener ferngesteuerter Unfälle, die einem halbwüchsigen Mädchen zustoßen konnten, doch alle schienen sie mit defekten Maschinen oder Geräten zu tun zu haben, so daß unangenehme Vergleiche mit Gasöfen nahelagen. Er kam zu dem Schluß, daß er wohl eine persönliche Rolle bei dem Projekt zu übernehmen haben würde.

Doch wenn er zugegen zu sein hätte, brachte das einen unmittelbaren Nachteil für ihn mit sich. Jeder, der bei einem verdächtigen Todesfall anwesend ist, wird zum Verdächtigen. Was er brauchte, war zur gleichen Zeit sowohl anwesend als auch abwesend zu sein.

Aber das war unmöglich. Entweder er war da oder er war nicht da. Seine körperliche Präsenz war unveränderlich. Die Mordzeit war unveränderlich. Und beides mußte zusammenfallen.

Oder nicht?

In diesem Augenblick hatte Hector Griffiths einen glänzenden Einfall. Er hatte sie manchmal, diese Geistesblitze, mit unterschiedlicher Stärke, doch dieser war riesig, größer noch, glaubte er, als seine Idee mit dem grünen Abreißzipfel an den GLISS TISCHPLATTEN-REINIGUNGSKISSEN.

Er würde Janet ermorden und dann den Zeitpunkt ihrer Ermordung verändern.

Das würde eine Menge Erforschung erfordern, das Lesen vieler gerichtsmedizinischer Bücher, aber ebenso wie bei dem grünen Abreißzipfel wußte Hector auch jetzt wieder, daß er die richtige Lösung hatte.

4. Erforschung und Entwicklung des Produkts (B *Praktisch*)

Einer von Hectors Lieblingssätzen aus seinem Management-Seminar war: »Die wahre Schöpfungsgeschichte eines Produkts wird von den Forschungs- und Entwicklungsleuten in der Weißglut des Labors geschrieben.« Früher hatte er ihn immer mit einer gewissen Sehnsucht ausgesprochen, da ihm klar war, wie weit der Planer vom echten Schöpfungsvorgang entfernt ist, doch bei seinem neuen Produkt erlebte er die Erregung, selber zum Schöpfer zu werden.

Es gab sich einen Monat, den Monat, der noch blieb, bis Janet für die Ferien heimkäme, und bis dahin wollte er seine Mordmethode kennen. Für die Ausarbeitung von Details würde noch Zeit sein, aber es war wichtig, die groben Umrisse festzulegen.

Er machte viele Experimente, die ihm die Freude des Forschens schenkten, aber nicht die Befriedigung einer Lösung – bis er die richtige Methode dann fand.

Er fand sie in Cornwall. Janet war einverstanden gewesen, den August, wie auch früher, im Sommerhäuschen zu verbringen, und Anfang Juli fuhr Hector für ein Wochenende hinunter, um nachzusehen, ob die Hütte bewohnbar war und um das Motorboot zum ersten Mal im Jahr wieder zu Wasser zu bringen. Als Melissa noch gelebt hatte, war das Häuschen von Ostern an fast jedes Wochenende benutzt worden, und als er sein Boot vom Anlegersteg unterhalb seines Häuschens abstieß und den Tankgeruch atmete, beschloß Hector, die regelmäßigen Besuche wiederaufzunehmen.

Er war gern da unten. Er spielte gern mit dem Boot und genoß den Respekt, der ihm als Besitzer eines Sommerhäuschens entgegengebracht wurde. Commander Donleavy, mit dem er im Yacht-Club trank, blickte oft über die Bucht zu dem Häuschen hinauf, wo es, ein weißer Würfel, auf der Klippe hockte, abgelegen, aber gekonnt modernisiert, und sagte: »Verdammt schöner Besitz, das.«

Das Boot war ebenfalls ein verdammt schöner Besitz, und

Hector hatte nicht vor, auch nur einen von beiden aufzugeben. Unvermeidlich dachte er an Melissa, als er die Wellen pflügte; aber emotionslos, fast emotionslos jetzt. Typisch für sie, im Testament einen Fehler zu machen.

Noch lebhafter trat sie ihm vor Augen, als er an einer Stelle vorbeikam, wo sie einmal Liebe gemacht hatten. Als er noch auf Freiersfüßen gegangen war und gemerkt hatte, daß ihr launisches Wesen ein paar romantische Gesten brauchte, bevor sie einwilligen würde, ihn zu heiraten, hatte er angefangen, zum Liebemachen unwahrscheinliche Szenerien auszusuchen.

Die, an der das Boot jetzt vorbeituckerte, war von allen die unwahrscheinlichste. Es war eine versteckte Höhle, zugänglich nur bei sehr niedrigem Ebbestand. Er hatte sie zufällig gefunden, als er zum ersten Mal mit Melissa im Boot ausgefahren war. Seine Unerfahrenheit in der Navigation hatte sie gefährlich nahe an einige Felsen herangebracht, und als er sich hinauslehnte, um das Boot wegzudrücken, war er ins Wasser gefallen. Zu seiner Überraschung hatte er Sand unter den Füßen vorgefunden und unter einer Felswölbung einen dunklen Raum erspäht.

Melissa hatte das Steuerrad übernommen, und er war wieder an Bord geklettert, sich dessen bewußt, daß sein Image als romantischer Liebhaber, das er so gepflegt hatte, durch seine Unfähigkeit nun ernsthaft angekratzt war. Aber die Höhle, die er gesehen hatte, bot ihm eine Chance, das wieder wettzumachen.

Während er Melissa barsch befahl, das Boot zu ankern, hatte er sich ausgezogen und war wieder in das eisige Wasser gesprungen. (Es war Mai.) Dann schwamm er zu der Öffnung, die er gesehen hatte, und verschwand unter der niedrigen Felswölbung. Bald befand er sich auf einem Sandstrand in einer kleinen Höhle, die gespenstisch durch das draußen vom Wasser reflektierte Sonnenlicht beleuchtet wurde.

Er war wieder ans Tageslicht aufgetaucht und hatte Melissa

gebieterisch zu sich gerufen. Da sie es genoß, Befehle zu empfangen, hatte sie sich ausgezogen und war zu dem geschützten Ort geschwommen, wo er sie, auf dem Sand, mit rücksichtsloser, gespielter Brutalität genommen hatte. Bei der Schreibtischarbeit für sein Projekt, Melissa zu heiraten, hatte er, bei ihrem Geschmack für leidenschaftliche Romanzen, analysiert, daß der dominante, barbarische Liebhaber ein Ideal für sie war, und dementsprechend hatte er den Heathcliff in sich aufgebaut.

Und es hatte funktioniert. Es war in der Höhle gewesen, wo sie ihm ihr Jawort gegeben hatte. Sobald die Trauung vollzogen war, konnte er erleichtert das Image des heißblütigen Draufgängers ablegen. Schließlich war es in der Höhle auch sehr kalt gewesen.

Als sie, mittlerweile sicher verheiratet, das nächste Mal an der Höhlenöffnung vorbeikamen, hatte Melissa ihm einen schmachtenden Blick zugeworfen, aber Hector hatte ihn nicht bemerken wollen. Es war ohnehin nichts von der Öffnung zu sehen gewesen; sie zeigte sich nur bei dem niedrigsten Wasserstand der Springflut. Außerdem war es inzwischen Hochsommer, und es stank an der Stelle. Die Kommunalbehörde sprach unerschütterlich von verfaulendem Seetang, während die Anwohner etwas von einem Abwasserrohr munkelten. Was immer die Ursache sein mochte, ein widerlich durchdringender Gestank hatte der kleinen Bucht den Spitznamen »Stinky Cove« eingetragen und hielt Ausflügler fern, wenn die heiße Jahreszeit kam.

Als er sein Boot an der verborgenen Öffnung vorbeisteuerte und unwillkürlich die Nase rümpfte, fügten alle Elemente sich in Hectors Kopf zueinander, und sein Mordplan begann Gestalt anzunehmen.

4. Erforschung und Entwicklung des Produkts (C *Experimentell)*

Commander Donleavy war, was nautische Dinge betraf, eine unerschöpfliche Informationsquelle, und er liebte es, gefragt zu werden, besonders von jemandem, der ein so empfänglich unbeschriebenes Blatt war wie Hector Griffiths. Er hatte kein Problem damit, dem Greenhorn alles über den 28-Tage-Zyklus der Gezeiten zu erklären, ihn auf die Tidentabellen zu verweisen und ihm zu sagen, ja, daß es natürlich möglich sei, das Datum einer Springflut ein Jahr vorauszusagen. Nicht zum ersten Mal wunderte er sich, daß die Regierung nicht darauf bestand, daß jeder künftige Bootseigener sich durch mindestens zwei Jahre bei der Navy zu qualifizieren hatte.

Trotzdem, Griffiths war in Ordnung; jedenfalls großzügig mit den Pink-Gins; und hatte diese hübsche Hütte drüben an der Bucht. »Verdammt schöner Besitz, das«, sagte Commander Donleavy, als ihm ein weiterer Doppelter gereicht wurde.

Der Gezeitenzyklus verhinderte, daß Hector Griffiths zu einem jener »Forschungs- und Entwicklungsleute« in der »Weißglut des Labors« werden konnte, bevor seine Stieftochter sich für die Sommerferien in der Hütte einquartiert hatte. Janet, so fand er, war stiller als je. Der Tod ihrer Mutter schien ihr sehr nahe zu gehen. Obwohl sie nicht aufsässig oder widerborstig war, kam sie ihm teilnahmslos vor. Außer ein bißchen Skizzenzeichnen schien sie keine Interessen zu haben und zeigte auch keine Lust, irgendwo hinzugehen. Was noch besser war – sie schien weder Freunde noch Freundinnen zu haben. Sie schrieb Pflichtpostkarten an zwei alte Tanten von Melissa in Stockport, empfing aber keine Post und suchte keine neuen Kontakte. Was alles höchst zufriedenstellend war.

Sie äußerte sich also am Tage der Springflut in keiner Weise zu dem Vorhaben ihres Stiefvaters, mit dem Boot hinauszufahren, und Hector baute darauf, sie bei seiner Rückkehr noch immer lethargisch im Lehnstuhl ihrer Mutter liegend vorzufinden.

Er ankerte das Motorboot im seichten Wasser vor dem Höhleneingang, zog die Hose aus (unter der er eine Badehose trug), zog sich Gummischuhe an und glitt über die Bordwand. Das Wasser ging ihm bis knapp über die Knie, und von der Eingangswölbung war diesmal mehr zu sehen. Bei seinem vorigen Besuch konnte die Ebbe nicht auf ihrem niedrigsten Stand gewesen sein. Aber der Eingang blieb gut versteckt. Niemand, der nicht genau wußte, wo er war, würde ihn durch Zufall so leicht finden.

Er hatte eine Taschenlampe bei sich, machte sie aber aus, als er ins Innere der Höhle gelangte. Der Widerschein von den Wellen gab genug Licht.

Es war besser als in seiner Erinnerung. Die Höhle hatte etwa die Größe und auch etwas von der Atmosphäre einer kleinen Kirche. Da war ein hoher Haufen herabgefallener Felsbrocken und Steine am Altarende, was zusammen mit der Buntfensterstimmung durch das gefilterte Licht das Bild noch verstärkte.

Aber es war eine leere Kirche. Kein Unrat, keine Bierdosen, Kekspackungen oder Kondome, die angezeigt hätten, daß sonst noch jemand teilhatte an Hectors Entdeckung.

Durch den Sand schlängelte sich in der Mitte der Höhle ein kleiner Wasserlauf, eher ein Rinnsal, und in diesem stapfte Hector mit schweren Tritten hinauf, erfreut zusehend, wie hinter ihm seine Abdrücke volliefen und unsichtbar wurden.

Der Gesteinshaufen war höher, als er zuerst ausgesehen hatte. Es war schwierig hinaufzuklettern, da große Brocken unter seinem Gewicht wackelten und kleine Steine wegrutschten. Als er auf unsicheren Füßen oben stand und aus etwa fünf Meter Höhe hinabsah auf den spurenlosen Sand, überkam ihn jene Art Triumphgefühl, das die »Forschungs- und Entwicklungsleute« empfunden haben mußten, als sie die Formel für die originale GLISS REINIGUNGSFLÜSSIGKEIT gefunden hatten.

Aus seiner Tasche holte er eine Papiertüte und blies sie auf. Aufgeblasen hatte sie ungefähr die Größe eines Menschenkopfes. Er ließ sie hinabrollen, und als sie, leicht hobsend, am Fuß des Gesteinshaufens angekommen war, hob er einen großen Stein auf.

Er brauchte drei Würfe, bis er sich eingeworfen hatte, aber

der dritte Stein traf die Tüte voll. Das Ziel zerplatzte unter einem platschenden Schlag. Papierfetzen lagen verstreut auf dem feuchten Sand.

Hector Griffiths verließ die Höhle und fuhr zurück, um seiner Stieftochter etwas zu essen zu besorgen.

5. Verpackung (Wie soll das Produkt Ihrer Meinung nach aussehen? Wie soll das Produkt nach Meinung der Öffentlichkeit aussehen?)

»Das Äußere Ihres Produkts ist alles«, bekamen die fleißigen jungen Männer zu hören, die sich Sorgen machten um ihre ersten Hypotheken und zweiten Babys. »Die Verpackung kann für ein gutes Produkt der Tod sein, und sie kann ein schlechtes Produkt zu einem Renner machen. Sie kann ein Originalprodukt überholt aussehen und ein altes Produkt nagelneu erscheinen lassen.«

Sie konnte auch, so glaubte Hector Griffiths, der Polizei einen Mord für einen Unfall vormachen und eine alte Leiche für eine nicht ganz so alte.

Wie bei allem plante er reichlich im voraus. Das erste Bauteil für seine Mordmaschine wurde ihm großzügig von seinem Opfer in spe geschenkt. In ihrer Teilnahmslosigkeit hatte Janet auch nicht das Bedürfnis auszugehen, und so bat sie ihn, ihre Postkarten an Melissas Tanten in Stockport einzuwerfen. Sie wisse eigentlich gar nicht, warum sie ihnen schreibe, fügte sie wehmütig hinzu; sie würden sich ja wohl doch nie wieder sehen, wo Mami nun tot sei.

Hector nahm die Karten an sich, warf sie aber nicht ein. Er frankierte sie nicht einmal. Man wußte ja nie, wie die Postgebühren in einem Jahr steigen würden. Er legte sie in einer blauen Mappe ab.

Viel mehr konnte er in diesem Stadium nicht tun, und so brachte er den Rest seiner Zeit in Cornwall damit zu, daß er zu Janet nett war und mit Commander Donleavy im Yacht-Club trank.

Er hörte sich eine Menge Seemannsgarn aus den guten alten

Zeiten an und stimmte ein in das allgemeine Klagelied über den Lauf der Welt. Er sprach über die jüngere Generation. Er sagte, mit seiner Stieftochter sei er soweit ganz zufrieden, nur daß sie so still sei. Er versuchte ja, sie aufzumuntern, aber anscheinend wolle sie nichts weiter als im Haus herumhängen und Trübsal blasen oder lange einsame Spaziergänge machen. Ach ja, manchmal zeichne sie ein bißchen. War sie das nicht da oben, in einem blauen Kittel an der Hintertür des Hauses? Commander Donleavy blickte durch sein Fernglas und sagte, ja, das müsse sie wohl sein – aber zu weit weg, um sie klar zu erkennen.

Und wenn er des Abends im Yacht-Club war, kam es vor, daß er den Commander darauf aufmerksam machte, wie die Lichter im Sommerhaus ausgingen, wenn Janet zu Bett ging. Immer lege sie sich gegen halb elf schlafen – wenigstens über zu langes Aufbleiben könne er sich nicht beklagen. Sie sei schon ein merkwürdiges Kind.

Commander Donleavy lachte und sagte, die Wege der Weiber seien unberechenbar. Lieber Gott, schon im nächsten Jahr könne aus der kleinen Maus ein richtiger Backfisch geworden sein, bei dem zu jeder Tages- und Nachtstunde junge Verehrer aufkreuzen würden.

Hector sagte, das wolle er nicht hoffen (nicht so energisch, wie er es empfand), und lachte (nicht so belustigt, wie er tat). So verging der Urlaub.

Als er bei GLISS wieder an seinem Schreibtisch saß, fand er einen Brief vor, der ihm mitteilte, daß eine internationale Messe für Hausreinigungsmittel, die INTERSAN, in Hamburg stattfinden werde, und zwar nächstes Jahr, vom 9. bis zum 17. September. Das traf sich besser, als er zu hoffen gewagt hatte. Er rief seinen Assistenten herein, einen seiner ehemaligen Seminarteilnehmer, der das anspruchslose und wenig aufregende Ressort der GLISS FLECKENENTFERNER unter sich hatte und sich dauernd über zuwenig Verantwortung beklagte, und bat ihn, die Firma auf der Messe zu repräsentieren. Hector wußte, daß es noch lange war bis dahin, aber er meinte, es würde dem jungen Mann etwas geben, worauf er sich freuen konnte. Er merke langsam, daß er alt werde, fügte er vielversprechend hinzu, und er halte es durchaus für möglich, daß er demnächst noch andere Verantwortungsbereiche delegieren werde.

Am 14. September legte Hector Griffiths sich ein Exemplar des *Daily Telegraph* beiseite. Er legte es zu den Postkarten in der blauen Mappe.

Viel mehr konnte er vorerst nicht tun. Er ging seinen Plan noch einmal genau durch, suchte nach Schwachstellen, fand aber keine. Trotzdem hatte er das Gefühl, daß etwas fehlte, irgendein zwingender Beweis; was aber kein Grund war zur Panik; was fehlte, würde sich schon noch einstellen; bloß eine Frage geduldiger Schreibtischarbeit. Während er also den größten Teil seiner Energie dem bevorstehenden Stapellauf von GLISS HANDMÖPCHEN (IDEAL FÜR KÜCHE, KINDERZIMMER ODER HANDTASCHE) widmete, hielt er eine Kammer seines Gehirns empfangsbereit für eine weitere Inspiration.

So vergingen die Monate. Er und Janet hatten die Weihnachtstage geruhsam in London verbracht. Zu seiner Erleichterung schien sie Commander Donleavys Prognosen nicht zu erfüllen. Sie war eher noch stiller geworden. Die einzige Veränderung war, daß sie sagte, sie hasse die Schule, bringe es dort zu nichts und würde am liebsten abgehen. Ihr nachgiebiger Stiefvater unterdrückte seine Freude darüber, bedachte die Sache ernsthaft und kam schließlich mit ihr überein, daß sie am Ende des Sommerhalbjahres abgehen sollte. Für den August sollte sie dann zu ihm ins Sommerhaus kommen, wo sie über ihre Zukunft beraten würden.

6. Öffentlichkeitsarbeit (sicherstellen, daß jeder genau dann etwas von Ihrem Produkt weiß, wann Sie es wollen).

Dies war der einzige von Hector Griffiths' Merksätzen, der sich auf den ersten Blick vielleicht nicht so ohne weiteres auf einen Mordfall anwenden ließ.

Doch Öffentlichkeitsarbeit besteht nicht nur darin, daß man etwas öffentlich bekanntmacht. Sie besteht auch darin, daß man etwas bis zum richtigen Zeitpunkt geheimhält, und in dieser Kunst hatte Hector bei GLISS eine ganze Menge Erfahrungen gesammelt. Wenn ihnen auch der Reiz militärischer Geheimnisse abging, so hatten die Geheimnisse der Reinigungsmittelindustrie dennoch ihren Wert und waren nicht selten Gegenstand von Spionage gewesen. Hector hatte also gelernt, seine Pläne für sich zu behalten.

Und es würde sowieso der Augenblick kommen, wo Öffentlichkeitsarbeit der konventionellen Art notwendig sein würde, ja sogar wesentlich. Wenn nämlich die Polizei Janets Leiche nie finden würde, wäre der Plan unvollständig. Nicht nur könnte es Schwierigkeiten geben beim Überschreiben ihres Geldes an ihren Stiefvater, es konnte auch sein, daß das Stigma des Verdachts an ihm haftenbliebe. Wichtig, wie beim Stapellauf eines Produkts, war der Zeitpunkt der öffentlichen Enthüllung; und den, wie bei jedem Produkt, würde Hector persönlich bestimmen.

Es war übrigens das Nachdenken über Öffentlichkeitsarbeit, das ihm den Baustein lieferte, der ihm für seine Kampagne gefehlt hatte. Ein paar Monate vor dem Stapellauf von GLISS HANDMÖPCHEN (IDEAL FÜR KÜCHE, KINDERZIMMER ODER HANDTASCHE) hatte Hector seine Werbeagentur aufsuchen müssen, um der Publicity-Kampagne für das neue Produkt sein Placet zu geben. Er genoß diese Meetings, weil er wußte, daß er, als Product Manager, völlig die Oberhand hatte, und es war ihm eine Wonne zu sehen, wie der von ihm beauftragte Werbefachmann sich vor ihm wand, während er, Hector, bedächtig den Kopf wiegte.

Eine besondere Tücke, die ihm große Befriedigung verschaffte, bestand darin, einfach mit seinem Urteil hinterm Berg zu halten. Er sah sich die Grafiken an, den Fernsehspot oder ließ sich die Kampagne in groben Zügen darstellen, und dann, nachdem er sich einige Minuten in Schweigen gehüllt hatte, fing er an, von etwas ganz anderem zu reden. Der ihm ausgelieferte Werbemann, der nichts so sehr fürchtete, wie den sehr lukrativen GLISS-Auftrag zu verlieren, hatte dem Product Manager schwitzend durch alle Engpässe der Konversation zu folgen, bis Hector endlich nachgab und sagte, was er dachte.

Als er sich also den TV-Spot für die GLISS HANDMÖPCHEN (IDEAL FÜR KÜCHE, KINDERZIMMER ODER HANDTASCHE) angesehen hatte, begann Hector sein Spiel und fragte, woran die Agentur zur Zeit sonst noch arbeite.

Der junge Mann, dessen Stirn mittlerweile von feinen Schweißperlen übersät war, antwortete beflissen. Seine nächste Arbeit sei ein Auftrag von einem der größten Süßigkeitenhersteller des Landes, der Stapellauf einer neuen Nuß- und Nougat-Schleckerei – des NOUGATRIEGELS. Es werde eine riesige, landesweite Kampagne sein, Zeitungen, Kino, Fernsehen, Radio usw. Das Produkt sei bereits im Tyne-Tees-Gebiet getestet worden. Wolle Mr. Griffiths nicht einen probieren? Hübsch verpackt in dem Glanzpapier in Blau und Gold, nicht? Nehmen Sie nur, probieren Sie – wir haben genug –, das ganze Büro ist voll davon.

Nun, was halte Mr. Griffiths davon? Ganz schön scheußlich? Hm. Na, macht nichts. Aber ja doch, nehmen Sie noch einen. Einerlei, was Mr. Griffiths davon halte, er werde Mühe haben, dem Zeug aus dem Wege zu gehen. Nach dem Stapellauf am 10. September werde er es in jedem Geschäft im Lande ausliegen sehen.

Hector Griffiths glühte innerlich. Ja, natürlich gab es Können; und es gab Planung. Aber es gab auch Glück. Glück, wie die Tatsache, daß die alte GLISS BOHNERWACHS-Büchse sich so problemlos in die metrischen Normen eingefügt hatte. Glück, wie plötzlich auf diesen NOUGATRIEGEL zu stoßen. Es war eine Anziehungskraft für Glück, die einen großen Product Manager von einem guten Product Manager unterschied.

Den NOUGATRIEGEL hatte er sicher in der Tasche. Sein Gehirn raste weiter, als er dem Angestellten ruhig sagte, er finde den Werbespot für die GLISS HANDMÖPCHEN (IDEAL FÜR KÜCHE, KINDERZIMMER ODER HANDTASCHE) zu flippig, er müsse neu gemacht werden, müsse mehr Respekt vor dem Produkt zum Ausdruck bringen.

7. Warmlaufen lassen und durchchecken vor dem Stapellauf (Details beachten. Checken, checken und nochmals checken!)

Hector Griffiths checkte, checkte und checkte nochmals. Im Juni fuhr er zu einem ihm unbekannten Bootshändler in North London und kaufte, gegen Barzahlung, ein aufblasbares Beiboot mit einem Außenbordmotor.

Am Wochenende darauf fuhr er nach Cornwall und kaufte, nachdem er sich bei Commander Donleavy ausgiebig Rat geholt hatte, ein identisches Beiboot mit Außenbordmotor bei der Bootswerft, die sein Motorboot wartete.

Drei Tage später kaufte er ein paar elektrische Zeitschalter in einer anonymen Woolworth-Filiale.

Dann, verstohlen, kaufte er in einem Sexshop in Soho eine aufblasbare Frau.

In einer anderen anonymen Woolworth-Filiale kaufte er ein Paar Gummihandschuhe.

Inzwischen liefen die GLISS HANDMÖPCHEN (IDEAL FÜR KÜCHE, KINDERZIMMER ODER HANDTASCHE) erfolgreich vom Stapel. Hectors Assistent hatte im Hinblick auf seine aufregende Reise zur INTERSAN nach Hamburg seinen Urlaub im Juli genommen. Eine seiner letzten Handlungen, bevor er wegfuhr, bestand darin, den Auftrag für die weitere Produktion des GLISS FLECKENENTFERNERS vorzubereiten. Dies war die formale Anweisung an die Produktionsabteilung, ausreichende Vorräte für die Novemberbestellung sicherzustellen. Es war eine von diesen langweiligen Papierarbeiten, die von dem jeweiligen Product Manager vorbereitet und dem Chef-Product-Manager von GLISS zur Unterschrift zugeleitet werden mußten.

Hectors Assistent tat dies als letztes am Tage seiner Abreise, legte das Schriftstück in den Ausgangskasten und fuhr in einen zweiwöchigen Urlaub nach Hunstanton, beflügelt durch die

Tatsache, daß Griffiths gesagt hatte, er werde in diesem Sommer einen längeren Urlaub nehmen, den ganzen August und die zwei ersten Septemberwochen. Ein weiteres Anzeichen dafür, daß der alte Herr es sich ein bißchen bequemer machen und anderen eine Chance geben würde.

Hectors Assistent sah also nicht, daß besagter alter Herr die GLISS FLECKENENTFERNER-Produktionsanweisung aus seiner Ablage nahm. Und er sah auch nicht, wie sie in einem Aschenbecher in der Wohnung in der Sloane Street verbrannte.

Janet verließ ihr Internat in Yorkshire so still, wie sie alles andere in ihrem Leben getan hatte, und kehrte heim zu ihrem Stiefvater in London. Anfang August fuhren sie nach Cornwall.

Sie blieb so in sich gekehrt wie immer. Ihr Stiefvater ermutigte sie, ihr Skizzenzeichnen wiederaufzunehmen oder gelegentlich mit ihm im Motorboot oder in seinem neuen Schlauchboot hinauszufahren. Im Yacht-Club äußerte er sich gegenüber Commander Donlaevy mit einiger Besorgnis über ihre Teilnahmslosigkeit. Er zeigte sie ihm, wie sie zeichnend vor der Hütte saß, und durch sein Fernglas konnte der Commander ihre Gestalt fast erkennen. Ein- oder zweimal äußerte er dem Commander gegenüber seine Genugtuung darüber, daß sie so früh die Lichter ausmachte.

Am 16. August fuhr Hector Griffiths allein zum Fischen hinaus, wobei eine Nylonleine, die er einholte, ihm in beide Hände schnitt, als sie Spannung aufnahm.

An diesem Abend wollte er mit seiner Stieftochter ihren künftigen Werdegang besprechen, kam damit aber nicht recht voran. Habe sie nicht mit Freundinnen darüber gesprochen? Mit Lehrern an der Schule? Gebe es irgendwen, den er anrufen und mit dem er darüber sprechen könne?

Nach langem Bohren nannte sie ihm den Namen ihrer Französischlehrerin, des einzigen Menschen, zu dem sie in der Schule wenigstens eine distanzierte Beziehung gehabt zu haben schien. Habe sie deren Telefonnummer? fragte Hector. Ja. Würde sie ihm die aufschreiben? Hier, auf das Stück Papier?

Widerstrebend tat sie es. Sie bemerkte nicht, daß das Stück Papier ein Zeitungsfetzen vom *Daily Telegraph* war; oder daß nur das Bruchstück eines Datums darauf stand – »14. September 19..«.

Ihr Stiefvater gab seine schweißtreibenden Versuche, sie aufzuheitern, nicht auf. Hier, schau mal, was ich geschenkt bekam. Eine neue Art Schokoladenriegel, Nuß mit Nougat, der NOUGATRIEGEL. Ist noch gar nicht auf dem Markt. Na, probier doch, beiß mal ab. Sie wollte nicht, biß dann aber doch, nur ihm zuliebe, einmal ab.

Sie fand es »ganz schön scheußlich«.

8. Der Stapellauf

Die Springtide sollte 1981 ihren niedrigsten Stand am 17. August erreichen, doch das erwähnte Hector Griffiths nicht, als er an jenem Abend um halb sieben seine Stieftochter dazu überredete, mit ihm einen Ausflug im Motorboot zu machen. Janet war nicht erpicht darauf, doch als das Boot mit dem Schlauchboot im Schlepp erst einmal in Richtung »Stinky Cove« dahintuckerte, hatte sie auch nichts mehr dagegen. Ihres Stiefvaters Hände am Steuerrad steckten in Gummihandschuhen, um zu verhindern, daß Schmutz in die Wunden käme, die er sich am Vortag an der Angelleine geholt hatte.

Janet schien psychologisch unfähig zu sein, sich für irgend etwas zu begeistern, aber Hector wurde sehr aufgeregt, als er in den Felsen eine Öffnung zu sehen meinte. Er steuerte das Boot näher heran, und wirklich, da war ein bogenförmiger Eingang. Der Gestank in der Nähe der Felsen war so stark, daß jeder, wenn er nicht gerade ein sehr eifriger Höhlenforscher war, ferngeblieben wäre – es waren tatsächlich auch keine anderen Boote in Sicht –, doch Hector schien trotzdem versessen darauf, die Öffnung zu erkunden. Er ankerte das Motorboot und drängte Janet, in das Schlauchboot umzusteigen. Sie machten die Leine los und knatterten auf die Felsen zu.

Während er seine Stieftochter anwies, sich zu ducken, richtete Hector das Boot aus, schaltete den Motor ab, und Wellen schwemmten das Beiboot hindurch und auf den Sand einer versteckten Höhle.

Mit allen Äußerungen des Staunens trat Hector hinaus in ein seichtes Rinnsal und winkte Janet, ihm zu folgen. Sie tat das mit ihrer üblichen Lethargie. Ihr Stiefvater zog das Beiboot ein Stück den Sand hinauf. Krähend wie ein Kind vor Aufregung über die Entdeckung, die sie gemacht hatten, schlug er vor, auf Erkundung zu gehen. Vielleicht führte diese kleine Höhle zu einer größeren. War das da oben hinter dem Steinhaufen nicht eine Öffnung? Er ging darauf zu. Ohne Interesse, aber bis zum letzten kooperativ, folgte ihm Janet.

Oben auf dem gefährlichen Haufen schien Hector Griffiths das Gleichgewicht zu verlieren und stürzte schwer gegen seine Stieftochter. Sie fiel seitwärts hinab auf den lockeren Sand des Höhlenbodens. Glücklicherweise landete sie mit dem Gesicht nach unten, sie sah also nicht, wie geübt mit dem Steinbrocken gezielt wurde, der auf ihren Kopf zugeflogen kam.

Der platschende Schlag war dem Geräusch sehr ähnlich, das ein früheres Wurfgeschoß auf einer Papiertüte gemacht hatte, nur lauter. Die Erschütterung genügte, um einen Hagel kleinerer Steine aus der Decke der Höhle zu lösen, was auf sehr erwünschte Weise den Gedanken nahelegte, daß Janet durch einen Steinschlag ums Leben gekommen war.

Auch daß sie ein Stück entfernt von dem Rinnsal hingestürzt war, erfüllte Hector mit Befriedigung. Wenn ihre Leiche entdeckt werden würde, wollte er nicht, daß ihre Kleidung durchnäßt wäre. Es mußte klar sein, daß sie mit dem Beiboot in die Höhle gekommen war, mit anderen Worten, beim niedrigsten Wasserstand der Springtide.

Hector stieg vorsichtig von dem Gesteinshaufen herab. Mit den Füßen im Wasserlauf, inspizierte er Janet. Ein bißchen Blut und Gehirnmasse aus ihrem zerquetschten Schädel markierte den Sand. Sie war zweifellos tot.

Mit behandschuhten Händen schob er den Papierfetzen vom *Daily Telegraph* mit der Telefonnummer ihrer Französischlehrerin und den geöffneten NOUGATRIEGEL in seiner blaugoldenen Verpackung Janet in die Tasche.

Dann ging er in dem Rinnsal zu der Höhlenöffnung, die durch das steigende Wasser bereits kleiner geworden war, watete ins Meer und schwamm zurück zum Motorboot.

An Bord entfernte er eine Persenning von seinem zweiten Gummiboot, befestigte dessen Vorleine am Heck des größeren Bootes und warf es achtern über Bord. Dann tuckerte er zurück zu seiner Anlegestelle unterhalb der Hütte, indes die Flut weiter stieg.

9. Der wichtige erste Monat (Ihr Produkt ist Ihr Baby – verhätscheln Sie es.)

Hector Griffiths hatte noch fast einen Monat seines sechswöchigen Urlaubs in Cornwall vor sich, und er verbrachte ihn sehr ruhig und friedlich. Einen großen Teil davon war er im Yacht-Club und trank mit Commander Donleavy.

Dort klagte er dann vor dem Commander und jedem andern auch, der zufällig anwesend war, über die Schweigsamkeit seiner Stieftochter und fragte um Rat, welche Berufslaufbahn er ihr empfehlen solle. Hin und wieder, beim Lunch, zeigte er auch auf die Gestalt, die zeichnend in einem blauen Kittel vor der Hintertür der Hütte saß. Abends, wenn er sah, daß in der Hütte die Lichter ausgingen, gab er wohl auch seinen Kommentar ab zu ihren frühen Schlafenszeiten.

Vormittags, bevor er ausging, prüfte er die Zeitschaltuhr und entschied, ob er die aufblasbare Frau benutzen solle oder nicht. Er wollte das Zeichnen nicht allzu voraussagbar werden lassen, und so variierte er den Standort der Gummipuppe in ihrem blauen Kittel, und oft ließ er sie einfach im Hause. Ein- oder zweimal, in der Abenddämmerung, fuhr er mit ihr im Schlauchboot am Hafen vorbei und winkte den Fischern auf der Kaimauer.

Ende August warf er Janets Karten an Melissas Tanten in

Stockport in den Kasten. Die Mitteilungen darauf hatten die zeitlose Banalität aller Urlaubspostkarten.

In der ersten Septemberwoche setzte er seine Bootsrundfahrten fort und erwartete den Eklat bei GLISS.

Weil die Hütte keinen Telefonanschluß hatte, erreichte ihn die Nachricht von dem Eklat am 5. September in Form eines Telegramms. (In Erwartung des Telegramms hatte Hector die zeichnende Gummipuppe seit einigen Tagen außer Sicht gelassen.)

Das Telegramm kam von seinem Assistenten, der ihm mitteilte, es sei zu einer Krise gekommen, er solle umgehend anrufen.

Er rief vom Yacht-Club aus an. Sein Assistent stritt jede Schuld trotzig ab. Irgend etwas sei falsch gelaufen mit dem Auftrag für die Produktion des GLISS FLECKENENTFERNERS. Die Fabrik hatte ihn nicht erhalten, und nun fehlte der Vorrat für die Novemberbestellungen. Hector Griffiths fluchte – ein seltenes Vorkommnis – und verpaßte seinem Assistenten eine deftige Zigarre. Der junge Mann protestierte, er sei sicher, den Auftrag ausgeschrieben zu haben, stieß aber auf taube Ohren. Lieber Gott, könne man ihm denn nicht die einfachste Verantwortung zumuten? Na, es sei nun nicht mehr zu ändern, er würde die wichtigsten Abnehmer aufsuchen und sich entschuldigen müssen. Nein, brieflich oder telefonisch ginge das nicht. Das Image der Zuverlässigkeit von GLISS stehe auf dem Spiel, und den Bockmist habe er persönlich zu erklären.

Aber, wimmerte der junge Mann, was werde dann aus seiner bevorstehenden Reise nach Hamburg zur INTERSAN?

Oh, nein! Das hatte Hector ja ganz vergessen. Na, es komme überhaupt nicht in Frage, daß sein Assistent jetzt da hinfahre, es sei viel zuviel auszubügeln. Verdammt, er werde selber hinfahren müssen, GLISS müsse repräsentiert werden. Es passe ihm zwar überhaupt nicht in den Kram, aber was solle er machen.

Nach einigen weiteren demoralisierenden Schmähungen legte Hector auf und setzte sich wutschnaubend zu Commander Donleavy an die Bar. Sei das nicht mal wieder typisch? fragte er rhetorisch, auf keinen sei mehr Verlaß heutzutage – jetzt müsse er seinen Urlaub abbrechen, bloß wegen der Unfähigkeit seines dämlichen Assistenten. Junge Leute hätten nicht das geringste Verantwortungsgefühl.

Commander Donleavy pflichtete ihm bei. Man solle den National Service wieder einführen.

Hector führte noch ein paar Telefonate mit Leuten vom GLISS-Management und setzte sie davon in Kenntnis, daß nun plötzlich er selber nach Hamburg fahren müsse. Er erweckte den Eindruck, nicht sonderlich erbaut über die Änderung des Planes zu sein.

An seinem letzten Tag in Cornwall, dem 6. September, ließ er aus dem Beiboot und aus der Gummifrau die Luft raus. Im Motorboot fuhr er weit hinaus aufs Meer, beschwerte beides mit dem Außenbordmotor und ein paar Steinen und warf den Packen über Bord. Die elektrischen Zeitschalter und die Gummihandschuhe flogen hinterher.

Am Abend jenes Tages verabschiedete er sich im Yacht-Club von Commander Donleavy. Er vertraute ihm an, daß er sich ein bißchen Sorgen mache um Janet. Während sie früher bloß teilnahmslos gewesen sei, scheine sie jetzt tief depressiv zu sein. Er lasse sie nur ungern allein in der Hütte zurück. Sie spreche zwar davon, nach London hochzukommen, aber er bezweifele, ob er dort weniger Sorgen mit ihr haben würde. Dann habe er ja auch noch diese blöde Geschäftsreise vor sich – und es sei ihm einfach nicht möglich, ihr irgendeinen Entschluß abzuringen ...

Commander Donleavy meinte dazu, bei dem Weibsvolk wisse man nie, wo man dran sei.

Als er am 7. September mit dem Mercedes nach London fuhr, ließ er Revue passieren, was er bei seiner Rückkehr aus Hamburg zu tun haben würde. Wegen der GLISS FLECKEN-

ENTFERNER-Lieferkrise war es durchaus zu rechtfertigen, seine Rückkehr nach Cornwall ein bis zwei Wochen aufzuschieben. Und da die Hütte keinen Telefonanschluß hatte und Janet ihn nicht kontaktiert hatte, würde er ihr zu schreiben haben; liebe, väterliche, besorgte Briefe.

Erst nachdem er auf zwei von diesen keine Antwort erhalten hatte, würde er anfangen, sich ernsthaft Sorgen zu machen, und nach Cornwall fahren. Das brächte ihn zeitlich hinter das nächste Niedrigwasser, wenn die Höhle zugänglich war.

Wenn er bei seiner Ankunft seine Briefe ungeöffnet auf dem Läufer vorfände (zuerst würde er die Hütte nach einem Exemplar des *Daily Telegraph* vom 14. September durchsuchen und es, sofern er eines fände, vernichten), würde er sofort wieder nach London zurückfahren, da er annehmen müßte, seine Stieftochter dort irgendwie verpaßt zu haben. Er würde ihre Französischlehrerin anrufen und Melissas Tanten in Stockport anrufen, und erst wenn sich diese Versuche als Fehlanzeigen erwiesen hätten, würde er die Polizei anrufen.

Der Polizei gegenüber würde er erwähnen, daß Janet davon gesprochen habe, nach London hochkommen zu wollen. Auch ihren depressiven Gemütszustand würde er erwähnen. Und so lange wie möglich würde er es hinauszögern zu erwähnen, daß er sein Schlauchboot vermisse.

Dann, nicht vor Ablauf von mindestens vier Monaten nach ihrer Ermordung am 17. August – gerichtsmedizinischen Büchern hatte er entnommen, daß der Zeitpunkt des Todes dann nur noch mit annähernder Genauigkeit zu bestimmen wäre –, würde er sich daran erinnern, daß sie ihm einmal erzählt hatte, bei Niedrigwasser eine versteckte Höhle in der »Stinky Cove« gefunden zu haben.

Daraufhin würde die Leiche entdeckt werden.

Wegen deren schon eingetretener Verwesung würde die Polizei das Todesdatum aus anderen Indizien schließen müssen. Das Vorhandensein des Beibootes und die Trockenheit ihrer Kleidung würden darauf hinweisen, daß sie bei einer Springtide in die Höhle gekommen war, was die Zeitspanne sofort einschränkte.

Einheimische würden das Beiboot, wenn nicht das Mädchen, bis kurz vor Hectors Abreise am 7. September hin und wieder gesehen haben. Aber andere Hinweise würden in der Tasche des Mädchens gefunden werden. Erstens ein NOUGATRIEGEL, eine neue Süßigkeit aus Nuß und Nougat, die nicht vor dem 10. September in den Geschäften erhältlich war. Und zweitens eine Telefonnummer, die auf einen Fetzen Zeitungspapier mit dem Datum vom 14. September geschrieben war. Da dies das Datum einer Springtide war, würde die Polizei nicht zögern, den Tod der Janet Wintle auf den 14. September zu legen.

Zu welchem Zeitpunkt ihr Stiefvater unerwarteterweise, durch eine Kombination von Umständen, die er nicht hatte vorhersehen können, in Hamburg war, auf der INTERSAN, einer internationalen Messe für Hausreinigungsmittel.

Hector Griffiths würde sich also damit abfinden müssen, innerhalb von zwei Jahren den zweiten tödlichen Unglücksfall in seiner nächsten Familie zu beklagen.

Und die Tatsache, daß er das nicht unbeträchtliche Vermögen seiner Stieftochter erbte, würde dem trauernden Hinterbliebenen nur ein schwacher Trost sein.

10. Ist Ihr Produkt ein Erfolg? (Sind Sie sicher, nichts vergessen zu haben?)

Am Tag vor seiner Abreise nach Hamburg durchfuhr Hector Griffiths ein plötzlicher Schreck. Angenommen, eine von Melissas Tanten in Stockport war inzwischen gestorben? Sie waren beide schon recht betagt, und wenn das geschehen war, so würde Janet davon gewußt haben. Sie hätte kaum jemandem eine Postkarte geschickt, der tot war.

Er prüfte das nach, indem er die Tanten unter dem Vorwand anrief, er brauche ihre sämtlichen Vornamen für ein Formular, das er auszufüllen habe. Beide waren gesund und munter. Und beide hatten sich sehr über Janets Postkarten gefreut. Da sie im Vorjahr nicht geschrieben habe, hätten sie schon befürchtet, in Vergessenheit geraten zu sein. Es sei also erfreulich gewesen, die zwei Postkarten zu bekommen.

Zwei Postkarten? Was, sie hätten jede zwei bekommen?

Nein, nein, das wäre etwas sonderbar gewesen. Jede habe eine bekommen, zwei insgesamt.

Hector atmete auf. Da er wußte, wie ungern Janet ausging, hatte er es für unwahrscheinlich gehalten, daß sie noch weitere Postkarten abgeschickt hatte, aber es war gut, sicherzugehen.

Es war also alles bestens geregelt. Er konnte reinen Gewissens ins Ausland fahren.

Er konnte es sich aber nicht verkneifen, noch einmal bei GLISS anzurufen, um seinem Assistenten Dampf zu machen und zu fragen, ob es noch etwas Dringendes gäbe, bevor er abreise.

Es sei eine Nachricht da, er solle die Werbeagentur anrufen wegen der zweiten Ausstrahlungsserie des TV-Spots für die GLISS HANDMÖPCHEN (IDEAL FÜR KÜCHE, KINDERZIMMER ODER HANDTASCHE). Er wählte durch und hatte wie üblich sein Vergnügen daran, den Werbemann herablassend zu behandeln. Bevor er auflegte, fragte er noch: »Alles klar für den großen Stapellauf?«

»Welchen großen Stapellauf?«

»Am Zehnten. Der NOUGATRIEGEL.«

»Oh, Gott. Hören Sie bloß auf mit den NOUGATRIEGELN. Die stehn mir bis hier. Dieser verdammte Produkt Manager hat kalte Füße gekriegt.«

»Kalte Füße?«

»Ja. Der ist neu im Geschäft und hat Angst, das Produkt verkauft sich nicht.«

»Was?«

»Ja. Die haben die Ergebnisse aus dem Tyne-Tees-Gebiet gekriegt, wo sie's getestet haben. Offenbar finden es siebenundvierzig Prozent der Befragten ›ganz schön scheußlich‹.«

»Und was wird nun?«

»Der blöde Product Manager will den Stapellauf verschieben.«

»Den Stapellauf verschieben?«

»Ja, verschieben oder die ganze Sache fallenlassen. Der weiß nicht, was er will.«

»Aber in dem Stadium kommt er doch nicht mehr raus. Die Fernsehzeiten sind unter Vertrag und die Zeitungsannoncen und ...«

»Doch, größtenteils kommt er raus, wenn's ihm nichts ausmacht, die Konventionalstrafen zu zahlen. Bei den Zeitschriften wird er's ein bißchen schwerer haben, weil die so weit im voraus in Druck gehn, aber alles übrige kann er stoppen. Und er scheint entschieden zu haben, das Produkt zu stoppen – falls er überhaupt fähig ist, eine Entscheidung zu treffen. Er rief heute vormittag an: Alles anhalten – der NOUGATRIEGEL läuft nicht am Zehnten vom Stapel!«

Noch nie war der Mercedes schneller die Straße nach Cornwall hinuntergebraust. Trotz Klimaanlage war der Fahrer schweißnaß.

Auch das Motorboot lief auf vollen Touren, bis es zur »Stinky Cove« kam. Fieberhaft ließ Hector Griffiths das Ankerkabel auslaufen, und Jacke und Hose abstreifend sprang er ins Wasser.

Der Wasserstand war niedrig, aber nicht so niedrig, als daß er die Öffnung freigegeben hätte. Bis zur Springflut war es noch über eine Woche. Er mußte mehrmals tauchen, um den Eingang auszumachen, und erst beim dritten Mal konnte er sich unter dem Felsbogen hindurchzwängen. Hochgedrückt von den Wellen, kratzte er sich den Rücken auf. Er krabbelte auf den feuchten Sand.

Im Inneren schien alles dunkel zu sein. Er verfluchte seine Dummheit, keine Taschenlampe mitgenommen zu haben. Doch als er keuchend auf dem Sand lag, begann er die Umrisse des kirchenartigen Innenraums zu unterscheiden. Aus der unter Wasser liegenden Bogenöffnung kam gerade noch genug Dämmerlicht für seine Mission. Unter Schmerzen rappelte er sich auf.

Dabei nahm er noch etwas anderes wahr. Ein neuer Gestank überdeckte den alten, der der Bucht ihren Namen gab. Würgend ging er auf dessen Quelle zu.

Da er nicht wagte hinzuschauen, tastete er ihre Kleidung ab. Es schien eine Ewigkeit zu dauern, bis er ihre Taschen gefunden hatte, doch endlich hielt er den NOUGATRIEGEL in der Hand.

Erleichterung durchströmte seinen Körper, und er schwankte vor Schwäche. Es würde schon gutgehn. Zurück durch den Eingang, ins Boot, zurück nach London, morgen in Hamburg. Selbst wenn Einheimische ihn gesehen hatten, würde das nichts ändern. Der Fetzen vom *Daily Telegraph* und der trockene Zustand von Janets Kleidung würden den Zeitpunkt ihres Todes noch immer vorverlegen. Es würde schon gutgehn.

Er watete zurück in die kalten Wellen. Sie klatschten jetzt schon höher den Sand hinauf, die Flut kam. Er ging so weit wie möglich hinaus und lehnte sich an den Felsbogen. Ein tiefer Atemzug, und er tauchte unter.

Zuerst war alles, was er sah, ein Sprühnebel von Gischt, dann, vor sich, ein Schimmer trüben Tageslichtes, dann fühlte er einen reißenden Schmerz am Rücken, und als ihm die Luft ausging, erlosch der Schimmer Tageslicht.

Die Wellen hatten ihn in die Höhle zurückgedrängt.

Er versuchte es wieder und wieder, aber jedesmal war es schwieriger. Jedesmal waren die Wellen stärker, und er war schwächer. Er würde es nicht schaffen. Erschöpft legte er sich auf den Sand.

Er versuchte, leidenschaftslos zu denken, den kühlen Verstand des Planers zurückzugewinnen, sich vorzustellen, er setzte sich an die Schreibtischarbeit, um ein Reinigungsmittelproblem zu lösen.

Aber das Krachen der Wellen lenkte ihn ab. Das abnehmende Licht lenkte ihn ab. und vor allem der Ekelgeruch verwesenden Fleisches lenkte ihn ab.

Er brachte seinen Verstand so weit unter Kontrolle, daß er ausrechnete, wann das nächste Niedrigwasser sein würde. Sein bester Plan war, seine Kräfte bis dahin zu schonen. Wenn er dann zurückkommen könnte, bestand immer noch eine gute Chance, den Flug nach Hamburg zu schaffen und auf der INTERSAN zu erscheinen, als ob nichts geschehen wäre.

Das war tatsächlich sein einzig möglicher Kurs.

Es sei denn ... Er erinnerte sich an das, was er Janet vorgelogen hatte, Lass' uns den Steinhaufen da hochklettern und sehn, ob da oben eine Öffnung ist. Die könnte in eine weitere Höhle führen. Vielleicht gab es noch einen anderen Ausgang.

Es war einen Versuch wert.

Er steckte den NOUGATRIEGEL in die Hosentasche und kletterte behutsam die lockeren Gesteinsbrocken hinauf. Es gab jetzt sehr wenig Licht. Er tastete sich voran.

Oben angelangt, überkam ihn eine Woge der Hoffnung. Vor ihm war keine massive Felswand, nur noch mehr lose Steine. Vielleicht blockierten die einen anderen Eingang ... Einen Gang? Etwa gar einen alten Schmugglertunnel?

Er arbeitete an den Steinen, riß sich die Finger auf. Die kleinen bröckelten herab, aber die größeren waren schwieriger loszukriegen. Er zerrte an ihnen und mühte sich ab.

Plötzlich verrutschte ein gewaltiger Brocken. Hector sprang zurück, als er ein unheilvolles Rumpeln hörte. Steine polterten, klapperten und krachten rings um ihn her. Er krabbelte das Gefälle hinab.

Der Steinschlag polterte eine lange Zeit weiter, und er mußte näher und näher zur See hin zurückweichen. Wäre es nicht so dunkel gewesen, hätte er gesehen, wie Janets Leiche unter einer Tonne von Geröll begraben wurde.

Endlich war Stille. Zaghaft bewegte er sich vorwärts.

Da löste sich oben plötzlich ein einzelner Felsbrocken. Er landete mitten auf seinem Schädel, es machte einen platschenden Schlag – wie eine geplatzte Papiertüte, nur lauter.

Hector Grifftiths fiel auf den Sand. Er starb am 8. September.

Draußen zerrte das in der Eile sorglos festgemachte Motorboot an seinem Anker und trieb schließlich aufs Meer.

Es dauerte vier Monate, bis die Polizei die Leiche von Hector Griffiths fand. Sie wurde schließlich zu ihr geführt durch einen Hinweis, den man in einem der Tagebücher seiner Frau fand, wo eine geheime Höhle beschrieben wurde, in der sie sich geliebt hätten. Man nahm an, daß Griffiths wegen morbid-sentimentaler Erinnerungen, die er an den Ort hatte, mit seinem Beiboot dort hingefahren, von der steigenden Flut abgeschnitten und durch einen Steinschlag getötet worden war. Seine Kleidung war durchnäßt von Salzwasser, weil er so nahe an der Hochwassermarke gelegen hatte.

Es war schwierig, den genauen Zeitpunkt des Todes zu bestimmen, doch bei Berücksichtigung der Gezeitentabellen (für die Griffiths, einem Commander Donleavy zufolge, großes Interesse gezeigt hatte) war es sehr wahrscheinlich, daß er am 14. September zu Tode gekommen war. Das wurde bestätigt durch einen in seiner Tasche gefundenen NOUGATRIEGEL, der nicht vor dem 10. September in den Geschäften erhältlich war.

Denn dem Product Manager des NOUGATRIEGELS war plötzlich, nachdem er die Auslieferung des Produkts gestoppt hatte, ein Merksatz eingefallen, den er in einem Management-Seminar bei GLISS gehört hatte …

Haben Sie die wichtigsten Entscheidungen über Ihr Produkt und das Timing seines Stapellaufs einmal getroffen, folgen Sie ihnen unbeirrt.

Er hatte also seine Zweifel über Bord geworfen, und die Werbekampagne war weitergelaufen, wie geplant. (Es ist vielleicht erwähnenswert, daß der NOUGATRIEGEL kein Erfolg war. Die Mehrzahl der Käufer fand ihn »ganz schön scheußlich«.)

Die Leiche von Hector Griffiths' Stieftochter Janet Wintle wurde nie gefunden. Was jammerschade war für zwei alte Damen in Stockport, die nach den Bestimmungen der im Testament ihrer Mutter eingesetzten Treuhandgesellschaft die rechtmäßigen Erben ihres nicht unbeträchtlichen Vermögens geworden wären.

Felix Huby

Jeder kann's gewesen sein
oder
Mord ist Mode

Fred Colanski lehnte sich auf seinem weich nachfedernden Stuhl weit zurück. »Warum suchen wir überhaupt nach einem Slogan?« Er warf einen Stapel Papier auf den Tisch. Jedes der Blätter war mit wild hingekritzelten Zeilen übersät. »Da wringt man sein Hirn aus, und nachher sagt der Auftraggeber: ›Die besten Modelle, die teuersten Fotografen, Bilder, daß einem der Atem stehen bleibt – und dann unser Firmenname drunter. Eine bessere Werbung gibt's nicht!‹«

»Du hast ja recht«, antwortete Jürgen Barz, »trotzdem: Es gehört zu den Spielregeln. Wenn er nachher kommt, will er ein paar Slogans vorgelegt bekommen.«

»Um sie ablehnen zu können!«

»Vielleicht, vielleicht auch nicht!«

»Was für ein Schwachsinn!« Colanski ging zur Kaffeemaschine und goß sich einen Becher voll, auf dem der Spruch: »Es genügt nicht, keine Gedanken zu haben, man muß auch unfähig sein, sie auszudrücken« aufgemalt war.

»Wenn uns das Wasser nicht am Hals stünde, würde ich dem Idioten die Brocken hinschmeißen!« sagte er.

»Rauschenberg? Bist du verrückt? Stell dir mal vor, er zieht den Auftrag zurück, dann kannst du morgen gleich zum Konkursrichter marschieren.«

»Sag ich doch. Wir sind abhängig von dem Arschloch.«

»Wir haben immerhin eine sechsjährige Geschäftsfreundschaft, Fred. Und es gibt Kunden genug, die noch viel schlimmer sind.«

»Kann ja sein, aber das sind nicht *unsere* Kunden.«

»Ich wollte, wir hätten ein paar davon.«

»Vielleicht haben wir uns zu sehr auf Rauschenberg konzentriert!«

Fred Colanski war, ebenso wie Jürgen Barz, Fünfzig-Prozent-Teilhaber der Werbeagentur C & B. Sie waren früher einmal bei einer weltweit bekannten Agentur gewesen, Colanski als Texter, Barz als Grafik-Designer mit Foto-Ambitionen. Vor sieben Jahren hatten sie sich selbständig gemacht. Ein Großkunde, den die beiden betreut hatten, war auf die Idee gekommen, daß er weit billiger fahren könnte, wenn er die beiden, die ja ohnehin die ganze Arbeit machten, direkt beschäftigte. Für Colanski und Barz war es die große Chance, zumal der Kunde ihnen ein »Startgeld« zahlte und bei der Bank bürgte.

Colanski hatte bei der Zeitung als Reporter angefangen, dann aber den Fehler gemacht, Recherchen durch eigene Phantasien anzureichern. Man war ihm draufgekommen, als er ein sensationelles Interview mit einem Junkie ohne Gesprächspartner zusammengestrickt hatte. Es war ein faszinierender Dialog zwischen dem Journalisten und dem – fiktiven – Rauschgiftsüchtigen gewesen – nur eben ein erfundenes Zwiegespräch, eine Theaterszene unter Verwendung aller gängigen Klangausdrücke der Szene. Colanski wurde gefeuert und stellte sein unbestrittenes Talent, gute Texte zu erfinden, künftig in den Dienst der Werbung. Das Auffälligste an ihm waren seine träumerischen, braunen Augen, mit denen er sein Gegenüber nachdenklich, versonnen und stets ein wenig melancholisch ansah. Dabei hatte er meist den schlanken Kopf weit in den Nacken zurück und ein klein wenig schief gelegt. Fred Colanski haßte Sport. Er ging nur ungern an die frische Luft, weshalb sein Windhundgesicht meist grau, fahl und ein wenig eingefallen wirkte. Dieser Eindruck wurde noch verstärkt, wenn er – wie jetzt – müde und abgespannt war und dunkle Ringe unter seinen Augen hervortraten.

Jürgen Barz war das Gegenteil: klein, drahtig, ständig in Bewegung. Im Gegensatz zu Fred Colanski rauchte er nicht und trank auch keinen Alkohol. Er war kein genialer Grafiker und nur ein durchschnittlicher Fotograf, aber er organisierte mit einigem Geschick und arbeitete wie ein Pferd. Nichts war ihm zuviel. Jeden Wunsch eines Kunden quittierte er mit dem Satz: »Kein Problem, das machen wir so, wenn Sie es so wollen!« Jetzt saß Jürgen Barz weit vorgebeugt über seinem Layout-Block, angespannt, nervös. Sein Gesicht glich dem eines Boxers – breite Stirn, flache Nase, plattes Kinn. Er hatte helle blaue Augen, mit denen er stets den Blick seines Gegenübers einzufangen versuchte. Dabei wendete er einen Trick an, von dem er einmal irgendwo gelesen hatte: Er starrte seinen Gesprächspartnern auf die Nasenwurzel, ohne ihnen eigentlich in die Augen zu schauen. Der andere hatte gleichwohl den Eindruck, Barz sitze ihm Auge in Auge gegenüber. Der Grafiker trug seine blonden Haare schulterlang, was überhaupt nicht zu seinem vierschrötigen, hellen Gesicht paßte. Mißgünstige Menschen in seiner Umgebung, zu denen immer häufiger auch Fred Colanski zählte, sagten über Barz, das beste an ihm sei seine Frau. Sie war Fotomodell gewesen, bevor Barz sie heiratete – eine überschlanke, elegante Erscheinung mit einem Schuß aufreizen- der Gewöhnlichkeit, die immer dann durchbrach, wenn man sie am wenigsten erwartete – bei wichtigen Geschäftsessen, die ihr Mann stets als Galadiners bezeichnete, zum Beispiel, oder im Foyer der Oper. Regine Barz zog sich stets extravagant, ja gewagt an, zeigte, was sie hatte und wurde dabei vom eigenen Mann am meisten bewundert, was sie ihm dadurch lohnte, daß sie ihm bedingungslos treu, ja ergeben war.

Zu den zahllosen Verehrern Regines gehörte auch Jost Rauschenberg, der Sohn jenes Mannes, der damals die Gründung der Agentur erst möglich gemacht hatte und der heute der größte Agenturkunde war. Frau Barz kam ihm weit, wenn auch nicht zu weit entgegen und sah darin immer nur eine geschäftliche Angelegenheit.

Die große Digitaluhr an der Stirnfront des langgezogenen Großraums rückte auf 22.30 Uhr.

»Jetzt wird er ja wohl kaum noch kommen«, sagte Fred Colanski.

»Natürlich kommt er noch«, antwortete Barz gereizt. »Er ist in der Oper. Die Vorstellung endet gegen 22.30 Uhr. Also fällt jetzt gerade der Vorhang. Rauschenberg klatscht sicher nur so lange Beifall, wie es die Höflichkeit gegenüber den Künstlern verlangt und macht sich dann sofort auf den Weg. Das heißt, er kann in zwanzig Minuten da sein.«

»Sagtest du nicht, Regine sei auch in die Vorstellung gegangen?«

»Doch, doch. Rauschenberg bringt sie mit, und wir fahren dann gemeinsam nach Hause.« Colanski starrte auf ein Papier.

»Diese Mode muß man mögen!« las er vor.

»Mann, Mann«, stöhnte Barz, »wir machen doch nicht Werbung für Kaufhausklamotten!«

»Unsere Mode macht Müde munter«, las Colanski unverdrossen weiter vor.

»Jetzt hör aber auf, das ist ein glattes Plagiat!«

»Mode mach mobil!« Colanski grinste schief.

»Bei Arbeit, Sport und Spiel«, äffte Barz.

»Außerdem: Hör doch endlich mit den Stabreimen auf – die sind out!«

»Woher weißt du das denn – ein Grafiker, für den Text nichts weiter ist als Graufläche?«

»Ist dir wirklich nicht mehr eingefallen?« fragte Barz ungerührt zurück.

»Mode ist mehr!« zitierte Colanski.

»Mehr als was?« bellte Barz zurück, der jetzt sichtlich nervös wurde. Colanski legte den Kopf weit zurück und sagte zur Decke hin: »Mode ist Mord!«

»Hör auf!« Barz sprang auf seine kurzen Beine und lief in dem langgezogenen Raum auf und ab, der jetzt von der reduzierten Deckenbeleuchtung nur matt erleuchtet war. Trotzdem war zu erkennen, wie elegant er eingerichtet war – weiße Wände, weiße Seidenlamellen vor den Fenstern, weiße Schreibtische. An den Wänden sparsam Kunst, aber keine Arbeiten der Agentur. Den Boden deckte ein tiefroter Teppich.

Colanski blieb unverändert sitzen. »Ich habe mal Texte für die deutschen Sparkassen gemacht – Gemeinschaftswerbung, verstehst du. Damals gaben die noch richtig großes Geld aus für die Werbung. Die besten Texter und Grafiker wurden zu einem Brainstorming zusammengezogen. Es ging um den einen, den alles überragenden, den zündenden Slogan, der mindestens drei Jahrzehnte halten sollte. Sogar der Komponist – so ein kleiner Dicker von einer Filmfirma in Geiselgasteig – war angereist, um den Geistesblitz gleich zu vertonen. Jeder versuchte, den anderen zu übertreffen. Moderiert wurde das Ganze von dem Mann, dem damals die Werbung unterstand, einem gelassenen, zur Fülle neigenden schwäbischen Gentleman, den nichts aus der Ruhe bringen konnte, außer eine Ungerechtigkeit. Tja, so was gab's damals noch, sogar in der Werbung.«

Barz trommelte mit den Fingern auf der Schreibtischplatte. »Das kannst du mir morgen auch noch erzählen.«

»Und was da nicht alles aufkam«, Colanski ließ sich nicht beirren, »›Geld macht glücklich!‹ zum Beispiel, oder ›Besser fahren – sparen!‹ oder: ›Wer den Pfennig nicht ehrt, macht's ganz verkehrt‹. Komischerweise wollten alle Zweizeiler machen, die sich reimten. Und als einer so ganz beiläufig sagte: ›Wenn's ums Geld geht, Sparkasse‹, nahm's niemand auf. Später hat dann jeder behauptet, der Spruch sei von ihm gewesen. Nun ja, wie auch immer. Die Sitzung zog sich in die Länge. Ein Spruch löste den anderen ab, und keiner fand den Beifall der Crew. Es kommt ja dann immer so ein Punkt, wo du weißt: Jetzt geht nichts mehr. Also der Punkt, an dem wir beide auch gerade sind, weshalb es ja auch gar nichts ausmacht, wenn ich die Geschichte schnell erzähle. Also wir saßen rum, rauchten, tranken und hatten leere Köpfe. Plötzlich haute der Chef mit der Faust auf den Tisch und rief: ›Männer, ich hab's!‹ Es waren zwar auch Frauen dabei, aber der Typ sagte immer ›Männer, ich hab's! Das ist der Slogan.‹ Dann holt er tief Luft und schmettert: ›Arschloch – spar doch!‹«

Barz verbiß sich das Schmunzeln, das in ihm aufstieg und sagte: »Kann ich nicht drüber lachen.«

»Aber das ist so was gewesen wie ›Mode ist Mord‹.«

»Dreh's um und verkauf's an eine Zeitung: ›Mord ist Mode!‹ ist 'ne Headline für jedes Boulevardblatt.«

»Na, dann eben nicht. Wie wär' es mit ›Mode macht die Frau erst schön‹?«

»Das gefällt mir«, sagte Barz.

»Hab' ich mir gedacht – das ist ein biederer Satz, und er macht nichts kaputt.«

»Ich weiß, daß Rauschenberg auf so was steht!«

»Und dann ist er auch gleich gut, nicht wahr!«

»Ja, sicher!«

»Du und dein vorauseilender Gehorsam!«

Die gläserne Tür, durch die man vom Treppenhaus in den Großraum der Agentur gelangte, wurde aufgestoßen. Ein mittelgroßer dicker Mann, dessen Smokingjacke gefährlich über dem rundlichen Bauch spannte, kam herein. »Erst gespießt, dann gehangen, dann geköpft auf eine Stangen!« sang er mit einer erstaunlich melodischen Stimme. Regine Barz folgte – groß, blond, schlank in einem tief ausgeschnittenen schulterfreien moosgrünen Kleid und Satinhandschuhen bis zu den Ellbogen in der gleichen Farbe. Sie ging rasch auf ihren Mann zu und küßte ihn auf den Mund.

»Dies Bildnis ist bezaubernd schön«, sang Colanski.

»Banause«, sagte Rauschenberg nicht unfreundlich. »Das ist aus der Zauberflöte, wir waren in der Entführung!« Die Tür öffnete sich noch einmal, der junge Rauschenberg kam herein. Er war Ende Zwanzig, groß, ein wenig aufgeschwemmt, hatte aber ein ebenmäßiges Gesicht mit einem zu dicken, weichen Mund. Seine Frisur, ordentlich links gescheitelt, gab ihm ein braves Aussehen. »Nun, wie weit sind die Künstler?« fragte Rauschenberg. Barz wieselte um ihn herum: »Die Sachen werden heute nacht noch fertig.«

Colanski zündete sich eine Zigarette an und schlürfte den Rest Kaffee aus seinem Topf. Barz breitete die Entwürfe auf dem Boden aus. Rauschenberg stieg auf einen Stuhl und von dort auf den Arbeitstisch Colanskis. Irgendwann hatte er einmal gesehen, daß man Entwürfe aus großer Distanz betrachten sollte. »Mhm, mhm«, machte er. »Gibt es dazu einen Text?« »Mode macht die Frau erst schön«, rief Barz eilfertig.

»Schlecht!« sagte Rauschenberg, »wenn schon, müßte es heißen: ›Mode macht die Frau noch schöner‹, denn wir von den Rauschenberg-Moden gehen davon aus, daß Frauen a priori schön sind. Wir können sie nur schmücken. Die anderen haben viel bessere Slogans vorgelegt!«

Für einen Augenblick herrschte absolute Ruhe. Es war, als ob für ein paar Sekunden die Zeit angehalten worden wäre. Barz wollte etwas sagen, räusperte sich, hüstelte und brachte erst im dritten Anlauf heraus: »Die anderen? Entschuldigen Sie, welche anderen?«

»Aber Herr Barz«, Rauschenberg sprang vom Tisch herab und wäre beinah in die Knie gebrochen. »Was würden Sie mir raten, wenn Sie mein Marketing-Chef wären?«

»Ich verstehe nicht!« Colanski stemmte sich aus seinem Sessel heraus. »Die Antwort lautet: Ich würde sagen, wenn man immer die gleiche Agentur beschäftigt, wird das alles zu routiniert, zu glatt und am Ende sogar langweilig. Für uns und für die Kunden. Das ist wie in einer Ehe oder in einer langjährigen Freundschaft. Man gewöhnt sich zu sehr aneinander, es gibt keine Highlights mehr. Etwas Neues muß passieren. Man sucht sich einen neuen Freund, eine neue Frau, eine neue Agentur!«

»Ich mach' noch mal Kaffee«, sagte Regine Barz und ging zu einer Küchenecke, die am Ende des Raums direkt neben der Tür zum Fotolabor eingerichtet worden war.

»Druckreif, wie immer!« lobte Rauschenberg Colanski. Der schlaksige Texter schob sein Windhundgesicht ein wenig vor und sah den dicklichen Rauschenberg mit schief gelegtem Kopf an. »Als Agenturmann würde ich antworten: Die neue Firma braucht viel Zeit, bis sie sich eingearbeitet hat. Die Modebranche hat ihre Tücken. Werden die neuen Herren sofort an die Topmodelle herankommen, werden sie die paar guten Fotografen kriegen? Was ist, wenn Elaine Floor für drei Tage aus New York nach Paris kommt und 35 Mode-Designer, 40 Art-directoren und 60 Fotografen das Mädchen unter Vertrag nehmen wollen, weil sie nun halt mal die absolut Beste ist – das Optimale, die Frau, die Ihre Klamotten verkauft, ohne daß unsereiner noch ein Sterbenswörtchen dazu sagen muß?«

»Tja, die Garantie müßte ich natürlich verlangen«, sagte Rauschenberg. »Verlangen Sie viel, und die werden Ihnen das auch zusagen, aber können sie's halten, das ist doch die Frage. Wer sich in der Branche bewähren will, braucht Verbindungen. Und wenn die's nicht schaffen, kommen Sie dann zu uns zurück, um zu sagen, Jungs, ihr habt doch die Kontakte, beschafft mir die Elaine Floor?«

Rauschenberg war nachdenklich geworden. Regine Barz, deren makelloser Körper von dem weichen, fließenden Stoff eher enthüllt als verdeckt wurde, kam auf den jungen Rauschenberg zu und girrte: »Einen Kognak vielleicht zu Ihrem Kaffee?«

»Wenn Sie einen mittrinken«, sagte Jost und folgte Regine in die Küchenecke.

»Wollen Sie uns auch loswerden?« fragte Regine und funkelte ihn aus ihren seltsam schräg überschnittenen grünen Augen an.

Jürgen Barz' Nerven waren angespannt. Innerlich vibrierte

er, während er sich nach außen gelassen zu geben versuchte. Rauschenberg schien die Situation zu genießen.

»Sie sind unser größter und wichtigster Kunde!« sagte Colanski schlicht.

»Nicht nur das, ich bin der Mann, der diese Agentur gemacht hat. Mein Geld, mein Rat, meine Empfehlungen waren es, die Ihren Start überhaupt erst möglich gemacht haben. Aber jetzt sind Sie doch hoffentlich nicht mehr auf mich angewiesen.«

»Doch!« entfuhr es Barz.

»Wie?« Rauschenberg musterte den Grafiker überrascht. Colanski ließ sich wieder in seinen Sessel fallen und sah Barz ärgerlich an. »Er übertreibt«, sagte er. Barz fuhr herum.

»Du solltest vielleicht auch einmal einen Blick in unsere Bilanzen werfen, statt Bukowski zu lesen.«

»Heißt das, daß Sie in echten Schwierigkeiten sind?« fragte Rauschenberg.

»Überhaupt nicht!« sagte Colanski obenhin. Aber Barz deutete das Interesse seines wichtigsten Kunden falsch.

»Ohne Sie sind wir am Ende!«

Colanski warf einen entsetzten Blick zur Decke. Rauschenberg hatte unwillkürlich einen Schritt zurück gemacht.

»Sagen Sie das noch mal!«

Regine und der junge Rauschenberg kamen aus der Küchenecke.

Barz sagte: »Wir haben im letzten Jahr drei Kunden verloren. Zwar haben wir einen neu gewonnen, aber die Präsentation war so aufwendig, daß er drei Jahre bei der Stange bleiben muß, damit wir das wieder einholen können.«

»Und Sie können sich nicht selber helfen?«

Colanski grinste. »Nur wenn einer den anderen umbringt.«

»Warum denn das?« fragte Regine spitz.

»Weil wir eine Versicherung jeweils zugunsten des anderen abgeschlossen haben. Wenn dein schöner Jürgen stirbt, krieg ich 'ne halbe Million, wenn ich das Zeitliche segne, kommt der warme Regen über euch, mein Schatz!«

»Sag nicht ›mein Schatz‹ zu mir«, giftete Regine, »oder ich hau dir bei Gelegenheit mal eine in die Fresse!«

»Das liebe ich an deiner Frau«, sagte Colanski zu Barz, »sie kann so herrlich vulgär sein.«

Rauschenberg knetete die Hände. »Also meine Herren, unter diesen Umständen kann ich Ihnen auch gleich sagen, daß wir uns von Ihrer Agentur trennen werden.«

»Vater!« Jost Rauschenberg hatte ein blaurotes Gesicht bekommen. »Das wirst du nicht tun!«

»Aber ganz sicher werde ich das, mein Junge!«

Colanski lachte. »Wenn Sie so viel Schneid haben, Jost, wie Regine, dann verbitten Sie sich doch ein für allemal, daß Ihr alter Herr ›mein Junge‹ zu Ihnen sagt.«

Jost Rauschenberg beachtete Colanski nicht.

»Ich lass' es nicht zu. Du vernichtest ihre Existenz!« brüllte er.

«Ich bin Geschäftsmann«, sagte Rauschenberg kühl, »und ich mache mit Bankrotteuren keine Geschäfte, vor allem dann nicht, wenn ich ihnen auf die Beine geholfen habe. Dieses Unternehmen wäre ohne weiteres erfolgreich zu führen, aber dazu braucht's mehr als ein paar Gedankenblitze und einen genialen Bleistiftstrich, mein Ju..., Jost!«

»Und die Menschen interessieren dich nicht!«

»Natürlich, aber es wäre falsch, hier noch Geld reinzustecken. Ich investiere grundsätzlich nur dort, wo sich mein Kapital aller Wahrscheinlichkeit nach vermehrt.«

Fred Colanski sah fasziniert in das Gesicht des rundlichen Unternehmers. In den letzten Minuten hatte es sich seltsam verändert, die Züge waren härter geworden, die Augen schmaler. Er hatte das Kinn ein wenig vorgestreckt und seine ganze Figur gestrafft. Jeder konnte sehen, wie entschlossen Rauschenberg war und daß niemand ihn von seinem Entschluß abbringen konnte. Colanskis Blick wanderte zu Jürgen Barz.

»Nein«, sagte Jost Rauschenberg anstelle seines Vaters und sah dabei Regine an. »Aber natürlich«, sagte der alte Rauschenberg. »Wenn es so schlimm um Sie steht, bleibt tatsächlich nur diese Lebensversicherung auf Gegenseitigkeit.« Er lachte ohne jede Fröhlichkeit.

»Da hat man nun jahrelang ...« begann Jürgen Barz zu jammern, aber sein Partner fuhr ihn an. »Hör auf, hör sofort auf! Einen Rest Stolz wirst du dir doch hoffentlich noch bewahrt haben!«

Regine spuckte vor Colanski auf dessen Schreibtisch. Der Texter stand ohne Hast auf und schlug die Frau seines Kompagnons ins Gesicht. Jürgen Barz und Jost Rauschenberg stürzten sich fast gleichzeitig auf Colanski, der ihnen geschickt auswich. Regine Barz war einen Augenblick wie gelähmt stehengeblieben. Jetzt ging sie ein paar Schritte zurück. Jost Rauschenberg traf. Der Schlag war nicht heftig, aber weil er in der Nierengegend landete, zuckte Colanski doch unter dem plötzlich aufflammenden Schmerz zurück.

»Du feiges Schwein!« brüllte Barz, »schlägst 'ne Frau!« In diesem Augenblick ging das Licht aus. Ein Schrei zerriß Sekunden später die plötzliche Dunkelheit. »Licht!« brüllte Colanski. »Geh selber!« schrie Barz zurück.

»Wer hat grade ›Licht‹ gerufen?« fragte Regine.

»Wer hat so geschrien?« rief Jost Rauschenberg. Eine Schreibtischlampe flammte auf. Die Augen mußten sich an die Helligkeit erst gewöhnen. »Mein Gott!« schrie Regine Barz, »das ist ja ... furchtbar ... Jürgen! ... Jürgen, halt mich fest!«

»Vater!« fast tonlos kam es von den Lippen des jungen Rauschenberg. Colanski grinste, ohne daß es ihm bewußt wurde. Leise sagte er: »Mord ist Mode!« und versenkte beide Hände tief in den Hosentaschen. Am Boden lag der alte Rauschenberg. Aus seinem Rücken ragte eine Büroschere. Es floß nur wenig Blut aus der Wunde. Rauschenberg bewegte sich nicht mehr. Colanski griff nach dem Telefon. Dann warf er einen Blick auf die große Digitaluhr an der Stirnseite. Es war genau halb zwölf.

Hauptkommissar Ernst Bienzle stand breitbeinig vor der

Leiche, die Hände auf dem Rücken verschränkt. Das Kinn war ihm auf die Brust gesunken. Er blinzelte und schüttelte seinen massigen Kopf. »Es hat Streit gegeben, was?« Die Umstehenden nickten.

»Wann ist es passiert?«

»Um halb zwölf«, sagte Colanski.

Bienzle schaute auf seine Uhr. »Vor einer Stunde also!«

Bienzle umkreiste den Toten. Niemand sprach. Der Arzt, der schon zehn Minuten nach der Tat in der Agentur erschienen war, lehnte müde an einem Regal. »Er war sofort tot!« Bienzle hob den Kopf. »Das hat man selten«, sagte er.

»Was?« fragte der Doktor.

»Daß einer so exakt trifft. Und dann noch mit einer Schere!« Bienzle setzte seine Runde fort und blieb dann plötzlich vor dem Doktor stehen. »Gehört viel Kraft dazu!«

»Nein, die Schere ist in den Körper gefahren wie in Blut ...« Er sah sich, entsetzt über seine eigenen Worte, um, murmelte eine Entschuldigung und wiederholte dann: »Nein, die Schere hat, so, wie sie geführt wurde, kaum Widerstand gefunden.«

Bienzle nickte. Er war müde. Als das Telefon geklingelt hatte, war er gerade eingeschlafen gewesen. Er hatte sich nicht die Zeit genommen, sich zu kämmen; deshalb stand sein dichtes dunkles Haar genauso wild von seinem massigen Schädel ab wie die Augenbrauen. »Kein Zweifel«, sagte er, »einer von Ihnen hier muß es gewesen sein.« Er sah sie der Reihe nach an. Jürgen Barz stand an die Wand gelehnt und hatte die Augen geschlossen. Sein Gesicht war kreidebleich. Neben ihm saß seine Frau Regine, die sich einen Stuhl herangezogen hatte und ihren Kopf gegen die Hüfte ihres Mannes lehnte. Fred Colanski saß an seinem Schreibtisch und spielte nervös mit einem Bleistift. Jost Rauschenberg ging ruhelos auf und ab. Bienzle schaute ihm eine Weile zu und sagte dann plötzlich: »Was geht Ihnen gerade durch den Kopf, Herr Rauschenberg?«

»Wie bitte? Was sagten Sie?«

»Ich wollte wissen, worüber Sie jetzt gerade nachgedacht haben.«

»Warum?«

»Weil's mir vielleicht weiterhilft.«

»Ich sehe keine Veranlassung ...«

Bienzle hob beide Hände. »Sie müssen ja nicht. Ich kann's Ihnen vielleicht auf den Kopf zusagen. Ihnen geht jetzt der Gedanke im Hirn rum: Ab morgen bin ich Chef. Rauschenberg-Moden ist ein großes Unternehmen. Da gibt's eine Menge Entscheidungen zu treffen – Entscheidungen, die sich bisher der Vater vorbehalten hat, nehm' ich an.« Jost Rauschenberg nickte unwillkürlich. Bienzle wandte sich wieder dem Arzt zu. »Sie können dann gehen, Doktor.«

»Gut, ich lass' die Leiche abtransportieren. Die Spurensicherung ist fertig.«

»Nein, die Leiche bleibt hier!« sagte Bienzle barsch.

»Warum?«

»Weil ich's will!«

»Also auf Ihre Verantwortung!«

»Ja, sicher, auf wessen Verantwortung denn sonst!« Der Arzt ging. Bienzle hielt den Mann von der Spurensicherung zurück. »Fingerabdrücke?«

»Negativ!«

»Zu viele, oder keine – auf der Schere meine ich«, fragte Bienzle nach.

»Keine identifizierbaren, das haben wir manchmal auf glattem Metall.«

»Manchmal oder oft?«

»Eher selten.«

»Mhm!« machte Bienzle und ging mit dem Kollegen zur Tür.

»Hat jemand die Fingerabdrücke vielleicht abgewischt?«

»Kaum – verwischt sehen sie aus, aber nicht abgewischt, wenn Sie verstehen, was ich meine.« Bienzle nickte. »I bin ja schließlich no net verblödet!« Der Hauptkommissar fiel nur in seine schwäbische Mundart, wenn er sich über etwas ärgerte. In diesem Fall traf eigentlich beides zu. Er drehte sich um und ging auf die kleine Gruppe zu, dabei fuhr er mit den gespreizten Fingern durch seinen wilden Haarbusch.

»Können wir bald gehen?« fragte Barz.

»Kommt drauf an, wie schnell wir vorwärtskommen«, sagte Bienzle ungenau.

»Heißt das, daß Sie uns jetzt alle verhören wollen?«

Colanski legte die Beine auf seinen Schreibtisch, nahm eine Schere von seinem Papierstapel und begann, seine Fingernägel damit zu reinigen.

»Das ließe sich nur vermeiden, wenn der Täter jetzt gleich ein Geständnis ablegen würde«, sagte Bienzle. Alle schwiegen. Bienzle sagte: »Ich bin im Grunde kein ungeduldiger Mensch, also fangen wir mal mit den technischen Details an. Wo sind überall Lichtschalter?«

»Wir sind da bestens ausgerüstet«, sagte Barz, »überall dort, wo Sie die kleinen Quader auf dem Boden sehen, ist ein Stromverteiler, und dort kann man auch das Licht an- und ausmachen.«

Bienzle ging zwei Schritte auf eines der Kästchen zu. Er drückte mit der Spitze seines Schuhs gegen einen kleinen Kippschalter. Das Licht erlosch.

»Das hilft uns also nicht weiter«, sagte der Kommissar.

»Wissen Sie noch, wo jeder gestanden ist, als das Licht ausging?« Er knipste das Licht wieder an. »Wir waren eher in Bewegung«, sagte Colanski mit schief geneigtem Kopf.

»Es hatte eine handgreifliche Auseinandersetzung gegeben. Ich war mit Frau Barz aneinandergeraten, und da haben sich gleich zwei Ritter gefunden, um ihre Ehre zu verteidigen, ihr Ehemann natürlich und Herr Rauschenberg junior.«

Bienzle sah den Texter unverwandt an. »Sie machen wohl die Texte hier?«

»Stimmt. Wie kommen Sie darauf?«

»Sie reden so wohlformuliert. Also, was ist passiert?«

»Ich habe Regine, ich meine Frau Barz, eine gelangt.«

»Auch nicht die feine englische Art!«

»Sie hatte mir auf den Schreibtisch gespuckt. »Bienzle sah überrascht zu der Frau hinüber, die unwillkürlich mit ihrer behandschuhten Hand über ihren Mund fuhr.

»In die Eier hätt' ich ihn treten sollen!« sagte Frau Barz.

Bienzle legte die Stirn in Falten und schluckte, ehe er sagte: »Das läßt sich ja vielleicht noch nachholen!« Dann stieg er über den leblosen Körper des alten Herrn Rauschenberg und bat Colanski zu sich. »Stellen Sie sich bitte mal da hin, wo Herr Rauschenberg gestanden hat, bevor es passierte.« Colanski stand mit leisem Ächsen auf und nahm den Platz Rauschenbergs ein. »Hier, zwischen der Wand und meinem Schreibtisch stand er.«

»Und Sie?«

»Ich hatte an meinem Schreibtisch gesessen und war nur aufgestanden, um Regine eine zu kleben, dann wollte ich mich eigentlich wieder hinsetzen, aber da griff mich Jürgen von links an, Rauschenberg ..., also der junge, nicht wahr? ..., kam von der anderen Seite.«

»Wo war Frau Barz?«

»Da, direkt vor meinem Schreibtisch.«

»Dann hätten Rauschenberg und Barz aber um Sie herumgehen müssen.«

»Sie ist irgendwie zurückgewichen!«

»Stimmt das?« fragte Bienzle die junge Frau.

»Ich hätt' ja sonst noch mehr Keile bekommen.« Bienzle nickte. »Erzählen Sie weiter«, sagte er zu Colanski, »hört sich ganz plastisch an, Ihr Bericht!«

»Hab' ich bei der Zeitung gelernt«, sagte Colanski nicht ohne Stolz.

»Bis man ihn geschaßt hat, weil er nicht recherchiert, sondern phantasiert hat«, giftete Regine Barz.

»Also«, sagte Bienzle zu Colanski, »die beiden griffen von beiden Seiten an. Was machten Sie?«

»Ich wich aus.«

»Wohin?« fragte Bienzle scharf.

»Hinter meinen Schreibtisch!«

»Und dann?«

»Barz lief ins Leere. Rauschenberg zunächst auch, aber er erwischte mich dann doch noch mit einem Nierenhaken.«

»Schmerzhaft, was?«

»Der Schlag war nicht heftig.«

»Weil Sie ausgewichen sind, oder hat Rauschenberg nicht stark genug zugeschlagen?«

»Mehr bringt er vermutlich sowieso nicht.«

Bienzle nickte, als ob dies eine wichtige Erklärung gewesen wäre. »Wie lange wollen Sie den armen Herrn Rauschenberg hier eigentlich noch liegen lassen?« fragte Regine Barz.

»Hab' ich doch schon gesagt! Ist es für Sie sehr schlimm?«

»Ich muß immer hinschauen. Es ist furchtbar!«

»Tja, gell!« sagte Bienzle und zündete sich ein Zigarillo an.

»Könnt' ich vielleicht einen Kaffee haben?«

Colanski stand auf. »Ich glaube, es steht noch einer auf der Maschine.« Bienzle stapfte selber hinüber zu der Küchenecke und goß sich ein. »Wer hat Kognak getrunken?« fragte er über die Schulter.

»Ich, warum?« fragte Rauschenberg zurück.

»Nur so!« Bienzle kehrte langsam zurück. »Hatten Sie Krach mit Ihrem Vater, Herr Rauschenberg?«

»Wie kommen Sie darauf?«

»Ja Herrgott nochamal, jetzt antworten Se halt net jedesmal mit einer Gegenfrage!«

»Ja, ich hatte eine Auseinandersetzung.«

»Warum?«

»Weil er die Agentur gekündigt hat.«

»Was, heut nacht?«

»Ja!«

»Und warum jetzt auch das?«

»Er wollte eben wechseln!« sagte Colanski.

»Lassen Sie ruhig Herrn Rauschenberg reden, wenn ich ihn ansprech«, sagte Bienzle.

»Herr Colanski hat recht. Mein Vater war der Meinung, die Agentur habe sich festgefahren!« Bienzle schaute auf die Entwürfe, die zum Teil noch auf dem Boden lagen und zum Teil auf verschiedenen Schreibtischen ausgebreitet waren.

»Das ist doch aber gar nicht schlecht!«

»Sehen Sie!« rief Barz, der plötzlich wieder etwas Farbe ins Gesicht bekam. Bienzle hob den Kopf vor und sah den jungen Rauschenberg scharf an. »Sie waren also dagegen, daß Ihr Vater den Vertrag mit … wie heißt der Laden …?«

»C & B«, sagte Barz.

»… mit C & B kündigt, das heißt, Sie werden künftig weiter mit dieser Agentur arbeiten.«

»Ja, sicher!«

»Vorausgesetzt, daß nicht einer der Eigner wegen Mordes für ein paar Jahre in den Knast einfährt«, sagte Bienzle mit einem hintergründigen Lächeln.

»Wie geht's denn der Firma so?«

»Gut, ganz gut!« sagte Barz obenhin. Bienzle hatte freilich ein Ohr für falsche Töne. Wortlos ging er zum Telefon. Er kniff einen Moment die Augen zu und massierte die Nasenwurzel mit Daumen und Zeigefinger der linken Hand. Dann wählte er eine sechsstellige Nummer und wartete eine Weile.

»Hier Bienzle«, sagte er schließlich, »und bitte fang jetzt net an zu schimpfen, Frieder, sag mir, wie's um die Werbeagentur C & B steht, und dann darfscht du auch scho wieder z'rück in dei Bett – ganz im Unterschied zu mir!«

Er wandte sich den anderen zu, deckte die Sprechmuschel des Telefonhörers ab und sagte in verschwörerischem Ton: »Ein Freund von mir, hat auch eine große Agentur und gilt als unheimlich gut informiert.« Dann hörte er gespannt zu, sagte schließlich »Danke, gut Nacht!« und legte auf.

»Wenn der, der lügt, auch gemordet hätt', könnt' ich Sie jetzt festnehmen, Herr Barz. Ich hab' gerade die Auskunft bekommen, daß Sie von dem Auftrag der Rauschenberg-Moden absolut abhängig sind. Der Besitzer ...«, er deutete auf den Toten, »... wollte kündigen. Sein Sohn, das wußten Sie, wollte weitermachen, schon weil er Ihre Frau so verehrt ...«

»Wer sagt denn das?« fiel ihm Regine Barz ins Wort.

»Das seh ich, Frau Barz, außerdem: Hätt' er sich sonst für Sie geschlagen, wo er doch ansonsten gar nicht der Typ für so was ist?« Regine Barz biß sich auf die Unterlippe und schwieg.

»Also«, nahm Bienzle den Faden wieder auf, »Herr Rauschenberg junior war bereit, weiterzumachen mit Ihnen. Überleben konnten Sie nur, wenn der Alte – entschuldigen Sie den saloppen Ausdruck – weg war. Also, wenn das kein Motiv ist.«

Alle schwiegen, bis Barz sagte: »Ich war's nicht. Ich kann's auch nicht gewesen sein, denn ich war da, neben dem Schreibtisch von Fred Colanski. »Bienzle nickte.

»Das ist es ja gerade. Keiner von ihnen scheint sich überlegt zu haben, wie Herr Rauschenberg gefallen ist. Seine Füße sind ein wenig unter die vordere Kante des Schreibtischs von Colanski gerutscht. Sie, Herr Colanski, sagten aber, er sei etwa in der Mitte zwischen Schreibtisch und Wand gestanden. Drei Meter weiter hinten. Was schließen wir daraus?« Bienzle hob schulmeisterlich den rechten Zeigefinger. »Nun?«

Colanski sagte: »Er muß ein paar Schritte auf mich zugemacht haben, vielleicht wollte er auch auf mich los ...«

»Oder dazwischengehen«, meinte Bienzle, »er wußte ja, daß sein Sohn als Schläger ..., wie soll ich sagen, ... eher Durchschnitt war. Vermutlich hat der alte Rauschenberg, ein entschlossener, tatkräftiger Mann, ein Leben lang seinen Sohn aus Situationen gezogen, die der nicht selber bewältigen konnte. Oder, sagen wir genauer, die er hätte bewältigen können, wenn der Vater ihn gelassen hätte.«

»Nicht schlecht!« sagte Colanski. Bienzle deutete ironisch eine Verbeugung an. »Also, Herr Rauschenberg befürchtete, sein Sohn könnte in Schwierigkeiten kommen. Er machte ein paar Schritte nach vorne, um ihm zu helfen. Da ging das Licht aus. Ich kenn' die Situation: Auch wenn's zuvor nicht besonders hell war, sind wir erst mal wie blind, sobald eine Lampe ausgeht.«

Bienzle nahm jetzt den Platz ein, auf den zuvor Colanski gezeigt hatte, und rekonstruierte Rauschenbergs Verhalten. Er mußte dabei erneut über die Leiche steigen.

»Wann hörten Sie den Schrei?« fragte Bienzle Frau Barz.

»Gleich, ich meine sofort.«

»Sofort als das Licht ausging, meinen Sie?«

»Ja, natürlich.«

»Na ja, ein paar Sekunden sind schon vergangen«, sagte Colanski.

»Genug, um zum Beispiel hinter Ihrem Schreibtisch vorzukommen und Herrn Rauschenberg die Schere in den Rücken zu stoßen?« fragte Bienzle. Colanski hob die Schultern. »Ich denke schon. Nur, ich konnte ja nicht wissen, daß er nach vorne gelaufen war. Wenn ich ihn hätte umbringen wollen, wäre ich ja dorthin gerannt, wo er gestanden hatte, ehe das Licht ausging.« Bienzle nickte. »Wo genau standen Sie, Herr Colanski?«

»Tja, ich bin nach rechts ausgewichen, um Barz zu entgehen und dabei praktisch in die Faust von Rauschenberg gelaufen. Ich hab' mich dann weggedreht und bin ... Moment, da ging ja das Licht aus. Ja, ich bin einen Schritt vor.«

»Sie sind also zwischen dem jungen Herrn Rauschenberg und dem Schreibtisch nach vorne gegangen. Da müssen Sie doch fast mit dem alten Rauschenberg zusammengestoßen sein.«

»Was weiß ich.« Bienzle ließ seltsamerweise von Colanski ab und sagte zu Barz: »Wissen Sie, wo die Schere, die als Mordwaffe benutzt wurde, lag?«

»Keine Ahnung«, sagte Barz.

»Das macht die Sache auch nicht einfacher«, brummte Bienzle, »obwohl ich schon ein gutes Stück weiter bin.«

Er richtete sich ein wenig auf, wippte auf den Zehen und

sagte: »Dürfte ich Sie alle bitten, noch mal ihre Plätze einzunehmen, die Sie innehatten, ehe die Tat geschah!« ›Mein Gott, red ich gestelzt, sobald mehr als einer gemeint ist‹, fuhr es ihm durch den Kopf.

Regine Barz warf ihre blonden Locken in den Nacken und sah ihn herausfordernd an. »Ich verlange, daß der Tote endlich weggebracht wird.«

»Macht es Sie wirklich so nervös?«

»Das ist einfach mehr, als man einer Frau zumuten kann!« sagte Jost Rauschenberg. Bienzle sah ihn an und schob die Unterlippe vor.

»Ach wissen Sie, manche Frau ist ja stärker als mancher Mann. Machen Sie sich einmal keine unnötigen Sorgen.«

»Ich halte es nicht mehr aus!« Regine Barz' Stimme bekam einen hysterischen Klang.

»Also bitte, wollen Sie Ihre alten Plätze einnehmen?« rief Bienzle ungerührt. »Je schneller Sie das tun, um so eher können wir fertig sein. Am schnellsten ginge es natürlich noch immer, wenn der Täter sagen würde, daß er es war.«

Wortlos bewegten sich die vier Verdächtigen. Es sah aus wie ein Marionettenspiel; denn – sei es wegen ihrer Müdigkeit, sei es wegen der besonderen Situation – alle gingen seltsam steif und langsam. Regine Barz trat dicht an der Wand neben einen Schreibtisch, der etwa drei Meter von Colanskis Tisch seitlich versetzt und im rechten Winkel dazu aufgestellt war. Barz trat dicht an Colanskis Tisch heran und blieb an dessen linker vorderer Seite stehen. Rauschenberg plazierte sich ein wenig unschlüssig ungefähr in der Mitte zwischen Colanskis Schreibtisch und Regine Barz: Colanski selbst rechts neben seinem Schreibtisch.

Bienzle nahm den Platz ein, den der alte Rauschenberg innegehabt hatte. Er rekapitulierte: »Sie, Frau Barz, hatten also gerade auf Colanskis Tisch gespuckt, er war aufgestanden, um den Tisch herumgegangen und hatte Ihnen eine Ohrfeige gegeben. Sie sind daraufhin zurückgewichen, bis zu dem Tisch, an dem Sie jetzt stehen, dann wollte Colanski wieder zurück hinter seinen Schreibtisch, wurde aber von beiden Seiten angegriffen. Warum stehen Sie an der Ecke des Schreibtisches?« fragte er Jürgen Barz überfallartig.

»Weil ich vorne rum wollte und Colanski stellen, aber da wich er nach hinten aus, ich wollte hintenrum, aber da hatte er gerade von Jost Rauschenberg eine einstecken müssen und machte wieder einen Schritt nach vorne. Ich ging also auch wieder zur Vorderseite und wollte ihn mir da schnappen.«

Bienzle sagte: »Und da ging das Licht aus!«

Er trat mit dem Schuh gegen den Kippschalter an dem kastenförmigen Elektroverteiler am Boden. Einen Augenblick lang herrschte Schweigen. Dann hörte man Schritte. Ein leises Klirren. Bienzle trat gegen einen Schalter, aber die Lampen leuchteten nicht länger auf als ein Blitzlicht. Irgendwer mußte sofort wieder ausgeschaltet haben, und zwar im Bruchteil einer Sekunde. Das Spiel wiederholte sich noch zweimal. Dann flammte das Licht endlich wieder auf. Bienzle war rot vor Zorn. »Welcher Allmachtsprachtsdackel war das?« schrie er. Niemand antwortete. Eine ganze Zeitlang sagte Bienzle nichts. Er stand an dem Platz, den der alte Rauschenberg kurz vor seinem Tode eingenommen hatte, und atmete schwer. Auch von den anderen redete keiner.

Schließlich nahm der Kommissar wieder das Wort: »Jeder hatte ein Motiv. Sie, Herr Rauschenberg, sind von Ihrem Vater unterdrückt worden und wollten endlich, endlich aus seinem Schatten heraus. Die beiden Firmeninhaber wollten sich und ihr Unternehmen vor dem Ruin bewahren, und für Frau Barz gilt sinngemäß das gleiche.« Er schaute auf die Uhr und stellte fest, daß es fast zwei Uhr war. »Ich komm dahinter, und wenn wir hier bis zum helle Tag z'amme hocket. Und ich krieg's auch raus, wenn alles ganz anders war.«

»Was meinen Sie damit?« fragte Colanski.

»Nun, zum Beispiel Sie, Herr Colanski, haben Frau Barz schwer beleidigt ...«

»Und umgekehrt!«

»Zugegeben. Trotzdem, eine Frau erträgt es nur schwer, geschlagen zu werden, und das auch noch vor anderen Leuten. Und – wenn ich das mal gerade nebenbei bemerken kann – das ist ja auch eine Granatensauerei. Sie haben's getan und haben damit den Haß der Dame herausgefordert. Es hat schon weniger starke Motive für einen Mord im Affekt gegeben.«

»Sie meinen, Frau Barz könnte es auf mich abgesehen gehabt haben?«

»Ja, Frau Barz, oder ihr Mann, oder Herr Rauschenberg, weil die zwei Herren ja ganz offensichtlich für diese Frau eine Menge auf sich nehmen würden. Auf jeden Fall: Wer da im Dunkeln zugestochen hat, mußte eigentlich annehmen, daß er Sie trifft, Herr Colanski. Offensichtlich hat ja keiner gewußt, daß der alte Rauschenberg nach vorn gegangen ist. So, wie die Dinge liegen, muß ich davon ausgehen, daß nicht Rauschenberg umgebracht werden sollte, sondern Sie, Herr Colanski.«

»Das ist doch Unsinn. Ich werde doch nicht meinen Geschäftspartner umbringen«, sagte Barz.

»Auch da gibt's Beispiele genug. In Düsseldorf neulich hat einer seinen Kompagnon kaltblütig ermordet, weil die zwei eine Lebensversicherung abgeschlossen hatten, in der jeweils der eine den anderen begünstigte. Das ist heute nichts Ungewöhnliches mehr, habe ich mir sagen lassen.«

Die Stille, die nach diesen beiläufig hingesagten Worten eintrat, war fast körperlich zu spüren. Bienzle sah einen nach dem anderen an. Und jeder sah zu Boden, auch Jürgen Barz, der doch diesen feinen Trick hatte, seinem Gegenüber auf die Nasenwurzel zu starren.

»Also, so ist das!« sagte Bienzle. »Wie hoch ist die Versicherung?« Keiner antwortete.

»Herr Colanski?«

»Fünfhunderttausend!«

»Würde das reichen?«

»Fürs erste schon!«

»Da sind wir wieder, wo wir waren. Jeder kann's gewesen sein. Vielleicht wollten ja auch Sie, Herr Colanski, Jürgen Barz umbringen, um den Laden allein zu übernehmen. So, wie ich Sie einschätze, halten Sie sich sowieso immer für den Besseren.« Fred Colanski schüttelte den Kopf: »Ich halte mich nicht für den Besseren, ich *bin* der Bessere!«

»Was ich sag!« Bienzle stapfte auf und ab. Die anderen standen nach wie vor wie angewachsen auf den Plätzen, die er sie einzunehmen gebeten hatte.

»Die Schere ... die Schere!« sagte Bienzle. »Die Schere ist der Schlüssel. Sagen Sie, haben Sie vorhin auch das Klirren gehört? Bitte, Herr Colanski, nehmen Sie Ihre Schere, und legen Sie sie mal auf den Tisch – so wie man das tut, wenn man in Eile ist. Rasch, hastig, aber nicht zu heftig.«

Colanski suchte auf seinem mit Papier überhäuften Tisch herum. Eine Schere war nicht zu finden. »Sie haben doch eine!« sagte Bienzle.

»Oder sie steckt im Rücken von Herrn Rauschenberg«, sagte Barz giftig. »Daß ich da nicht gleich draufgekommen bin. Natürlich! Der, dessen Schere fehlt, ist der Mörder!«

Bienzle schüttelte den Kopf. »Ich hab' Herrn Colanski vorhin beobachtet, wie er sich die Fingernägel gereinigt hat. Er hat die Schere von dem Papierstapel dort weggenommen. Es wirkte wie eine natürliche Sache, sicher so eine Art Übersprungshandlung, die typisch für ihn ist.«

»Stimmt«, sagte Colanski, »ich lege dann die Füße auf den Tisch und fange an, meine Fingernägel zu putzen, obwohl sie in aller Regel sauber sind.« Er suchte weiter und schüttelte den Kopf. »Sie ist nicht da!«

»Ich denke, dann steht der Täter fest!« sagte Bienzle.

»Colanski?« fragte Barz. »War's Fred Colanski?«

Bienzle schüttelte den Kopf. »Sie können die Plätze jetzt verlassen, ich denke, wir sollten in die Sitzecke hinübergehen.«

Ratlos sahen sich die vier an, während Bienzle zur Tür

stapfte und nach zwei Beamten rief, die draußen warteten. »Der Tote kann jetzt abtransportiert werden!«

Kurz darauf kamen zwei Männer mit einem Blechsarg, der auf zwei Holmen getragen wurde. Sie verrichteten ihre Arbeit still, routiniert und schnell. Als sie weggegangen waren, sah man nur noch die mit Kreide eingezeichneten Körperumrisse des Toten. Aber diese Kontur wirkte beinahe noch realer als die Leiche Rauschenbergs zuvor.

Bienzle zündete sich ein Zigarillo an, paffte ein paar Wolken in den Raum und sah ihnen nach, wie sie zerflossen. Dann stapfte er langsam zu der kleinen Sitzgruppe hinüber. Regine Barz hatte sich dicht neben ihrem Mann auf die Couch gesetzt und kuschelte sich an ihn. Es störte sie nicht, daß ihr Rock dabei weit über die Schenkel hinaufgeglitten war. Sie trug Strümpfe, die an Strapsen festgemacht waren. Das kleine Stück Haut zwischen Strumpfsaum und Kleid wirkte auf Bienzle irritierender als ein ganzer Sexfilm. Auch Rauschenberg konnte den Blick von diesem kleinen Ausschnitt kaum lösen. Er saß aufrecht in einem schwarzen Ledersessel und hatte die Hände flach zwischen die eng zusammengepreßten Knie gesteckt, als ob er verhindern müßte, daß man sie zittern sah. Nur Colanski lümmelte sich entspannt in seinem Sessel und rauchte ohne jede Hektik. Bienzle setzte sich nicht, sondern stellte sich in den Durchgang zu der Sitzgruppe, der von zwei halbhohen weißen Regalen markiert wurde. Sein Blick sah die vier Verdächtigen nacheinander an, kehrte dann zu dem kleinen Stück Haut an Regine Barz' Schenkel zurück. Der Kommissar sagte: »Schade eigentlich. Sie werden eine ganze Zeitlang einfachere Kleider tragen müssen, Frau Barz!«

Während Regine Barz kaum eine Regung zeigte und den Kommissar nur anstarrte, ohne daß auch nur ein Lid oder eine Wimper zuckte, fuhr Jürgen Barz auf. »Was soll der Unsinn?«

Bienzle sah ihm ins Gesicht. »Tut mir leid. Wahrscheinlich hat sie nur das Beste gewollt. Und ich bin sicher, daß sie nicht Herrn Rauschenberg töten wollte. »Der Blick von Regine Barz hatte sich an den Lippen des Kommissars festgesogen, zwischen denen in Abständen noch immer kleine Rauchwolken hervortraten. »Beweisen Sie's«, sagte Barz.

»Die Schere! Die Schere ist der Schlüssel. Sie alle haben gehört, daß vorhin eine Schere auf einen Tisch gelegt wurde, als das Licht aus war. Die Schere liegt dort drüben auf dem Schreibtisch, an dem Frau Barz kurz vor dem Mord gestanden hat. Nun könnte man sagen, ein böser Mensch hat vielleicht die Schere von Colanskis Tisch genommen und schnell hinübergetragen, um Frau Barz hereinzulegen. aber ich stand in der Mitte. Herr Barz hätte an mir vorbei gemußt, Herr Colanski sowieso, nur Herr Rauschenberg nicht. Aber er hatte als einziger keinen so fest fixierten Platz. Wie hätte er dann in der Dunkelheit genau auf den Punkt zurückkehren sollen, an dem er zuvor gestanden hatte.«

»Na ja, Sie hätten sich diesen Platz auch nicht so genau merken können«, sagte Colanski.

»Doch«, sagte Bienzle, »Herr Rauschenberg stand nur einen Meter von dem Stromverteiler entfernt, außerdem befand er sich von mir aus gesehen genau in einer Linie mit einer Säule. Eigentlich kann auch nur Herr Rauschenberg derjenige gewesen sein, der das Licht immer wieder gelöscht hat, sobald ich's anmachte.« Bienzle räusperte sich. »Er wußte Bescheid und wollte Ihnen, Frau Barz, helfen.«

»Aber wenn ich auf dieses Indiz angewiesen wäre, könnte ich bei jedem Staatsanwalt wieder einpacken. Immerhin aber gibt es ein starkes Motiv. – Und ich habe noch ein Indiz: Die Schere weist keine nutzbaren Fingerabdrücke auf. Mein Kollege von der Spurensicherung sagte, es habe zwar Abdrücke gegeben, aber sie seien verwischt. Ich hab' extra nachgefragt: abgewischt oder verwischt. Er sagte verwischt. Der einzige Mensch hier, der Handschuhe trägt, ist Frau Barz. Und nun stellen Sie sich einmal vor, Sie umfassen eine Schere, nehmen sie in die Faust und stechen mit ihrer ganzen Kraft zu, sobald sie den Körper vor sich spüren. Die Hand rutschte unwillkürlich ein Stück ab, vor allem, wenn sie in glatten Satinhandschuhen steckt. Daß es diese Handschuhe waren, die mit der Schere in Berührung gekommen sind, werden wir im Labor beweisen. Es gibt an der Mordwaffe genug kleine Unebenheiten, Ecken und Kanten, um mikroskopisch kleine Fasern abzureißen.« Es war still geworden in dem großen Raum. Bienzle atmete ein paar Mal hörbar aus und ein, ehe er fragte: »Wer war denn nun gemeint, Frau Barz?«

»Bestimmt nicht Herr Rauschenberg!« sagte sie.

»Also Colanski!«

»Ja. Wir wären alle Sorgen los gewesen. Jürgen hat unter seiner Arroganz gelitten, ich habe ihn noch nie leiden können, und als mir das mit der Versicherung so richtig klar wurde ...«

»Bitte nicht«, sagte Bienzle. »ich muß Ihnen nämlich sagen, daß ich Sie festnehme. Und alles, was Sie ab jetzt sagen, kann gegen Sie verwendet werden. Ein Anwalt muß Ihnen raten, was Sie wie aussagen. Ich wollte nur wissen, ob Sie es waren.« Er machte ein bedeutungsvolle Pause.

»Ob es ein kaltblütiger Mord war, oder ein Mord im Affekt, sollte das Gericht entscheiden.« Er versuchte, ihr ein wenig zuzulächeln, »Das Strafmaß fällt im zweiten Fall ungleich milder aus.«

Während der Hauptkommissar zur Tür ging und nach den Beamten rief, die Frau Barz abführen sollten, nahm Jürgen Barz seine Frau fest in die Arme. »Wir nehmen den besten Anwalt, den es gibt.« Zum ersten Mal verlor sie die Fassung. Sie begann zu weinen. »Und wie sollen wir den bezahlen?«

»Das lassen Sie mal meine Sorge sein«, sagte der junge Rauschenberg. Colanski wollte etwas sagen, aber Rauschenberg herrschte ihn an »Mit Ihnen will ich ab heute nichts mehr zu tun haben!« Colanski erhob sich, warf die Arme in die Luft, drehte sich um sich selber und sagte: »Das hab' ich nun davon, daß ich absolut unschuldig bin!«

»Wie man's nimmt«, meinte Bienzle, der in diesem Augenblick mit zwei Beamten zurückkam.

Arthur Morrison

Der Fall der »Lawine Fahrräder und Reifen AG«

Fahrradfirmen waren groß im Geschäft. Ungeheure Vermögen wurden in wenigen Stunden gewonnen, und manchmal wurden kleine Vermögen verloren, um die großen zu schaffen. Kuxe waren eine Saison lang kaum gefragt, während jede Gesellschaft, in deren Firmennamen das Wort »Fahrräder« oder »Reifen« vorkam, mit Sicherheit Kapital anlockte, gleichgültig, wie gut oder schlecht ihre Aussichten von der Fachwelt beurteilt wurden. Alle alteingesessenen privaten Fahrradfirmen wurden plötzlich in Aktiengesellschaften umgewandelt, und die Firmeninhaber, die sowieso schon reich genug waren, bauten sich Häuser an der Riviera, kauften sich Yachten, hielten sich Rennpferde und zogen sich völlig aus dem Geschäftsleben zurück. Manchmal erhielten die Aktionäre für ihr Geld den genauen Gegenwert, manchmal mehr, manchmal weniger – und manchmal erhielten sie nichts weiter als den vollständigen Verlust ihres Geldes; aber trotzdem ging das Spiel immer weiter. Man konnte keine Zeitung aufschlagen, ohne nicht gleich auf den ersten Blick eine großaufgemachte Ankündigung einer neugegründeten Fahrradfirma zu entdecken, deren Kapital mit mindestens sechs- und oft sogar siebenstelligen Ziffern angegeben wurde. Ehrwürdige alte Tageszeitungen, zu deren Schlagzeilen keine Nachricht Zugang hatte, die nicht überall sonst seit mindestens ein paar Jahren vergessen war, boten im Anzeigenteil plötzlich den skandalösen Anblick einer »unterbrochenen Spalte«, und die überall verbreiteten Anzeigen nahmen mit empörender Unverschämtheit die halbe oder sogar die ganze Seite ein – etwas, was bei jedem Zeitungsmann der alten Schule, der noch etwas Selbstachtung besaß, unweigerlich zum Schlaganfall führen mußte.

Inmitten dieser ganzen Aufregung wollte es der Zufall, daß die Firma Dorrington und Hicks den Auftrag bekam, Nachforschungen für die bekannte und altbewährte Firma »Unverwüstlich Zweirad- und Dreiradfabriken London und Coventry« anzustellen. Die Angelegenheit war nicht kompliziert und schwierig genug, um Dorringtons persönliche Aufmerksamkeit in Anspruch zu nehmen, und wurde deshalb einem Assistenten übergeben. An der Rechtsgültigkeit eines Patents für eine besondere Methode, die Speichen eines Fahrrads zu verfestigen und die Räder zu zentrieren, bestanden gewisse Zweifel, und Dorringtons Assistent sollte nachforschen (jedoch ohne unnötig auf die Sache aufmerksam zu machen), ob irgendwo durch Dokumente oder durch einen alten Fachmann, der sich noch genau erinnerte, bewiesen werden konnte, daß diese oder eine ähnliche Methode schon vor dem Jahr 1885 angewandt worden war. Der Assistent führte seine Nachforschungen durch und erstattete Dorrington darüber Bericht. Nun habe ich wohl schon wiederholt gesagt, daß nach allem, was ich bisher gesehen habe, Dorringtons Hauptsorge seinen eigenen Interessen galt, und gerade zu diesem Zeitpunkt hatte er ebenso wie alle anderen Leute wiederholt gehört, daß Fahrradaktien eine wahre Goldgrube seien. Und wie alle anderen wünschte er sich nichts sehnlicher als einen vertraulichen Hinweis von einem, der »im Bilde« war – einen Hinweis, der ihm vielleicht die »todsichere Sache« einbrachte, nach der alle, die fieberhaft am Rande der Aktienbörse herumspekulierten, gierig Ausschau hielten. Aus diesem Grunde beschloß Dorrington, die kleine Patentangelegenheit wichtiger zu nehmen, als ihr eigentlich zukam, und persönlich darüber Bericht zu erstatten. Er war äußerst wendig und erfindungsreich, konnte gewandt auftreten und war ein glänzender Gesellschafter. Im Fahrradgeschäft steckte Geld; warum also sollte er die günstige Gelegenheit auslassen, sich in den unzugänglichen Eingeweihtenkreisen dieser Industrie ein wenig beliebt zu machen und mitzunehmen, was ihm über den Weg lief – Informationen, Aktien, Direktorenposten und was es sonst noch gibt? Dorrington nahm also kurz entschlossen den Bericht seines Assistenten unter den Arm und machte sich auf den Weg zum Hauptbüro der »Unverwüstlich« am Holborn Viaduct, fest entschlossen, den Hauptgeschäftsführer einzuwickeln und sich näher mit ihm anzufreunden.

Unterwegs fiel ihm ein sehr aufwendig ausgestattetes Fahrradgeschäft auf, das seines Wissens neu war. Über dem riesigen Schaufenster prangte in großen vergoldeten Lettern »Lawine Fahrräder und Reifen«, und im Fenster selbst standen eine ganze Reihe prächtig emaillierter und vernickelter Fahrräder; jedes einzelne trug am Rahmen eine verkleinerte Wiedergabe des Firmenschilds in flammendem Rot und Gold; und in der Mitte dieser blitzblanken Räder stand ein Fahrrad, das über und über mit getrocknetem Schmutz bedeckt und nur an einer einzigen Stelle so weit gereinigt war, daß man gerade dasselbe glänzende Firmenschild wie auf allen übrigen in strahlender Schönheit leuchten sah – und daneben verkündete ein Plakat, daß mit diesem Fahrrad auf den denkbar schlechtesten Straßen eine unglaubliche Entfernung in kaum mehr als überhaupt keiner Zeit zurückgelegt worden war. Vor dem Schaufenster drängte sich eine Menschenmenge und bestaunte ehrfürchtig das Plakat, die Fahrräder, die Schilder und den Dreck, kümmerte sich allerdings wenig um die Stapel zusammengefalteter weißer Bogen, auf denen in kühnen Schriftzügen der Firmenname stand und darunter in fettgedruckten schwarzen Buchstaben der Zusatz »AG« und das Wort »Prospekt«. Dorrington jedoch bemerkte sie sofort, denn er hatte am Morgen genau wie mehrere tausend andere Leute ein solches Blatt mit der Post erhalten. Außerdem hatte ein Abdruck dieses Prospekts eine halbe Seite seiner Morgenzeitung in Anspruch genommen und war am Nachmittag noch mal in der Abendzeitung erschienen. Die Liste der Direktoren enthielt ein oder zwei bekannte Adelsnamen und daneben noch ein paar völlig unbekannte Namen – ohne Zweifel die »Männer der Praxis«. Der Text unter dieser Liste versprach dann mit absoluter Sicherheit geradezu ungeheure Dividenden und unterstützte diese Versprechungen mit freimütigen Zahlenangaben, wobei jede Zahlenreihe wieder auf eine andere Zahlenreihe verwies, die ihre absolute Echtheit und Zuverlässigkeit bezeugen konnte, und brachte so unanfechtbare Beweise vor, daß jeder vernünftige Mensch offenbar nichts Besseres tun konnte, als stehenden Fußes sein letztes Hemd zu verkaufen, um wenigstens eine einzige Aktie zu erwerben und damit für immer sein Glück zu machen. Gewiß, die Firma war erst vor kurzem gegründet worden, aber das war es ja eben. Das Geschäft hatte sich so schnell und stürmisch entwickelt (wie es der Natur einer Lawine entsprach), daß es beim besten Willen nicht mehr zu bewältigen war und Bestellungen überhaupt nicht mehr angenommen werden konnten; deshalb sahen sich die Inhaber zu ihrem Bedauern gezwungen, der Allgemeinheit etwas von dem großen Kuchen abzugeben. Die Zuteilung der Aktien sollte am Montagmorgen beginnen und am Dienstag nachmittag Punkt vier Uhr unwiderruflich beendet werden; barmherzigerweise war für diejenigen unter den Anwärtern auf Reichtum und Wohlstand, die das Unglück hatten, auf dem Lande zu leben, eine Verlängerung der Frist bis Mittwoch früh vorgesehen. Es war also dringend geboten, keine Zeit zu verlieren, wenn man nicht zu den Unglücklichen zählen wollte, die ihren Zeichnungsbetrag in voller Höhe zurückbekommen würden, weil sie bei der Zuteilung der Aktien nicht mehr hatten berücksichtigt werden können. Der Prospekt sagte das zwar nicht ganz so ausführlich und direkt, aber kein vernünftiger Mensch konnte sich des Eindrucks erwehren, daß die Direktoren inbrünstig hofften, niemand werde bei dem zu erwartenden Ansturm verletzt werden.

Dorrington ging weiter und erreichte schließlich das allgemein bekannte Haus der Firma »Unverwüstlich«. Die Firma bestand schon seit mindestens zehn Jahren als GmbH und hatte davor als Privatunternehmen acht oder neun Jahre lang glänzend floriert und Erfahrungen gesammelt. Der Firmengründer, Mr. Paul Mallows, jetzt Geschäftsführer der GmbH, war eine Säule der gesamten Fahrradindustrie. Dorrington gab seine Karte ab und bat um eine Unterredung mit Mr. Mallows.

Mr. Mallows war offenbar ausgegangen, aber Mr. Stedman, sein Sekretär, war im Hause, und zu ihm wurde Dorrington geführt. Mr. Stedman war ein liebenswürdiger jüngerer Mann, der seinerzeit ein berühmter Amateurradrennfahrer gewesen und immer noch begeisterter Anhänger des Radsports war. In zehn Minuten hatten sie ihre Geschäfte erledigt, und Dorrington hatte den Sekretär mit Geschick und Takt in eine angenehme Plauderei verwickelt. Sie sprachen über dieses und jenes, erzählten sich gegenseitig muntere Anekdötchen, und Dorrington bekundete sein Interesse für den Radsport, insbesondere – da er sah, daß Stedman Radrennfahrer gewesen war – für Radrennen.

»Ich glaube, am Sonnabend gibt es ein ganz besonders interessantes Rennen«, sagte Stedman. »Oder besser«, fuhr er fort, »ich glaube, der Rekord über fünfzig Meilen wird gebrochen werden. Daß unser Mann Gillett gewinnen wird, steht zwar ziemlich fest, aber er wird sich ganz schön anstrengen müssen, und ich könnte mir denken, daß wir nächste Woche in unseren Anzeigen eine ganze Reihe neuer Rekorde bringen können. Der zweitbeste Mann ist Lant – der Neue, wissen Sie –, der für die ›Lawine‹-Leute fährt.«

»Ach ja, die gründen ja jetzt eine Aktiengesellschaft, nicht wahr?« fragte Dorrington ganz beiläufig.

Stedman nickte und verzog ein wenig spöttisch das Gesicht.

»Ich habe den Eindruck, Sie halten nicht allzuviel davon, wie?« sagte Dorrington, der die Grimasse bemerkte.

»Ach Gott«, antwortete Stedman. »Genaues kann ich natürlich auch nicht sagen. Ich weiß nicht viel über die Firma – das tut offenbar übrigens niemand –, aber sie scheinen ja tatsächlich von heute auf morgen ein Riesengeschäft aufgebaut zu haben; das heißt, wenn die Firma so reell ist, wie es auf den ersten Blick aussieht. Aber sie brauchen erstaunlich viel Kapital, und der Prospekt – also ich muß sagen, ich habe schon befriedigendere Aktienprospekte gesehen. Ich will damit natürlich nicht sagen, daß etwas faul ist, aber wenn mich einer meiner Freunde um Rat fragte, würde ich ihm jedenfalls nicht empfehlen, sich darauf einzulassen.«

»Das würden Sie also nicht tun?«

»Nein, das würde ich nicht tun. Obwohl sie zweifellos ihr Kapital zusammenbekommen werden, oder zumindest zum größten Teil. Im Augenblick kann fast jede Fahrrad- oder Reifenfirma Kapital durch Aktien auftreiben, wenn sie will. Und die ›Lawine‹-Leute haben beides: Fahrräder und Reifen; außerdem machen sie ausgezeichnete Reklame. Lant hat in letzter Zeit mehrmals auf ihren Rädern gewonnen, und das spielen sie mit allen Mitteln hoch. Junge, wenn sie es schaffen könnten, daß er am Sonnabend das Fünfzig-Meilen-Rennen gewinnt und unseren Fahrer Gillett schlägt, *dann* wären sie aber obenauf! Außerdem käme es genau im richtigen Moment. Wissen Sie, Gillett ist über diese Distanz bisher noch nie geschlagen worden. Aber Lant kann es meiner Ansicht nach nicht schaffen, obwohl ich zugeben muß, daß er ein blendender Fahrer ist – na jedenfalls, es wird ein tolles Rennen werden, sage ich Ihnen!«

»Das würde ich wirklich gern sehen.«

»Kommen Sie doch mit! Vielleicht können Sie es einrichten. Und wenn Sie Lust haben, könnten wir ja heute abend nach dem Essen zusammen zur Bahn rausfahren und unserem Mann beim Training zusehen – ich kann Ihnen sagen, das ist wahnsinnig interessant, mit den verschiedenen Schrittmachern und dem ganzen Zeug. Aber nur, wenn Sie mögen.«

Dorrington sagte, er sei begeistert, und lud Stedman ein, mit ihm zu Abend zu essen, bevor sie zur Rennbahn führen. Stedman seinerseits war von seinem neuen Bekannten hingerissen – wie jeder, der zum ersten Mal mit Dorrington zusammentraf – und sagte freudig zu.

In diesem Augenblick wurde die Tür zu Stedmans Büro aufgestoßen, und ein gutgekleideter Mann mittleren Alters mit glattrasiertem, etwas schwammigem Gesicht kam herein. »Verzeihung«, sagte er, »ich dachte, Sie wären allein. Ich habe mir eben, als ich herkam, am Türgriff meiner Kutsche den Finger aufgerissen – die Schraube steht etwas vor. Haben Sie vielleicht ein Heftpflaster für mich?« Bei diesen Worten streckte er Stedman seinen blutenden Finger hin. Stedman blickte ein wenig zweifelnd auf seinen Schreibtisch.

»Hier ist ein Stück Englisches Pflaster«, rief Dorrington und zog seine Brieftasche hervor. »Ich habe immer etwas bei mir – es ist praktischer als gewöhnliches Heftpflaster. Wieviel brauchen Sie?«

»Ach danke schön – nur ein kleines Stück.«

»Das ist Mr. Dorrington von Dorrington & Hicks, Mr. Mallows«, stellte Stedman vor. »Unser Geschäftsführer Mr. Mallows – Mr. Dorrington.«

Dorrington war entzückt, Mr. Mallows' Bekanntschaft zu machen, und verklebte eifrig und sorgfältig den lädierten Finger. Mr. Mallows war breit und kräftig gebaut wie ein Mann, der viel schwere körperliche Arbeit geleistet hat, aber das etwas weiche, schlaffe Fleisch sprach von einer späteren Periode geruhsamen Wohllebens. »Tja, Mr. Mallows«, sagte Stedman, »das Fahrrad ist eben doch das sicherste Beförderungsmittel! Gefährliche Dinger, diese Kutschen!«

»Ihr jüngeren Männer«, erwiderte Mallows langsam und ein

wenig schwerfällig, »ihr jüngeren Männer könnt es euch leisten, sportlich zu sein. Wir Älteren –«

»Können uns eine Kutsche leisten«, vollendete Dorrington, bevor der Geschäftsführer zum nächsten Wort ansetzen konnte.

»So ist es – und zu verdanken ist alles dem Fahrrad; eine wunderbare Sache, so ein Fahrrad!«

Dorrington hatte sein Gegenüber völlig richtig beurteilt, und die indirekte Anspielung auf seinen Reichtum schmeichelte Mr. Mallows offensichtlich. Nachdem Dorrington seinen Bericht über das Patent wiederholt hatte, verabschiedete sich Mr. Mallows.

»Guten Tag, Mr. Dorrington«, sagte er, »guten Tag. Ich bin Ihnen außerordentlich verbunden, daß Sie sich dieser Patentangelegenheit persönlich und mit so großer Gründlichkeit angenommen haben. Alles weitere können wir jetzt wohl Mr. Stedman überlassen, denke ich. Guten Tag. Ich hoffe, ich habe bald wieder einmal das Vergnügen, Mr. Dorrington.« Und damit zog sich Mr. Mallows würdevoll und unbeholfen zurück.

***

»Sie glauben also nicht, daß es ein gutes Geschäft wäre, bei der ›Lawine‹ zu investieren?« erkundigte sich Dorrington noch mal, als er und Mr. Stedman nach einem ausgezeichneten Abendessen mit einer Droschke zur Radrennbahn hinausfuhren.

»Nein, nein«, entgegnete Stedman, »lassen Sie bloß die Finger davon! Es dauert bestimmt nicht lange, bis etwas Besseres kommt. Vielleicht kann ich Ihnen sogar schon in absehbarer Zeit einen guten Tip geben; übereilen Sie ja nichts; selbst wenn sonst nichts daran auszusetzen wäre – für meinen Geschmack wird zu viel Geschrei darum gemacht. Dieses dauernde Gerede, daß sie noch was ›im Hinterhalt‹ hätten und so weiter; diese ewigen Gerüchte und geheimnisvollen Anspielungen in den Zeitungen, daß die ›Lawine‹ eine ganz revolutionäre Neuerung auf den Markt bringen wird! Vielleicht stimmt es. Aber dann verstehe ich beim besten Willen nicht, warum sie ausgerechnet jetzt, da sie Aktien ausgeben, nicht damit herausrücken, es sei denn, sie wollen einen allzu großen Ansturm verhindern, und in dieser Hinsicht machen sie mir bis jetzt jedenfalls nicht den Eindruck bescheidener Zurückhaltung.«

Kurz nach sieben waren sie auf der Rennbahn angelangt, doch von Gillett war noch nichts zu sehen. Dorrington bemerkte, Gillett scheine spät anzufangen.

»Ach wissen Sie«, erklärte Stedman, »Gillett ist einer, der das Training am Nachmittag offenbar ablehnt und höchstens ein bißchen spazierengeht. Er dreht vormittags ein paar Runden und macht ein oder zwei Spurts, und ganz kurz vor Sonnenuntergang erscheint er dann und fährt zehn oder fünfzehn Meilen mit regelrechter Renngeschwindigkeit – das heißt, wenn er sich auf ein Rennen wie das am Sonnabend vorbereitet. Heute abend fährt er die letzten Runden über diese Entfernung vor Sonnabend, weil morgen der Tag vor dem Rennen ist. Morgen macht er dann nur noch ein paar Spurts und ruht sich für den Rest des Tages aus.

Sie wanderten im Innenraum der Bahn hin und her, deren steile hohe Kurvenbefestigungen einem kurzsichtigen Menschen, wenn er in der Mitte stünde, wie feste senkrechte Wände erscheinen würden, über deren Oberfläche die trainierenden Fahrer wie im Fluge dahinglitten. Als sie ankamen, waren außer ihnen noch drei oder vier Personen auf dem Rennbahngelände. Zehn Minuten später jedoch kam Mr. Paul Mallows über die Bahn auf sie zu.

»Nanu«, sagte Stedman zu Dorrington, »da ist ja der Alte! Oft kommt der nicht hierher! Aber wahrscheinlich will er sich vergewissern, daß Gillett in Form ist, wegen Sonnabend.«

»Guten Abend, Mr. Mallows«, sagte Dorrington. »Was macht der Finger? Brauchen Sie noch ein Pflaster?«

»Guten Abend, guten Abend«, erwiderte Mr. Mallows

schwerfällig. »Vielen Dank, den Finger merke ich kaum mehr.« Zum Beweis hielt er den Finger, der immer noch mit dem schwarzen Pflaster verklebt war, hoch. »Ihr Pflaster ist noch drauf, wie Sie sehen – ich muß mich nur beim Waschen ein bißchen vorsehen, daß es nicht zu sehr ausfranst.« Und damit nahm Mr. Mallows auf einem leichten eisernen Gartenstuhl Platz (auf dem Rennbahngelände standen eine Anzahl davon herum) und wandte seine Aufmerksamkeit den Fahrern zu.

Die Bahn war völlig leer, und es wurde schon dämmrig, als endlich der große Gillett auf der Rennbahn erschien. Er unterhielt sich kurz mit Mr. Mallows und Stedman, beantwortete ein paar freundliche Fragen, die sie ihm stellten, und dann gab er seinem Trainer seine Jacke, schwang sich auf sein Fahrrad und radelte los; vor ihm fuhr ein Tandem und hinter ihm ein Dreisitzer. Nach fünfzig Metern beschleunigte er sein Tempo und zog dann regelmäßig wie ein Uhrwerk in schnellem, gleichmäßigem Tempo über die Bahn. Manchmal übernahm das Tandem die Führung und manchmal der Dreisitzer, aber Gillett ließ sich durch nichts beirren, sondern legte unter dem Einfluß seiner Schrittmacher, die von der Mitte aus durch den Trainer dirigiert wurden, eine Meile nach der anderen in immer gleichbleibendem Tempo von etwa über zwei Minuten pro Meile zurück.

»Sehen Sie sich das an!« schrie Stedman begeistert. »Ist das ein Fahrstil? Nicht ein Gramm Kraftverschwendung! Haben Sie schon einmal so etwas von regelmäßiger Beinarbeit gesehen? Und wie er auf dem Rad sitzt – einfach fabelhaft! Nicht die leiseste Bewegung oberhalb der Hüften!«

»Ja«, sagte Mr. Mallows, »Gillett fährt einen wunderbaren Stil – wirklich, einen ganz wunderbaren Stil!«

Die Männer, die sich inzwischen auf dem Gelände eingefunden hatten, schlenderten auf dem Rasen umher und sahen Gillett zu, wie man der Darbietung eines großen Künstlers zusieht – der Gillett ja auch wirklich war. Außer Mallows, Stedman, Dorrington und dem Trainer waren noch zwei offizielle Vertreter des Radfahrerverbandes da, ein Amateurfahrer namens Sparks, der Rennbahnleiter und ein anderer Mann. Es wurde allmählich spät, und die Dunkelheit brach immer tiefer herein. Die Räder waren schon nicht mehr zu sehen, und auf der anderen Seite der Bahn war von den Fahrern kaum mehr zu erkennen als das rhythmische Auf und Ab der Beine und die weiße Mütze von Gillett. Der Trainer hatte Stedman eben erklärt, daß sein Schützling noch drei Spurtrunden drehen und dann Schluß machen würde.

»Na, Mr. Stedman«, sagte Mr. Mallows, »ich glaube, um Sonnabend brauchen wir uns keine Sorgen zu machen.«

»Bestimmt nicht«, antwortete Stedman zuversichtlich. »Gillett ist wirklich eine ganz große Kanone und dabei so zuverlässig wie ein Uhrwerk!«

Das Tempo steigerte sich jetzt plötzlich. Das Tandem schoß wieder einmal nach vorn, der Dreisitzer hielt sich beharrlich neben dem Fahrer, und die ganze Gruppe sauste mit surrenden Rädern und einer Geschwindigkeit von anderthalb Minuten pro Meile rund um die Bahn. Die Zuschauer machten die Bewegung unwillkürlich mit und folgten den Fahrern über die ganze Bahn mit den Augen. Als sie aus der oberen Kurve in die Gerade einschwenkten, bremste ganz plötzlich das Tandem und machte einen kleinen Schlenker. Gillett, der direkt hinterherkam, fuhr krachend auf das Tandem auf, und der Dreisitzer konnte nicht mehr ausweichen, wackelte, schwankte und stürzte dann ebenfalls, dabei wurde er ein Stückchen über die Bahn geschleudert. Alle drei Räder mitsamt den sechs Männern lagen in einem unentwirrbaren Knäuel auf dem Boden.

Alles rannte über das Gras auf die Unglücksstelle zu, allen voran der Trainer. Dann sahen sie, was den Massensturz verursacht hatte. Mitten auf der Bahn und inmitten des wirren Durcheinanders aus Menschen und Fahrrädern lag umgestürzt einer der leichten, grüngestrichenen Gartenstühle, die auf dem Gelände herumstanden. Die Fahrer des Dreisitzers rappelten sich mühsam auf; sie waren zwar tüchtig zerschrammt und erschrocken, schienen aber von allen noch am besten davongekommen zu sein. Einer der beiden Tandemfahrer war besinnungslos, und Gillett, der durch seine Position bei dem Zusammenstoß am meisten abbekommen hatte, war ebenfalls bewußtlos, hatte einen Haufen Schrammen und Beulen, und sein linker Arm war gebrochen.

Der Trainer fluchte laut und raufte sich die Haare. »Wenn ich rauskriege, wer das gemacht hat«, schrie Stedman empört, »den Kerl schlage ich mit dem Stuhl da glatt zu Brei!«

»Ach, diese Wetterei, diese elende Wetterei!« jammerte Mr. Mallows und hoppelte aufgeregt umher. »Da sieht man, wozu das Wetten die Menschen bringen kann! Aus Versehen kann das doch nicht passiert sein, nicht wahr?«

»Versehen? Bödsinn! Kein Mensch stellt im Dunkeln einen Stuhl auf eine Rennbahn und läßt ihn dann aus Versehen stehen. Versehen! Moment mal, will da etwa jemand an der Außenseite der Bahn verschwinden?«

»Nein, da ist niemand. So lange hat der natürlich auch nicht gewartet; der ist schon seit mindestens einer Minute weg, wenn nicht noch länger! Hallo, Fielders! Schließen Sie den Ausgang ab, dann werden wir sehen, wer alles hier ist.«

Aber offenbar war niemand Verdächtiges da. Außer dem Mann, der die Bahn in Ordnung hielt, und seinem Gehilfen, Gilletts Trainer und einem Rennfahrer, der sich im Augenblick im Pavillon aufhielt und gerade fertig umgezogen hatte, waren nur noch die Leute da, die jeder im Innenraum hatte herumstehen sehen. Aber jemand, der unbeachtet am Außenrand der Bahn gestanden haben könnte, hätte reichlich Zeit gehabt, im Schutz der Dunkelheit sofort, nachdem die Fahrer an ihm vorbei waren, auf die Bahn zu laufen, das Hindernis aufzustellen und zu entfliehen, bevor die Runde zu Ende war.

Die verletzten Männer wurden, soweit sie nicht selbst gehen

konnten, in den Pavillon getragen und die beschädigten Räder beiseite geschafft. »Ich würde demjenigen mit Freuden fünfzig Pfund bezahlen, nein, sogar hundert Pfund«, beteuerte Mr. Mallows aufgeregt, »der herausfindet, wer den Stuhl auf die Bahn gestellt hat. Es hätte ja als glatter Mord enden können. Wahrscheinlich steckt irgend so ein verdammter Buchmacher dahinter, der zu viele Wetten auf Gillett angenommen hat. Ich sage es ja immer und immer wieder – das Wetten ist heutzutage bei jeder Art von Sport der große Fluch.«

»Der Chef ereifert sich mächtig über Wetten und Buchmacher«, sagte Stedman zu Dorrington, als sie auf den Pavillon zugingen, »aber unter uns gesagt glaube ich viel eher, daß jemand von der ›Lawine‹ dahintersteckt. Das Wetten ist nun einmal Mallows' Steckenpferd, aber bei Radrennen wird im allgemeinen sehr wenig gewettet und wenn, dann höchstens eine halbe Krone oder einen halben Sovereign am Tage des Rennens selbst. Vorher hat dabei noch kein Buchmacher ein dickes Geschäft mit Einsätzen gemacht. Natürlich *kann* es diesmal anders gewesen sein, aber ich tippe trotzdem eher auf die Leute von der ›Lawine‹. Wenn Gillett ausfällt, wird ihr Mann höchstwahrscheinlich am Sonnabend gewinnen, und wenn sich das Wetter auch nur einigermaßen hält, wird er mit der gleichen Wahrscheinlichkeit auch den Rekord brechen; der über fünfzig Meilen ist sowieso in der allernächsten Zeit fällig. Wir hatten eigentlich fest damit gerechnet, daß es Gillett am Sonnabend gelingen würde. Wenn nichts dazwischengekommen wäre, hätte er mit Sicherheit gewonnen, und alles sprach dafür, daß er bei einigermaßen gutem Wetter auch einen neuen Rekord aufstellen würde. Nun, da Gillett auffällt, wird Lant das Rennen fast genauso sicher gewinnen, wie es im anderen Fall, das heißt, wenn diese Geschichte nicht passiert wäre, unser Fahrer gewonnen hätte. Damit würde die ›Lawine‹ ausgerechnet in dem Augenblick, in dem sie sich in eine AG verwandelt, eine großartige Reklame haben. Lant war nämlich bis zu dieser Saison ein ausgesprochen zweitklassiger Fahrer, aber in den letzten paar Monaten, seit er für die ›Lawine‹ fährt, hat er sich enorm verbessert. Wenn er am Sonnabend gewinnt, können sie ohne weiteres behaupten, daß es an ihrem Fabrikat liegt. ›Hier‹, werden sie sagen, ›haben wir einen Mann, der es nie zum Sieger brachte, nicht einmal in zweitklassigen Rennen, bis er sich entschloß, ein ‚Lawine-Rad' zu fahren. Und jetzt bricht er auf diesem Rad den Rekord über fünfzig Meilen und überrundet die besten Fahrer der Spitzenklasse.‹ Das bringt ihnen Tausende an Kapital ein, sage ich Ihnen. Natürlich schadet es uns nichts, wenn sie ihr Kapital zusammenkriegen, aber daß wir nicht mehr den Rekord halten, das kann uns schaden. Daß Gillett mitten in der Saison kampfunfähig wird und auf längere Zeit ausfällt, ist ein schwerer Schlag, der gefährlich werden kann.«

»Ja, ich kann mir denken, daß es für Sie um mehr geht als nur um dieses eine Rennen.«

»Natürlich. Und für die ›Lawine‹ geht es auch um mehr. Schauen Sie, wenn Gillett für den Rest der Saison ausscheidet, was sehr wahrscheinlich ist, dann ist Lant doch in allem, was länger als zehn Meilen ist, absolut konkurrenzlos. Damit steigen ihre Aktien gewaltig, und wenn sie sie handeln, machen sie ein Riesengeschäft. Ich kann Ihnen sagen, die Geschichte sieht mir sehr verdächtig aus.«

»Hören Sie«, sagte Dorrington, »können Sie mir irgendwoher eine Laterne besorgen, damit ich mir die Unglücksstelle ein bißchen genauer ansehen kann? Die Leute sind mittlerweile alle im Pavillon. Ich wäre jetzt völlig ungestört.«

»Aber natürlich. Wollen Sie versuchen, die hundert Pfund zu verdienen, die der Alte ausgesetzt hat?«

»Vielleicht. Aber im übrigen schadet es auch nichts, wenn ich versuche, Ihnen eine kleine Gefälligkeit zu erweisen, da ich schon einmal hier bin. Ein anderes Mal tun Sie vielleicht mir einen Gefallen.«

»Da haben Sie recht – warten Sie, ich frage Fielders, den Bahnwart.«

Dorrington bekam von Fielders eine Laterne und begab sich zu der Stelle, an der immer noch der eiserne Stuhl lag, während Stedman zu den übrigen in den Pavillon ging.

Zunächst untersuchte Dorrington eingehend den Rasen im Umkreis von zwei Metern, dann überquerte er die Bahn, stieg über das Geländer und untersuchte ebenso gründlich den feuchten Kies, mit dem der Außenring bestreut war. Die Bahn selber war zementiert und ließ infolgedessen keine Fußspuren erkennen, aber trotzdem untersuchte er sie genauso sorgfältig wie alles übrige und nahm sich schließlich das Geländer vor. Als er damit fertig war, wandte er sich dem Stuhl zu. Es war, wie gesagt, ein leichter Stuhl aus einem flachen, schmalen Eisenband, das zu einem Gestell zusammengebogen und vernietet war. Er hatte offensichtlich schon viele Dienste getan, und sein gegenwärtiger grüner Anstrich war bei weitem nicht mehr der Originalanstrich. Außerdem hatte er verschiedene Rotstellen und war mehrmals repariert und durch Querstangen verstärkt worden, die mit Schrauben und Vierkantmuttern gesichert waren; auch diese waren zum Teil verrostet und locker. Und von einer dieser Vierkantmuttern, die eine Querstange an der oberen Seite der Rückenlehne festhielt, entfernte Dorrington vorsichtig einen winzigen Gegenstand – er sah fast aus wie ein Haar – und verstaute ihn sorgsam in seiner Brieftasche. Anschließend warf er noch einen letzten kurzen Blick in die Runde und begab sich dann in den Pavillon.

Inzwischen war der Arzt gekommen. Sein Urteil über den Hauptpatienten klang recht günstig. Es war ein einfacher Bruch, und der Patient war ein gesunder Mann. Als Dorrington eintrat, wurden gerade Vorkehrungen getroffen, um den verletzten Arm einzurichten. Im Pavillon stand ein Sofa, und der Arzt sah keinen Grund, den Patienten fortzuschaffen, bevor der Arm sicher im Gipsverband war.

»Was gefunden?« fragte Stedman Dorrington leise.

Dorrington schüttelte den Kopf. »Nicht viel«, flüsterte er.

»Ich muß mir die Sache noch mal durch den Kopf gehen lassen.«

Dorrington bat einen der Herren vom Radfahrerverband um einen Bleistift, und nachdem er sich eine Notiz gemacht hatte, gab er ihn dankend zurück und borgte sich unmittelbar danach in einer anderen Ecke des Raums von Sparks, dem Amateurfahrer, ebenfalls einen Bleistift.

Stedman hatte Mr. Mallows erzählt, was Dorrington mit der Laterne unternommen hatte, und der Geschäftsführer, der sich inzwischen etwas beruhigt hatte, sagte: »Sie erinnern sich, daß ich demjenigen, der den Urheber dieses ungeheuerlichen Vorfalls findet, eine Belohnung versprochen habe, Mr. Dorrington? Gut, ich war in jenem Augenblick erregt, aber ich bleibe immer noch dabei. Die Sache ist wirklich schandbar. Wie ich höre, haben Sie sich draußen umgesehen. Hoffentlich haben Sie etwas gefunden, das Ihnen weiterhilft. Nichts würde mich mehr freuen, als wenn ich Ihnen die Belohnung auszahlen müßte.«

»Ich fürchte«, bekannte Dorrington, »ich habe keine großen Hinweise gefunden, Mr. Mallows; aber ich muß mir die Sache noch einmal genau überlegen. Leider kann man bei diesen gewohnheitsmäßigen Wettern ja nie mehr feststellen, wer sie sind, wenn sie erst einmal verschwunden sind. Es gibt so entsetzlich viele, und jeder einzelne von ihnen kann es gewesen sein. Und nicht nur das, sie können ja auch einfach jemand anders bestochen haben.«

»Ja natürlich – ihre Gemeinheit kennt keine Grenzen, fürchte ich. Stedman meinte ja, geschäftlicher Konkurrenzneid könnte etwas damit zu tun haben. Aber das scheint mir doch eine sehr wenig menschenfreundliche Unterstellung zu sein, finden Sie nicht? Gewiß, unsere Firma steht ziemlich an der Spitze, und natürlich kommen Eifersüchteleien und alles mögliche andere vor, aber das hier ist denn doch eine Sache, zu der sich keine Firma herablassen würde, so weit nicht, davon bin ich fest überzeugt. Nein, nein, ich fürchte, hinter dieser

Sache steckt die Wettleidenschaft. Und ich hoffe, Mr. Dorrington, daß Sie sich alle Mühe geben werden, den Schuldigen zu finden.«

Kurz danach sprach Stedman noch einmal mit Dorrington. »Mir ist noch etwas eingefallen, das Ihnen vielleicht weiterhelfen könnte«, sagte er. »Erstens einmal muß der Täter jemand sein, der auf der Außenseite der Bahn stand.«

»Warum?«

»Nun ja, zum mindesten ist es das wahrscheinlichste. Jeder, der sich im Innenraum befand, war unmittelbar an Gilletts Erfolg interessiert, ausgenommen die Leute vom Verband und Sparks; aber Sparks ist ein Gentleman und über jeden Verdacht erhaben und die Leute vom Verband selbstverständlich auch. Natürlich war der Bahnwart da, aber der ist bestimmt in Ordnung.«

»Und der Trainer?«

»Ach, das ist völlig unmöglich – völlig. Nein, ich wollte sagen –«

»Da stand doch noch ein anderer Mann herum; wer war das eigentlich?«

»Ja, richtig. Ich kenne ihn auch nicht. Wo ist er denn jetzt?«

Aber der Mann war fort.

»Ich kann mich ja einmal ganz unauffällig nach dem Mann erkundigen«, erbot sich Stedman. »Den hatte ich in der Aufregung ganz vergessen. Aber ich wollte sagen, daß der Täter vielleicht Angst hatte, durch den Ausgang zu verschwinden, obwohl er vor dem Zusammenstoß leicht dazu Zeit gehabt hätte, weil er fürchtete, bemerkt zu werden, wenn er am Pavillon vorbeigegangen wäre. In diesem Fall hätte er, um zu entkommen (und im Grunde sogar auch schon, um hereinzukommen), über eine der Gartenmauern klettern können, die genau bei der Unglücksstelle an unser Grundstück angrenzen. Wenn das stimmt, muß er entweder in einem der Häuser wohnen, oder er muß jemand kennen, der dort wohnt. Vielleicht könnten Sie einen Mann hinschicken, der da mal ein bißchen herumschnüffelt – es ist die Chisnall Road, eine ganz kurze Straße.«

»Ja, ja«, antwortete Dorrington geduldig, »daran kann schon etwas sein.«

Inzwischen war Gilletts Arm geschient und eingegipst, und eine Droschke stand bereit, um ihn nach Hause zu bringen. Mr. Mallows nahm Stedman mit, weil er, wie er sagte, gern noch etwas Geschäftliches mit ihm besprochen hätte, und Dorrington ging allein nach Hause. Er suchte aber nicht die Chisnall Road auf, sondern ging munteren Schritts auf den nächsten Droschkenstand zu; und dabei lachte er ein paar Mal in sich hinein, denn er sah einen Weg vor sich, auf dem er, ohne einen Pfennig zu riskieren, zu einem erfreulich lukrativen Geschäft mit Fahrradaktien kommen konnte.

Nachdem er eine Droschke bekommen hatte, suchte er zwei seiner Assistenten in ihrer Wohnung auf und gab ihnen genaue Instruktionen. Anschließend fuhr er in seine Wohnung in der Conduit Street, packte eine kleine Reisetasche und saß bereits um Mitternacht im Nachtschnellzug nach Birmingham.

***

Dem Prospekt der »Lawine Fahrräder und Reifen AG« war zu entnehmen, daß sich die Werke in Exeter und Birmingham befanden. Exeter ist eine bezaubernde alte Stadt, kann aber kaum als Zentrum der Fahrradindustrie bezeichnet werden; außerdem ist die Verbindung zwischen Exeter und Birmingham weder besonders einfach noch besonders kurz. Über Dinge dieser Art konnte ein kritischer Geist, der darauf bedacht war, schwache Stellen im Prospekt zu entdecken, ohne weiteres stolpern, und deshalb war einer der Assistenten Dorringtons mit dem Nachtkurierzug hingefahren, um die Werke zu inspizieren. Von diesem Mann nun erhielt Dorrington, der inzwischen in Birmingham war, am Tag nach Gilletts Unfall gegen Mittag folgendes Telegramm:

Hiesiges Werk alte aufgegebene Tuchfabrik außerhalb der Stadt. Geschlossen und leer, aber mit großem neuem Schild und Hinweis, daß Werk jetzt in Birmingham. Laut Makler nur Anzahlung bezahlt – Mietvertrag nicht unterzeichnet. – Farrish.

Nach diesem Telegramm war Dorrington außerordentlich zufrieden, denn er selbst hatte gerade die Birminghamer Werke in Augenschein genommen. Sie standen nicht ganz, aber doch fast leer und waren keineswegs groß; ein Mann dort hatte ihm erklärt, daß sich die Hauptwerke, in denen die Hauptproduktion liefe, in Exeter befänden. Und je wertloser das Geschäft war, um so höher war der Preis, den er auf sich warten sah. Er hatte schon am frühen Morgen auf eigene Faust ein Telegramm aufgegeben, das er allerdings nicht namentlich unterzeichnet hatte. Es lautete:

Mallows, 58 Upper Sandown Place
London W.

Fürchte, hier alles nicht mehr sicher. Unbedingt mit dem 10 Uhr 10 herkommen.

So kam es, daß Dorringtons anderer Assistent, der den Eingang des Hauses 58 Upper Sandown Place beobachtete, kurz nach halb neun sah, wie ein Telegramm abgegeben wurde und Mr. Paul Mallows unmittelbar danach in größter Eile in einer Droschke, die von der nächsten Ecke herbeigerufen worden war, davonjagte. Der Assistent folgte ihm in einer anderen Droschke. Mr. Mallows ließ seine Droschke vor einem Theaterfriseur in der Bow Street halten, bezahlte und betrat den Laden. Als er nach wenig mehr als vierzig Minuten wieder herauskam, hätte ihn niemand erkannt, der nicht große Erfahrung im Beschatten und den Grund seines Besuchs schon vorher erraten hatte. Er hatte sich nicht etwa damit begnügt, einfach einen falschen Bart anzukleben, sondern war außerordentlich geschickt »zurechtgemacht«. Sein Gesicht hatte mehr Farbe bekommen und wirkte schmaler. Statt sich mit einer Fülle falschen Haars zu belasten, trug er nur einen kleinen, leicht gekräuselten Backenbart, der seine Aufgabe weit besser und unauffälliger erfüllte. Er wirkte jünger und gesünder als vorher. Der Beobachter begleitete ihn, bis er sicher mit dem 10-Uhr-10-Zug nach Birmingham abgefahren war, und unterrichtete Dorrington dann durch ein Telegramm über die Verkleidung, in der Mr. Mallows reiste.

Nun sollte dieser Zug Punkt eins in Birmingham ankommen, und das war der Grund, weshalb Dorrington ihn in dem anonymen Telegramm erwähnt hatte. Der Eingang zu den »Lawine-Werken« bestand aus einem großen, verschlossenen Tor und einer daneben gelegenen kleinen Seitenpforte, die gerade so groß war, daß ein einzelner Mann durchgehen konnte; dahinter lag der Fabrikhof. Kurz vor eins stieß Dorrington die kleine Pforte auf, sah sich vorsichtig um und trat ein. Auf dem Hof war niemand zu sehen, aber die wenigen Geräusche, die er hörte, kamen aus einem bestimmten Teil des Gebäudes auf der rechten Seite. Auf der linken Seite stand ein großer Stapel Lattenkisten, auf denen »Export« stand, und eben diesen hatte sich Dorrington bei seinem ersten Besuch, den er den Werken am Vormittag abgestattet hatte, als passendes kurzfristiges Versteck ausgesucht. Jetzt schlüpfte er hinter den Stapel und wartete darauf, daß es eins schlüge. Genau mit dem Glockenschlag ging die Tür am gegenüberliegenden Hofende auf, und zwei Männer und ein Junge kamen heraus und schlüpften durch die kleine Seitenpforte. Kurz danach folgte ihnen ein anderer Mann, offensichtlich kein Arbeiter, sondern eine Art Aufseher; er ließ die Tür achtlos hinter sich zufallen und verschwand ebenfalls durch die Seitenpforte, die er dann von draußen abschloß. Jetzt war Dorrington ganz allein in dem einzigen in Betrieb befindlichen Werk der »Lawine Fahrräder und Reifen AG«.

Er versuchte es zunächst mit der Tür am gegenüberliegenden Ende und stellte fest, daß sie sich ohne weiteres öffnen ließ. Nachdem er eingetreten war, sah er in einer dunklen Ecke eine brennende Kerze, die man offenbar zu löschen vergessen hatte, und an der gegenüberliegenden Wand einen großen eisernen Brennofen, der wie ein riesiger Safe aussah; rundherum standen Werkbänke, auf denen haufenweise die blitzenden rot-goldenen Firmenschilder lagen, die Dorrington am Tag zuvor an den Fahrrädern im Schaufenster am Holborn Viaduct gesehen hatte. Einige Rahmen waren bereits mit dem neuen Schild geschmückt, andere waren noch nackt und bloß. Es machte fast den Eindruck, als ob das Hauptgeschäft der »Lawine Fahrräder und Reifen AG« darin bestand, bisher nicht klassifizierbare Fahrräder mit Markenschildern zu versehen. Aber zu genaueren Untersuchungen blieb Dorrington wenig Zeit. Denn im nächsten Augenblick hörte er auch schon, wie die Pforte neben dem Eingang aufgeschlossen wurde. Er stellte sich deshalb neben den Brennofen und wartete darauf, Mr. Mallows begrüßen zu können.

Als die Tür aufgestoßen wurde, trat Dorrington vor und verbeugte sich höflich. Mallows fuhr schuldbewußt zusammen, aber dann fiel ihm seine Verkleidung wieder ein, und er faßte sich und fragte schroff: »Darf ich fragen, wer Sie sind, Sir?«

»Ich«, antwortete Dorrington in aller Gemütsruhe, »ich bin Mr. Paul Mallows. Sie haben vielleicht schon im Zusammenhang mit der Fahrradfirma ›Unverwüstlich‹ von mir gehört.«

Mallows starrte ihn fassungslos an. Aber dann kam ihm der Gedanke, daß der Detektiv vielleicht in der Hoffnung, die Belohnung zu gewinnen, die er selber für die Lösung des Zwischenfalls mit Gillett ausgesetzt hatte, hier Nachforschungen anstellte und sich zu diesem Zweck als eben der Mann ausgab, der jetzt verkleidet und daher unkenntlich vor ihm stand. Also fragte er nach einer Pause weiter, diesmal ein bißchen weniger brummig: »Und was hat Sie hierher geführt?«

»Nun«, sagte Dorrington, »ich habe daran gedacht, mich an dieser Gesellschaft zu beteiligen. Ich nehme an, es bestehen keine Einwände dagegen, daß der Geschäftsführer einer anderen Firma Aktien dieser Gesellschaft erwirbt?«

»Nein«, antwortete Mallows und fragte sich verwundert, worauf der andere hinauswollte.

»Natürlich nicht; ich bin überzeugt, daß *Sie* nichts dagegen haben, nicht wahr?« Bei diesen Worten grinste Dorrington sein Gegenüber verschlagen an, und Mallows wurde plötzlich äußerst unbehaglich zumute. »Aber ich habe hier noch eine andere Sache«, fuhr Dorrington fort und zog seine Brieftasche hervor, ohne Mallows dabei aus den Augen zu lassen – »noch eine andere Sache. Ach übrigens, möchten Sie vielleicht noch ein Stück Englisches Pflaster, da ich es gerade bei der Hand habe? Bitte, sagen Sie nicht nein. Es ist mir ein Vergnügen, Ihnen gefällig zu sein, wirklich.« Und mit geradezu teuflischem Grinsen klopfte Dorrington mit der Schachtel Englisch Pflaster an seine Nase.

Mallows erbleichte unter der Schminke, keuchte und suchte taumelnd nach einem Halt. Dorrington lachte liebenswürdig. »Aber, aber«, sagte er, »Sie brauchen doch keine Angst zu haben. Ich bewundere Ihre Klugheit, Mr. Mallows, und ich werde eine absolut zufriedenstellende Regelung treffen, glauben Sie mir. Und was das Englische Pflaster betrifft, so brauchen Sie es natürlich nicht zu nehmen, wenn Sie nicht wollen. Ich sehe, daß Sie schon damit versorgt sind. Ich verstehe allerdings nicht ganz, warum Sie es nicht bei Clarkson übermalen ließen? Aber das Gesicht ist wirklich sehr gut geworden! Auch das war übrigens sehr klug von Ihnen. Ein Mann wie Sie mußte damit rechnen, in einer Stadt wie Birmingham erkannt zu werden, und das wäre für uns beide ein Pech – für uns *beide,* ob Sie es glauben oder nicht … Mann Gottes, Sie machen ja ein Gesicht, als wollte ich Ihnen an den Kragen! Es passiert Ihnen nichts, bestimmt nicht. Sie sind ein geschickter Geschäftsmann, und ich habe zufällig eine kleine geschäftliche Operation entdeckt, die Sie vorgenommen haben, das ist alles. Ich verspreche Ihnen, die Angelegenheit so zu regeln, daß Sie sehr günstig dabei wegkommen … Reißen Sie sich zusammen, Mann, damit wir die Sache in Ordnung bringen, ehe die Leute zurückkommen. Hier, setzen Sie sich auf diese Bank.«

Mallows starrte Dorrington immer noch entgeistert an, ließ sich willenlos zu einer Bank führen und sank darauf nieder.

»Also«, sagte Dorrington, »erstens einmal hätten wir eine kleine Angelegenheit von hundert Pfund zu erledigen. Das ist die Belohnung, die Sie mir versprochen haben, wenn ich herausfinde, wer für Gilletts gebrochenen Arm verantwortlich ist. Nun, ich *habe* es herausgefunden. Haben Sie zufällig ein paar Banknoten bei sich? Wenn nicht, können Sie mir auch einen Scheck geben.«

»Aber – aber – wie, ich meine, wer – wer –«

»Ts, ts! Das ist doch Zeitverschwendung, Mr. Mallows. *Wer?* Sie natürlich. Das wußte ich schon, bevor ich mich gestern abend von Ihnen verabschiedete, aber es erschien mir nicht sehr günstig, die Belohnung sofort zu verlangen, und zwar aus Gründen, die Sie gleich verstehen werden. Also kommen Sie, geben Sie den Hunderter schon her.«

»Aber was – was für Beweise haben Sie? Ich denke nicht daran, mich auf diese Weise von Ihnen einschüchtern zu lassen.« Mr. Mallows' Lebensgeister erwachten allmählich wieder.

»Beweise? Mann Gottes, nehmen Sie doch Vernunft an! Selbst wenn ich keine Beweise habe – nicht die geringsten –, was macht das schon? Wäre es Ihnen vielleicht lieber, wenn ich zu Ihren Mitdirektoren gehe und ihnen erzähle, wo ich sie getroffen habe – nämlich hier –, oder bekomme ich jetzt endlich den Hunderter? Ich kann natürlich auch überall verbreiten, daß Mr. Paul Mallows der Spiritus rector dieser erbärmlichen ›Lawinde AG‹ ist –«

»Na ja«, antwortete Mallows zögernd, »wenn Sie es so ausdrücken –«

»Ich drücke es nur so aus, damit Sie endlich Vernunft annehmen. Ihre Verbindung mit dieser Gesellschaft ist ja eigentlich schon Beweis genug für Ihre kleine Darbietung mit dem Gartenstuhl. Aber diese Verbindung bildet erst den Schluß meiner Beweiskette. Sie haben nämlich viel zu ungeschickte Finger, Mr. Mallows. Zuerst einmal reißen Sie sich beim Aussteigen aus der Kutsche die Kuppe Ihres Mittelfingers auf und müssen sich von mir ein Heftpflaster geben lassen. Dann lassen Sie dieses Heftpflaster am Rand ausfransen und nehmen es trotzdem nicht ab. Danach führen Sie Ihre äußerst erfolgreiche Operation mit dem Stuhl durch. Während die Blicke aller übrigen wie gebannt an den Radfahrern hängen, packen Sie den Stuhl mit der verpflasterten Hand – leider ausgerechnet an einer Stelle, an der sich eine rostige Mutter gelockert hat und etwas vorsteht – und schleudern ihn in Ihrer Nervosität so ungeschickt auf die Bahn, daß der ausgefranste Faden des Englischen Pflasters an der Mutter hängen bleibt. Hier ist er, sehen Sie? Ich habe ihn gestern abend, als ich mit Hilfe der Laterne nach Spuren suchte, in meine Brieftasche gelegt, und da ist er immer noch; ein klebriger schwarzer Seidenfaden, weiter nichts. Ich habe ihn auch nur mitgebracht, um Ihnen zu zeigen, daß ich Sie nicht etwa übers Ohr hauen will. Es wäre mir natürlich ein leichtes gewesen, einen Zeugen herbeizuholen, bevor ich den Faden von der Mutter löste, und wenn ich geglaubt hätte, daß Sie sich wehren würden, hätte ich es auch getan. Aber ich wußte, das war äußerst unwahrscheinlich. Sie können sich nicht wehren; Sie können nicht das geringste machen, weil ich auch über Ihre Schwindelfirma Bescheid weiß. Wenn ich Ihnen also diesen Faden hier zeige, dann nur, weil ich es gut mit Ihnen meine und Ihnen beweisen will, daß ich Sie auf absolut redliche Weise außer Gefecht gesetzt habe. So, und nun die hundert Pfund. Hier ist ein Füllfederhalter, wenn Sie einen brauchen.«

»Tja«, sagte Mallows verdrießlich, »dann muß ich wohl.« Er nahm den Füllfederhalter und schrieb den Scheck aus. Dorrington löschte ihn mit dem Löschblatt aus seinem Notizbuch ab, faltete ihn zusammen und steckte ihn ein.

»Das wäre erledigt«, sagte er. »Aber das war natürlich erst die Einleitung. Diese Kleinigkeiten waren nur als gegenseitiger Vertrauensbeweis gedacht, als Sicherheit gewissermaßen;

es ist nicht unbedingt notwendig, daß sie allgemein bekannt werden, aber Sie dürfen nicht vergessen, daß bis jetzt noch nichts vorhanden ist, was ein Bekanntwerden verhindern könnte. Ich habe Ihnen eine Gefälligkeit erwiesen und festgestellt, wer den Sturz auf der Rennbahn verursacht hat, weil Sie mich gestern abend so leidenschaftlich darum gebeten haben, und Sie haben daraufhin Ihren Teil des Kontrakts ehrlich erfüllt und mir die versprochene Belohnung ausgezahlt – wenn ich auch sagen muß, daß Sie durchaus nicht mit der Begeisterung und Freude gezahlt haben, die Sie gestern abend ankündigten. Aber das will ich Ihnen verzeihen, und da wir nun das kleine Vorspiel hinter uns gebracht haben, wollen wir zum eigentlichen Geschäft kommen.«

Mallows machte ein unangenehm mürrisches Gesicht.

»Aber Sie brauchen sich doch nicht zu schämen«, sagte Dorrington, der Mallows' Verärgerung absichtlich falsch verstand. »Geschäft ist Geschäft. Sie wollten sozusagen einen kleinen Seitensprung machen – ein wenig außerhalb Ihrer regulären Geschäfte spekulieren. Das ist doch nichts, dessen man sich schämen müßte.«

»Nein.« Mallows kehrte langsam zu seiner normalen, schwerfälligen Selbstsicherheit zurück. »Nein, natürlich nicht. Ich habe eben ein bißchen spekuliert. Das macht jeder, und damit ist eine Menge Geld zu verdienen.«

»Genauso ist es. Und da es jeder macht, und da so viel Geld damit zu verdienen ist, wollten Sie nur dafür sorgen, daß Sie nicht zu kurz kommen.«

»Natürlich.« Mr. Mallows wurde allmählich geradezu hochtrabend.

»Natürlich.« Dorrington hüstelte leicht. »Tja, sehen Sie, ich bin im Grunde genauso wie Sie – wenn Ihnen der Vergleich nicht unangenehm ist. Auch *ich* mache gern einen kleinen Seitensprung, sozusagen – spekuliere gern ein wenig außerhalb meiner regulären Geschäfte. Und auch ich schäme mich dessen nicht. Und da es jeder macht und da so viel Geld damit zu verdienen ist – nun ja, da möchte ich eben gern dafür sorgen, daß auch *ich* nicht zur kurz komme. Wir sind uns also wirklich sehr ähnlich und offenbar wie füreinander geschaffen!«

In dieser Beziehung schien Mr. Paul Mallows allerdings gewisse Zweifel zu hegen.

»Nun kam mir«, fuhr Dorrington ungerührt fort, »vor kurzem der Gedanke, ein wenig mit Fahrradaktien zu spekulieren. Deshalb suchte ich Sie wegen dieser kleinen Patentsache auch selbst auf, statt Ihnen meinen Assistenten zu schicken. Mir lag daran, jemanden kennenzulernen, der etwas vom Fahrradmarkt versteht und mir ein paar Tips geben kann. Wie Sie sehen, spreche ich völlig offen. Mein Besuch bei Ihnen erwies sich denn auch als ungewöhnlich erfolgreich. Aber eins will ich Ihnen sagen: Ich habe mir diesen Erfolg Schritt für Schritt mit ehrlicher Arbeit erkämpft. Ich bringe nichts vor, das ich nicht beweisen kann, und ich habe nie ein unehrliches Spiel getrieben. Als Sie mich fragten (wozu Sie ja auch allen Grund hatten), ob ich nichts gefunden hätte, sagte ich Ihnen, es seien keine großen Hinweise da – und nun sehen Sie sich das winzige Stückchen Faden an! Bevor ich den Pavillon verließ, versicherte ich mich genau, daß Sie wirklich der einzige unter den Anwesenden waren, der ein schwarzes Pflaster trug. Ich hatte mir die Hände aller Leute bis auf zwei angesehen, und von diesen beiden ließ ich mir mit irgendeiner Ausrede etwas geben, um ihre Hände betrachten zu können. Ich durchschaute sofort, warum Sie Ihre fadenscheinigen Beschuldigungen gegen die Wettleute vorbrachten, aber ich ging darauf ein. Heute morgen bekam ich einen telegrafischen Bericht über Ihre Werke in Exeter – eine verlassene Tuchfabrik, in der Ihnen nichts weiter gehört als ein Schild und für die Sie lediglich eine Anzahlung auf die Pacht bezahlt haben. *Dort* wurde auf die hiesigen Werke verwiesen. *Hier* wird auf das Werk in Exeter verwiesen. Eine grandiose Idee, wirklich! Außerdem bekam ich einen telegrafischen Bericht über Ihren heutigen Besuch beim Maskenbildner. Ich muß sagen, Clarkson versteht sein Geschäft. Oder sind Sie anderer Ansicht? Ach ja, das Telegramm, das Sie hierher rief, stammte übrigens nicht von Ihrem hiesigen Mitarbeiter, wie Sie vielleicht angenommen haben. Es stammte von mir. Schönen Dank, daß Sie so prompt gekommen sind. Kurz bevor Sie kamen, habe ich mich in aller Ruhe hier umgesehen, und dabei kam ich zu dem Schluß, daß die ›Lawine Fahrräder und Reifen AG‹ auf folgendes hinausläuft: Ein tüchtiger Mann, den zu kennen mich außerordentlich freut«, er verbeugte sich leicht vor Mallows, »kommt auf die Idee, eine Fahrradfirma zu gründen, die unseriöseste Firma, die mir je vorgekommen ist, und sie in eine Aktiengesellschaft umzuwandeln, ohne je persönlich dabei in Erscheinung zu treten. Das bißchen Kapital, das er dazu braucht, treibt er ohne Schwierigkeiten auf; seine paar Mitverschworenen und einige Strohmänner mit Rang und Namen, die von den eigentlichen Verhältnissen der Firma keine Ahnung haben und sich um nichts kümmern, geben den Vorstand ab, und der Rest ist einfach. Ein Berufsfahrer wird engagiert, der Rennen zu gewinnen und Rekorde aufzustellen hat, und zwar auf Rädern, die einzig zu diesem Zweck von einer anderen Firma (vielleicht der ›Unverwüstlich‹, wer weiß?) im Privatauftrag hergestellt und anschließend mit einem Schild mit Namen und Firmenzeichen der Schwindelfirma versehen worden sind. Zum regulären Verkauf werden bei den verschiedenen Vertretern jeweils hundert ›handelsübliche‹ Fahrräder bestellt und mit dem eigenen Namen versehen. Sie werden billig eingekauft und lassen sich zu einem anständigen Preis verkaufen – der Gewinn deckt alle Ausgaben und bringt vielleicht sogar noch ein bißchen mehr ein; und wenn sie der Reihe nach kaputtgehen, ist die Aktiengesellschaft längst gegründet, das Geld – das Kapital – ist aufgeteilt, der Spiritus rector und seine Verbündeten sind verschwunden, und nur die Strohmänner bleiben übrig und müssen die Folgen tragen – wenn es überhaupt Folgen gibt. Und auf den Spiritus rector fällt nicht der geringste Verdacht, weil er ja die ganze Zeit über ein untadeliger ›Pfeiler der Fahrradindustrie‹ gewesen ist! Bewundernswert! Alles, was in den ›Werken‹ getan werden muß, ist Schilder aufkleben und ein bißchen Emaillieren. Hervorragend ausgedacht, von A bis Z! Und das ist doch in großen Umrissen die Idee Ihres Unternehmens?«

»Doch, ja«, antwortete Mallows ein wenig zögernd, aber doch mit einem gewissen bescheidenen Stolz, »das war der Grundgedanke, da wir schon so offen darüber sprechen.«

»Und es soll auch der Grundgedanke bleiben. Alles und jedes soll genauso bleiben, wie Sie es geplant haben, mit einer einzigen kleinen Ausnahme: Ich verlange, daß der Spiritus rector seine Beute mit mir teilt.«

»Mit *Ihnen?* Aber – aber – wieso, ich habe Ihnen doch eben hundert Pfund bezahlt!«

»Oje, oje! Warum reiten Sie nur immer auf dem armseligen kleinen Hunderter herum? Das ist doch längst erledigt. Das ist unser ganz persönlicher kleiner Handel wegen des bedauerlichen Zwischenfalls mit dem Gartenstuhl. Jetzt sprechen wir über Geschäfte größeren Ausmaßes – es geht nicht mehr um Hunderter, sondern um Tausender, und nicht um einen, sondern um viele. Also hören Sie, ein Mann mit Ihrem Verstand müßte doch wirklich imstande sein, etwas großzügiger zu denken. Wenn ich davon absehe, Ihr reizendes System aufzudecken, leiste ich damit natürlich einer skandalösen Gaunerei Vorschub. Nun gut, dann will ich aber auch den Preis haben, der mir dafür rechtens zusteht. Meinen Sie, ich kann mit geschlossenen Augen zulassen, daß eine solche Schweinerei ungehindert weitergeht, ohne in irgendeiner Form dafür entschädigt zu werden? Das schlagen Sie sich aus dem Kopf! Nein, Mr. Mallows, wenn alle Unkosten bezahlt und Ihre Verbündeten endgültig abgefunden sind, natürlich so niedrig, wie sie es sich gefallen lassen, dann werden wir beide, Sie und ich, als anständige Schurkenbrüder ehrlich miteinander teilen. Natürlich könnte ich auch sagen, wir teilen vorher, und die Bezahlung der Unkosten Ihnen überlassen, aber in derartigen Dingen bin ich einem Partner gegenüber immer fair. Ich verlange nur noch eine kleine Garantie – das ist in solchen Fällen immer das Sicherste; sagen wir, einen Wechsel über zehntausend Pfund mit sechs Monaten Laufzeit – Sie müssen zugeben, daß das ausgesprochen wenig ist. Wenn wir zu unserer beiderseitigen Zufriedenheit geteilt haben, bekommen Sie den Wechsel zurück. Hier – ich habe einen Wechselstempel mitgebracht, den ich heute morgen gekauft habe, obwohl er mich fünf Pfund gekostet hat; aber Sie sehen daran, wie fest ich von Ihrer Einsicht und Vernunft überzeugt war.«

»Aber das ist doch Unsinn – Sie wollen mich nur einschüchtern. Ich bin bereit, Ihnen einen vernünftigen Anteil zu zahlen – aber die Hälfte kommt überhaupt nicht in Frage. Was denn, nachdem ich so viel Mühe und Arbeit gehabt und das ganze Risiko auf mich genommen habe?«

»Was Ihnen nichts weiter einbringt als ein paar Jahre Gefängnis, wenn ich den Finger hebe!«

»Aber verdammt noch mal, nehmen Sie doch Vernunft an! Sie sind ein äußerst tüchtiger Mann, und Sie haben mich in der Gewalt, das gebe ich ja zu. Sagen wir zehn Prozent.«

»Sie verschwenden nur Zeit, und die Männer werden gleich zurückkommen. Sie haben die Wahl: Entweder kriegen Sie die Hälfte, oder Sie kriegen gar nichts und wandern obendrein noch ins Gefängnis. Also wählen Sie!«

»Aber bedenken Sie doch –«

»Wählen Sie!«

Mallows sah sich verzweifelt um: »Wirklich«, sagte er, »ich brauche das Geld dringender, als Sie glauben. Ich –«

»Zum letzten Mal – wählen Sie!«

Mallows' umherirrender Blick blieb an dem Brennofen hängen.

»Also gut«, sagte er, »was sein muß, muß eben sein. Aber ich warne Sie, es wird Ihnen noch leid tun.«

»Ach wo, ich bin nicht so pessimistisch. Kommen Sie, den Scheck haben Sie ausgeschrieben – den Wechsel schreibe ich. ›Sechs Monate nach Datum von heute bezahlen oder überweisen Sie mir die Summe von zehntausend Pfund für erhaltenen Gegenwert‹ – und zwar einen vorzüglichen Gegenwert, finde ich wenigstens. So, das hätten wir.«

Als er den Wechsel ausgeschrieben und unterzeichnet hatte, unterschrieb Mallows mit größerer Bereitwilligkeit, als man erwartet hätte. Dann erhob er sich und sagte in geradezu heiterem Ton: »So, das wäre erledigt, und nun wollen wir auch kein Wort mehr darüber verlieren. Sie haben gewonnen, und mir bleibt nichts anderes übrig, als mich damit abzufinden. Kommen Sie, ich zeige Ihnen das ›Werk‹. Was meinen Sie – ich glaube, ich habe ganz ordentliche Arbeit geleistet, was?«

Im ganzen »Werk» stand außer in diesem einen Raum keine einzige Maschine. Dafür lagen haufenweise fertige Rahmen und Räder herum, die als Einzelteile gekauft und hier zusammengesetzt und für den Verkauf zurechtgemacht wurden; außerdem waren zahllose vollständige Fahrräder vorhanden, billigste Qualität, aber in prächtiger Aufmachung, an denen nichts weiter gemacht, sondern nur das rot-goldene Schild der »Lawine AG« angebracht werden mußte. Schließlich öffnete Mallows die große eiserne Tür des Brennofens.

»Schauen Sie«, sagte er, »das ist unser Brennofen. Klettern Sie ruhig rein, und sehen Sie sich um. Wenn die Rahmen und anderen Einzelteile mit Email überzogen sind, werden sie auf die Gestelle gehängt, und dann werden sämtliche Gasflammen, die Sie dort sehen, angezündet, damit der Emailüberzug durch die Hitze hart wird. Sehen Sie die Vertiefung da hinten an der Rückwand? – Gehen Sie ruhig näher ran.«

Dorrington bekam plötzlich einen heftigen Stoß in den Rücken, und dann wurde die Tür krachend hinter ihm zugeschlagen, und das Schnappschloß rastete ein. Er war von völliger Finsternis umgeben und saß gefangen in einer riesigen eisernen Falle. »Ich habe Sie gewarnt«, schrie Mallows von draußen, »ich habe Ihnen ja gesagt, daß es Ihnen noch leid tun würde!« Und im nächsten Augenblick stieg Dorrington erstickend der Geruch ausströmenden Gases in die Nase. Er erkannte sofort, in welcher tödlichen Gefahr er schwebte. Mallows hatte ihm den Wechsel nur gegeben, weil er ihn durch Mord zum Schweigen bringen und sich den Wechsel dann wiederholen wollte. Er hatte ihn in den Ofen gestoßen und das Gas angestellt. es war stockdunkel, aber wenn er ein Streichholz anzündete, stürbe er noch im selben Augenblick, und ohne das Streichholz müßte er innerhalb weniger Minuten ersticken und an Gasvergiftung sterben. Mallows um Gnade anzuflehen, war sinnlos – Dorrington wußte zu viel. Es sah fast so aus, als habe Dorrington endlich die Vergeltung ereilt und ihm einen Tod zugedacht, der auf grauenvolle Weise eine Parallele zu dem Schicksal bildete, das er und seine Gesellen so vielen anderen bereitet hatten. Dorringtons Opfer waren im Wasser erstickt – und jetzt erstickte Dorrington im Gas. Der Ofen bestand aus Gußeisen und war in der Mitte durch ein Schnappschloß gesichert. Dorrington warf sich verzweifelt gegen die Tür, und der untere Rand bog sich ganz wenig nach außen. Er packte ein loses Winkeleisen, gegen das er zufällig mit der Hand gestoßen war, warf sich noch einmal mit aller Kraft gegen die Tür und stieß das Eisen an der Stelle, an der die Tür nachgegeben hatte, nach außen durch. Dann trieb er die Tür mit einer weiteren ungeheuren Anstrengung noch ein wenig mehr nach außen und hob das Winkeleisen in dem Spalt ein wenig an; und dann noch mal und noch mal. Er war nahe daran, das Bewußtsein zu verlieren, als das Schloß, das einer solchen Behandlung nicht gewachsen war, nach einem letzten Ansturm plötzlich nachgab; die Tür flog auf, und Dorrington taumelte mit völlig blauem Gesicht und glasigen Augen hustend und keuchend heraus; hinter ihm entwich zischend ein Schwall von Gas.

Mallows hatte sich in die dahinter liegenden Räume zurückgezogen, und dorthin folgte ihm Dorrington, der mit jedem

Schritt kräftiger wurde und inzwischen vor Wut raste. Als ihn der unglückliche Mallows erblickte; brach er laut jammernd und wie Espenlaub zitternd in einer Ecke zusammen. Dorrington stürzte sich auf ihn zu und packte ihn am Kragen. Jetzt war es aber vorbei mit Ehre und Anstand unter Schurkenbrüdern, jetzt würde Dorrington Mallows' Machenschaften erbarmungslos ans Tageslicht bringen und ihn öffentlich anklagen; und den Wechsel über zehntausend Pfund würde er selbstverständlich auch behalten. Er schleifte den Unglücklichen, der sich verzweifelt wehrte, wutschnaubend durch den Raum, riß ihm verächtlich den gekräuselten Backenbart ab und kümmerte sich nicht um Mallows' Winseln und Flehen, denn jetzt, so fürchtete Mallows, könnte Dorrington die Absicht haben, *ihn* in den Brennofen zu sperren. aber sie hatten kaum den Raum erreicht, in dem der Ofen stand, als Dorringtons Rachegelüste ein jähes Ende fanden; das ausströmende Gas war bis zu der brennenden Kerze vorgedrungen, und die Trennwand zwischen den beiden Räumen stürzte mit Donnergetöse ein und begrub Mallows unter sich, während Dorrington besinnungslos zusammenbrach.

Die Fenster flogen heraus, hilfreiche Männer brachen das Eingangstor auf, kletterten in die zerstörten Räume und drehten vor allem das Gas ab, das immer noch ausströmte. Als die beiden Arbeiter und der Junge mit Mallows' Verbündetem, der die Aufsicht über das Werkt gehabt hatte, zurückkamen, fanden sie eine Menschenmenge aus den umliegenden Metallwerken und Fahrradfabriken vor, die mit großem Interesse zusah, wie Mr. Paul Mallows, Geschäftsführer der »Unverwüstlich Zweirad und Dreiradfabriken GmbH«, unter dem Trümmerhaufen aus zerbrochenen Ziegelsteinen, Mörtel, Fahrrädern und Firmenschildern der »Lawine Fahrräder und Reifen AG« hervorgezogen und nach einigen Vorbereitungen abtransportiert wurde; er mußte zum Arzt gebracht werden, um sein gebrochenes Bein in Gips legen zu lassen. Dorrington hingegen hatte außer ein paar Kratzern nur einen verbeulten Hut und einen zerrissenen Mantel zu beklagen. Schon ein paar Stunden später ging es wie ein Lauffeuer durch Birmingham und in kürzester Zeit auch durch viele andere Städte, daß die Geschäfte der »Lawine Fahrräder und Reifen AG« darin bestanden, auf billige Massenfahrräder, die in Bausch und Bogen eingekauft worden waren, glänzende Firmenschilder zu kleben; denn durch die Explosion wurde all das den Blicken der Öffentlichkeit schutzlos preisgegeben. So daß Lant, als er am nächsten Tag in London das Fünfzig-Meilen-Rennen gewann, mit ironischen Zurufen begrüßt wurde wie: »He, du hast ja Klebe am Lenker!« – »Mensch, paß auf dein Schild auf!« – »Wo hast du denn das Rad geklaut?« – »Haste deine Aktien verkauft?« und so weiter.

Irgendwie kam es nie zur Zuteilung von Aktien der »Lawine Fahrräder und Reifen AG«. Es hieß, ein paar Leute in abgelegenen und von der Zivilisation unberührten Gegenden, in die eine Neuigkeit immer erst dringt, wenn sie bereits in den Geschichtsbüchern steht, hätten sich um Aktien bemüht, hätten aber, zweifellos zu ihrer größten Enttäuschung, von den Banken ihr Geld zurückerhalten. Außerdem hatte man es für klug befunden, Mr. Paul Mallows aus dem Vorstand der »Unverwüstlich Zweirad- und Dreiradfabriken GmbH« ausscheiden zu lassen – eine Firma, die, wenn ich recht unterrichtet bin, noch heute außerordentlich gut floriert.

Was Dorrington angeht, so hatte er seine hundert Pfund Belohnung. Den Wechsel über zehntausend Pfund präsentierte er allerdings nie. Warum, weiß ich nicht genau, es sei denn, er hatte feststellen müssen, daß Mr. Mallows' finanzielle Lage – wie er ja auch angedeutet hatte – doch nicht so gut war, wie man allgemein annahm. Jedenfalls wurde der Wechsel zwischen den Notizen und Telegrammen, die mit diesem Fall zusammenhängen, in Dorringtons Urkundenkassette gefunden.

Sue Grafton

Als Lucy nicht nach Hause kam

September in Santa Teresa. Ich habe noch niemanden getroffen, der bei Herbstbeginn nicht von einer gewissen Unruhe erfaßt wird. Im Herbst gibt es neue Schulkleidung, noch unbeschriebene Hefte und frisch gespitzte Bleistifte ohne Kauspuren. Man fühlt sich, als wäre man wieder acht Jahre alt und alles wäre wieder möglich. Eigentlich sollte das Jahr im Herbst beginnen und nicht am 1. Januar. Es sollte im Herbst beginnen und nur so lange dauern, wie unsere Lederschuhe noch keine Kratzer und unsere Lunchboxen keine Beulen haben.

Ich heiße Kinsey Millhone. Geschlecht: weiblich; Alter: 32; zweimal geschieden. Ich arbeite als selbständige Privatdetektivin in einer Kleinstadt, etwa hundert Kilometer nördlich von Los Angeles. Bei mir gibt es keine Laufkundschaft wie bei einem Kosmetiksalon. Meine Klienten stecken meistens in irgendeiner Klemme und hoffen, daß ich Ihnen für dreißig Dollar die Stunde plus Spesen eine Lösung ihrer Probleme präsentieren kann. Robert Ackermans Nachricht erwartete mich auf dem Anrufbeantworter, als ich am Montag morgen um neun ins Büro kam.

»Hallo. Mein Name ist Robert Ackerman. Rufen Sie bitte bei mir zurück? Meine Frau ist verschwunden, und ich mache mir Sorgen. Hoffentlich können Sie mir helfen.«

Im Hintergrund waren quengelige Kinder zu hören. Eine Sorte, die ich besonders liebte. Ackerman wiederholte seinen Namen und nannte seine Telefonnummer. Ich brühte mir eine Kanne Kaffee auf und rief ihn an.

Es meldete sich eine Kinderstimme mit undeutlichem »Hallo«, und dann war nur noch heftiges Atmen dicht an der Sprechmuschel zu hören.

»Tag«, sagte ich. »Kann ich mal deinen Pappi sprechen?«

»Ja.« Wieder Schweigen im Walde.

»Vielleicht heute noch?« fragte ich.

Am anderen Ende wurde der Hörer auf eine Tischplatte geknallt, und ich hörte Schritte durch den Raum trappeln, in dem keine Teppiche zu liegen schienen. Schließlich kam Robert Ackerman an den Apparat.

»Lucy?«

»Hier spricht Kinsey Millhone, Mr. Ackerman. Sie hatten auf meinen Anrufbeantworter gesprochen. Was kann ich für Sie tun?«

»Ja, also ...«

Er wurde von einem spitzen Schrei unterbrochen, so schrill wie eine dieser Polizeipfeifen, mit denen man obszöne Anrufer abwimmelt. Ich reagierte zu langsam, Mann, das tat weh.

Dann wartete ich geduldig, während er sich um das herumtollende Kind kümmerte.

»Tut mir leid«, sagte er, als er wieder an den Apparat kam. »Könnten Sie vielleicht bei mir vorbeikommen? Ich habe alle Hände voll zu tun und kann hier nicht weg.«

Ich schrieb mir die Adresse auf und notierte, wie man am besten dorthin gelangte.

Robert und die verschwundene Mrs. Ackerman lebten in einer Siedlung, die aussah, als sei sie in den vierziger Jahren gebaut worden, als noch kaum jemand vom familiengerechten Wohnen mit Küche im Landhausstil und Solarium träumte. Das war eine ergreifend schlichte Wohnschachtel, ein enges Wohnzimmer mit Eßecke, einer Küche und einem zwischen winzigen Schlafräumen eingeklemmten Badezimmer. Als Robert öffnete, genügte ein Blick, und ich wußte Bescheid. Das einzige, womit die Bauherren verschwenderisch umgegangen waren, waren Holzfußböden. Und das war in diesem Fall eher ein Nachteil. Die Schlag- und Kratzspuren von Kleinkindern auf dem Holzboden waren unübersehbar, und ich ahnte, noch bevor man mich zum Eintreten aufgefordert hatte, daß es überall sandig unter meinen Schuhsohlen knirschen würde.

Robert wirkte abgehetzt, aber er besaß einen jungenhaften Charme. Er war Anfang Dreißig, schlank und gutaussehend, mit dunklen Augen und dunklem Haar und einem Wirbel über der Stirnmitte. Er trug eine Drillichhose und ein weißes Hemd, und auf einer Hüfte saß ein ungefähr achtmonatiges Baby wie eine Einkaufstasche. Ein zweites Kind hatte sein rechtes Bein umklammert, während Nummer drei mit seinem Dreirad gegen Wände und Türpfosten bumste und dabei vor Begeisterung jedes Mal laut schrie.

»Tag. Kommen Sie rein«, sagte Robert. »Wir können uns hinten im Garten unterhalten, während die Kinder spielen.« Sein Lächeln war einnehmend.

Ich folgte ihm durch die chaotische Enge in den kleinen Garten, wo er das Baby in eine Sandkiste setzte. Das zweite Kind hielt sich an Roberts Gürtelschlaufen fest, steckte den Daumen in den Mund und starrte mich an. Nummer drei auf dem Dreirad versuchte mit seinem Gefährt die Verandaecke abzufahren. Ich mag keine Kinder. Wirklich nicht. Besonders nicht, wenn sie rumschreien. Und Kinder spüren meine Abneigung und halten Distanz. Diese hier beobachteten mich mit einer Mischung aus Groll und Verachtung.

Der Garten war ungepflegt. Die Säcke, in denen der Sand angefahren worden war, lagen in der Gegend herum. Robert gab den Kindern Kekse aus einer Packung und schob sie weg. Innerhalb der nächsten Viertelstunde würden sie wahrscheinlich süchtig werden nach dem Zucker. Ich warf einen

Blick auf die Uhr und hoffte, dann längst über alle Berge zu sein.

»Möchten Sie einen Liegestuhl?«

»Nein, nicht nötig«, sagte ich und ließ mich auf dem Rasen nieder. Weit und breit war kein Liegestuhl zu sehen, aber das Angebot ehrte ihn.

Er hockte sich auf die Sandkastenumrandung und fuhr sich geistesabwesend mit der Hand übers Haar. »Himmel, tut mir leid, daß es hier so aussieht, aber Lucy ist seit zwei Tagen weg. Sie ist Freitag nicht von der Arbeit nach Hause gekommen, und seitdem bin ich fix und fertig.«

»Sie haben die Polizei verständigt?«

»Natürlich. Am Freitag abend. Sie hat die Kinder nicht bei der Tagesmutter abgeholt. Um sieben hat man mich schließlich angerufen und gefragt, wo sie bleibe. Ich dachte, sie wäre noch einkaufen gefahren oder so und habe die Kinder sofort abgeholt. Als ich gegen zehn Uhr noch immer kein Lebenszeichen von ihr hatte, war mir klar, daß etwas nicht stimmte. Ich habe ihren Chef zu Hause angerufen, und er sagte, daß sie um fünf aus dem Büro weggegangen sei, wie immer. Daraufhin habe ich die Polizei angerufen.«

»Haben Sie eine Vermißtenanzeige aufgegeben?«

»Das geht erst heute. Bei Erwachsenen muß man, glaube ich, 72 Stunden warten. Aber auch dann kann die Polizei nicht viel machen.«

»Was hat man Ihnen geraten?«

»Das Übliche, schätze ich. Ich habe bei sämtlichen Freunden und Bekannten angerufen. Ich habe mit ihrer Mutter in Bakersfield und mit der Arbeitskollegin gesprochen. Niemand hat eine Ahnung, wo sie sein könnte. Ich habe Angst, daß ihr was zugestoßen ist.«

»Haben Sie in den Krankenhäusern der Umgebung nachgefragt?«

»Natürlich. Das war das erste, was ich gemacht habe.«

»Und es war ihr nichts anzumerken?«

»Nichts.«

»War sie vielleicht deprimiert, oder hat sie sich komisch benommen?«

»Also, irgendwie war sie nervös. Aber im Herbst war sie immer ziemlich unruhig. Sie hat behauptet, die Jahreszeit erinnert sie an ihre Schulzeit.« Er zuckte mit den Achseln. »Ich habe die Schule gehaßt.«

»Aber sie ist nie einfach verschwunden?«

»Himmel, nein. Ich habe das nur erwähnt, weil Sie gefragt haben. Ich glaube, es hatte nichts zu bedeuten.«

»Hat sie Alkohol- oder Drogenprobleme?«

»Lucy ist nicht der Typ«, verneinte er. »Sie ist zierlich, still und ... häuslich, wie Sie vermutlich sagen würden.«

»Was ist mit Ihrer Ehe? Kommen Sie gut miteinander aus?«

»Von mir aus gesehen, ja. Natürlich gibt's manchmal Krach. Aber es ist nie was Ernstes.«

»Und worum ging's dann meistens?«

Er lächelte traurig. »Meistens ums liebe Geld. Bei drei Kindern ist immer zuwenig da. Ich mag große Familien, aber finanziell gesehen ist es schon hart. Ich wollte immer vier oder fünf Kinder, aber Lucy findet, drei sind genug; vor allem, weil das älteste noch nicht mal zur Schule geht. Darüber streiten wir hauptsächlich.«

»Sie arbeiten beide?«

»Wir müssen. Sonst würd's gar nicht reichen. Lucy hat eine Stelle bei einer Treuhandfirma, und ich bin beim Fernmeldeamt.«

»Als was?«

»Techniker.«

»Gibt es vielleicht einen anderen Mann in ihrem Leben?«

Er seufzte und zupfte an den Grashalmen zwischen seinen Füßen. »Ich wünschte fast, ich könnte ›ja‹ sagen. Ich würde gern denken, sie hat vielleicht alles satt und sich auf ein hübsches Wochenende in einem Motel eingelassen ... oder so was.«

»Aber Sie glauben nicht recht daran.«

»Hm ... Ne. Ich mach' mir schreckliche Sorgen. Ich will wissen, wo sie ist.«

»Mr. Ackerman ...«

»Sagen Sie ruhig Rob zu mir«, fiel er mir ins Wort.

Das höre ich von meinen Klienten immer. Alle wollen mit dem Vornamen angeredet werden.

»Also gut, Rob«, begann ich erneut. »In Ihrer Situation sind Sie am besten bei der Polizei aufgehoben. Ich arbeite allein. Der Polizei steht ein ganzer Fahndungsapparat zur Verfügung. Und der kostet Sie keinen Cent.«

»Sie sind wohl sehr teuer, was?«

»Dreißig Dollar die Stunde plus Spesen.«

Er dachte einen Augenblick nach. Dann sah er mich prüfend an. »Könnten Sie einfach mal zehn Stunden für mich investieren? Ich habe dreihundert Dollar gespart. Damit wollten wir eigentlich in den Zoo von San Diego.«

Ich tat so, als überlegte ich. Dabei war mir längst klar, daß ich diesem Jungengesicht keine Bitte abschlagen konnte. Außerdem fingen die Kinder gerade zu quengeln an, und ich wollte nichts wie weg. Ich verzichtete auf Vorschuß und sagte, daß er eine Rechnung kriegen würde, sobald die zehn Stunden um wären. Ich überlegte, daß ich ihm den Vertrag per Post zuschicken könnte, um den Kontakt mit den Zwergen, die ihn bereits wegen neuer Süßigkeiten umlagerten, auf ein Minimum zu beschränken. Ich verlangte ein Foto neueren Datums von Lucy, doch alles, was er auftreiben konnte, war ein zwei Jahre altes Bild mit den beiden älteren Kindern. Schon damals machte sie einen gequälten Eindruck; und das war immerhin vor der Geburt von Nummer drei. Ich dachte an die ruhige, zierliche Lucy Ackerman, deren drei stramme Söhne Beine vom Durchmesser meiner Arme hatten. Wenn ich sie gewesen wäre, hätte ich schon gewußt, wo ich sein würde: über alle Berge.

Lucy Ackerman arbeitete als Büroangestellte in einer kleinen Treuhandfirma in der State Street, nicht weit von meinem Büro entfernt. Es waren bescheidene, weißgetünchte Räume mit rotbraun bezogenen Polstermöbeln und einem Teppich in gedämpftem Orangerot; mit Gauguin-Drucken an den Wänden und einem Blumentopf auf jedem Schreibtisch. Ich stellte mich der Büroleiterin, einer Mrs. Merriman, vor. Mrs. Merriman war Anfang Sechzig, sie hatte ihr toupiertes Haar hochgesteckt und trug Schnürstiefel mit hohen, spitzen Absätzen. Sie wirkte auf mich wie eine Frau, die später mal ihre gesamte Rente in Schönheitsfarmen verprassen würde.

»Robert Ackerman hat mich beauftragt, seine Frau zu suchen«, begann ich.

»Der arme Mann. Ich hab's schon gehört«, erklärte sie mit dem Mund, während ihre Augen deutlich sagten, daß sie mir bei meinem Vorhaben kaum eine Chance gab.

»Haben Sie eine Vermutung, wo sie sein könnte?«

»Da unterhalten Sie sich am besten mit Mr. Sotherland.«

Die propere Mrs. Merriman wandte sich geschäftsmäßig ab, doch ich spürte, daß sie etwas wußte und darauf brannte, weiter befragt zu werden. Ich nahm mir vor, ihr den Gefallen zu tun, sobald ich mit dem Herrn gesprochen hatte. Gerade in Kleinbetrieben herrscht meiner Erfahrung nach ein eisernes Protokoll.

Gavin Sotherland erhob sich aus seinem Drehsessel und streckte mir seine Pranke entgegen. Eine weitere Angestellte, Barbara Hemdahl, die Buchhalterin, stand gleichzeitig von ihrem Stuhl auf und entschuldigte sich. Mr. Sotherland watete, bis sie gegangen war, dann bedeutete er mir, auf dem frei gewordenen Stuhl Platz zu nehmen. Ich sank auf das von Barbara Hemdahls Hinterteil noch warme Lederpolster; eine seltsam intime Empfindung. Insgeheim nahm ich mir vor, herauszufinden, was diese Dame wußte und betrachtete dann interessiert den Vize-Präsidenten der Firma. Die Namen und Berufsbezeichnungen der Firmenmitglieder waren kein Geheimnis, bei Sotherland konnte ich sie von einem Messingschild auf seinem Schreibtisch ablesen, die beiden Frauen trugen entsprechende Plastikschildchen wie Krankenschwestern am Revers. Soviel ich bis zu diesem Zeitpunkt mitbekommen hatte, bestand die Belegschaft der Firma einschließlich Lucy Ackerman aus vier Personen, und es war unwahrscheinlich, daß sie die Namensschildchen brauchten, um sich gegenseitig richtig anzureden. Vielleicht waren sie für Kunden gedacht, denen man nicht zutraute, ohne diese Identifikationshilfen einen vom anderen zu unterscheiden.

Gavin Sotherland war groß, von athletischer Statur, etwa fünfundvierzig, mit einer blonden Haarmähne, die am Scheitel bereits schütter wurde, und einem feuchten Händedruck. Er hatte sein Jackett abgelegt, sein vormals gestärktes Oberhemd war lasch und zerknittert, und die beige Gabardinehose wies tiefe Sitzfalten auf. Alles in allem wirkte er wie jemand, der gerade einen Kontinent per Bahn durchquert hatte. Trotzdem konnte ich ihm eine gewisse Attraktivität nicht absprechen, auch wenn er sich ganz offenbar gehenließ.

»Nett, Sie kennenzulernen, Miss Millhone. Gut, daß Sie da sind.« Seine Stimme war tief und heiser mit einem vertrauenerweckenden Timbre. Wenn ich vorgehabt hätte, ein Grundstück zu erwerben, ich hätte ihm ohne Zögern mein Geld überlassen. Seine dunklen Augen blickten ernst und sorgenvoll drein. »Soweit ich informiert bin, ist Mrs. Ackerman Freitag abend nicht nach Hause gekommen.«

»Das hat man mir berichtet«, erklärte ich. »Können Sie mir sagen, wie der Tag hier im Büro verlaufen ist?«

Er warf mir einen prüfenden Blick zu. »Nun, ich muß Ihnen gegenüber wohl ehrlich sein. Unsere Buchhalterin ist auf Unregelmäßigkeiten bei den Kundenkonten gestoßen. Sieht so aus, als habe sich Mrs. Ackerman mit einer halben Million Dollar, die uns anvertraut waren, aus dem Staub gemacht.«

»Wie hat sie das denn angestellt?«

Ich sah Lucy Ackerman bereits vor mir, wie sie sich frei von den nervenden Bälgern am Strand von Rio aalte und einen Rumdrink aus einer Kokosnußschale schlürfte.

Mr. Sotherland sah gequält aus. »Offen gestanden ziemlich schlau sogar«, antwortete er. »Sie hat ein neues Bankkonto bei einer Filiale in Montebello eröffnet und dort zehn Schecks eingezahlt, die eigentlich auf andere Konten hatten gehen sollen. Vergangenen Freitag hat sie dann über fünfhunderttausend Dollar in bar abgehoben. Und zwar unter dem Vorwand, wir bräuchten die Summe für eine größere Immobilientransaktion. Das Kontobuch haben wir in der untersten Schublade ihres Schreibtischs entdeckt.« Er warf das Heft über den Schreibtisch. Ich fing es auf. Es war mit einer Lochzange ungültig gemacht. Ein Blick genügte, um zu sehen, daß in den vergangenen drei Monaten in Abständen zehn Einzahlungen vermerkt waren und am letzten Freitag die gesamte Summe abgehoben worden war.

»Hat denn niemand diesen Vorgang gegengeprüft?«

»Im Juni hatten wir gerade unsere alljährliche Buchprüfung hinter uns gebracht. Es war alles in bester Ordnung. Wir haben dieser Frau blind vertraut. Und hatten auch allen Grund dazu.«

»Und den Verlust haben Sie heute morgen entdeckt?«

»Ja. Allerdings gebe ich zu, daß mir schon Freitag abend ein gewisser Verdacht gekommen ist, als Robert Ackerman mich zu Hause anrief. Es sah Lucy Ackerman überhaupt nicht ähnlich, wortlos zu verschwinden. Sie hat acht Jahre lang bei uns gearbeitet und war immer pünktlich und gewissenhaft.«

»Nun, zumindest pünktlich«, sagte ich. »Haben Sie die Polizei verständigt?«

»Das wollte ich gerade tun. Ich muß das auch der Gewerbeaufsicht melden. Herrgott, ich kann's noch immer nicht fassen, daß sie uns das angetan haben soll. Meinen Job bin ich vermutlich los. Wahrscheinlich schließen sie uns die Firma.«

»Haben Sie was dagegen, wenn ich mich hier mal ein bißchen umsehe?«

»Wozu?«

»Noch besteht die Chance, daß wir rauskriegen, wo sie ist.

Wenn wir schnell genug handeln, erwischen wir sie vielleicht, bevor es zu spät ist.«

»Da bin ich skeptisch«, entgegnete er. »Freitag nachmittag wurde sie zuletzt gesehen. Das war vor zwei vollen Tagen. Mittlerweile kann sie überall sein.«

»Mr. Sotherland, Lucy Ackermans Ehemann hat sich bereits für dreihundert Dollar bei mir eingekauft. Warum nutzen Sie das nicht aus?«

Er starrte mich an. »Meinen Sie nicht, daß die Polizei was dagegen hat?«

»Vermutlich schon. Aber ich habe nicht die Absicht, irgend jemandem ins Handwerk zu pfuschen. Und alles, was ich herausfinde, mache ich der Polizei zugänglich. Außerdem wird man sicher kaum vor heute nachmittag jemanden vom Betrugsdezernat vorbeischicken. Falls ich eine Spur entdecke, stehen Sie der Firma und der Polizei gegenüber doch ganz gut da.«

Er hob resignierend die Hände. »Mir ist alles egal. Machen Sie, was Sie wollen.«

Als ich sein Büro verließ, rief er die Polizei an.

Ich setzte mich kurz an Lucys Schreibtisch, der ordentlich und aufgeräumt aussah. Die Schubladen enthielten die üblichen Büroutensilien und keinerlei persönliche Gegenstände. Auf dem Schreibtisch lag ein Terminkalender in Form eines Ringbuches mit einem Kalenderblatt für jeden Tag. Ich blätterte die letzten beiden Monate durch. Die einzigen persönlichen Eintragungen betrafen einen Termin in der Frauenklinik am 2. August und einen zweiten Besuch dort am vergangenen Freitag nachmittag. Jener Freitag mußte für Lucy ein anstrengender Tag gewesen sein, wenn man bedachte, daß sie einen Termin beim Arzt gehabt und dann ihre Firma noch um eine halbe Million geprellt hatte. Die beiden anderen Frauen in der Firma ließen mich nicht aus den Augen. Ich merkte das, obwohl sie beide so taten, als nähme die Büroarbeit sie völlig in Anspruch.

Als ich alles durchsucht hatte, stand ich auf und ging quer durchs Zimmer zu Mrs. Merrimans Schreibtisch. »Kann ich hier Ablichtungen von dem Kontobuch machen, das Mrs. Ackerman benutzt hat?«

»Ja, schon. Wenn Mr. Sotherland einverstanden ist«, sagte sie.

»Wo hatte Mrs. Ackerman übrigens tagsüber ihren Mantel und ihre Handtasche?«

»Hinten. Jeder von uns hat einen Schrank im Lagerraum.«

»Diesen Schrank würde ich mir gern mal ansehen.«

Ich wartete geduldig, während sie meine Wünsche mit ihrem Chef klärte, und folgte ihr schließlich ins Hinterzimmer. Dieser Raum besaß eine Tür, durch die man auf den Parkplatz gelangte. Links davon lag eine kleine Toilette, rechter Hand befand sich ein Stauraum mit vier Metallschränken, einem Kopierer und zahlreichen Regalen mit Bürobedarf. Jeder schulterhohe Metallschrank trug ein Namensschild. Lucy Ackermans Schrank war noch immer verschlossen. Ich betrachtete das Schloß. Es juckte mir in den Fingern, mich mit meinem handlichen Dietrich-Set daran zu schaffen zu machen, wollte es mir aber lieber nicht mit der Polizei verderben, die sicher schon auf dem Weg war.

»Wäre nett, wenn mir jemand erzählen könnte, was im Schrank war ... Sobald die Polizei ihn geöffnet hat«, bemerkte ich, während Mrs. Merriman das Kontobuch für mich kopierte.

»Das hier bitte auch.« Ich gab ihr den Durchschlag der Empfangsbestätigung, die Lucy bei Auszahlung des Geldes unterschrieben hatte; sie hatte zusammengefaltet in der letzten Kontobuchseite gelegen. »Haben Sie eine Idee, wo Mrs. Ackerman sein könnte?«

Mrs. Merriman spitzte züchtig den Mund, als kämpfte sie mit sich, wieviel sie sagen durfte.

»Ich möchte mir ungern den Vorwurf einhandeln, aus der Schule geplaudert zu haben«, erklärte sie schließlich.

»Mrs. Merriman. Es besteht der Verdacht, daß ein Verbrechen begangen worden ist«, sagte ich. »Wenn die Polizei erst da ist, wird man Sie dasselbe fragen.«

»Na ja, in dem Fall ist das wohl in Ordnung. Natürlich habe ich nicht die leiseste Ahnung, wo sie ist ... Aber ich finde, daß sie sich in den vergangenen Monaten ziemlich komisch benommen hat.«

»Sie hat so geheimnisvoll getan, so von oben herab. Als wüßte sie was, wovon wir keine Ahnung hatten.«

»Was sich mittlerweile als zutreffend herausgestellt hat«, bemerkte ich.

»Aber damit hatte das wohl nichts zu tun. Ich glaube, sie hatte eine Affäre.«

Das interessierte mich. »Ein Verhältnis? Mit wem?«

Mrs. Merriman schwieg und berührte eine der Haarnadeln, die ihren kunstvollen Haarturm zusammenhielten. Dann ließ sie ihren Blick bedeutungsvoll zu Mr. Sotherlands Bürotür schweifen. Ich drehte mich um und sah in dieselbe Richtung.

»Wirklich?« murmelte ich. Kein Wunder, daß er schwitzt, dachte ich.

»Ich möchte es nicht beschwören«, flüsterte sie. »Aber seine Ehe wackelt seit Jahren, und ich vermute, daß sie auch nicht besonders glücklich war. Sie hat diese drei schrecklichen kleinen Jungen, wissen Sie ... und einen Mann, der entschlossen zu sein scheint, noch mehr davon in die Welt zu setzen. Sie und Mr. Sotherland ... Gavie, nennt sie ihn ... haben ... also ich bin sicher, daß sie was miteinander hatten. Ob das was mit dem verschwundenen Geld zu tun hat ... Also, da will ich lieber keine Mutmaßungen anstellen.« Nachdem sie bereits so viel gesagt hatte, kriegte sie es plötzlich mit der Angst zu tun. »Sie wiederholen das doch hoffentlich nicht vor der Polizei, oder?«

»Selbstverständlich nicht«, erwiderte ich. »Es sei denn, man fragt mich.«

»Natürlich.«

»Hat die Firma übrigens ein Reisebüro, mit dem sie zusammenarbeitet?«

»Ja. Gleich nebenan«, antwortete sie.

Ich unterhielt mich kurz mit der Buchhalterin, die dem allgemeinen Eindruck von Lucy Ackermans letzten Arbeitstagen nichts hinzuzufügen wußte, holte meinen VW vom Parkplatz und fuhr zur Frauenklinik hinüber, die nur ein paar Blocks weiter lag. Mich beschäftigte die Frage, was Lucy Ackerman dort gewollt haben konnte. Ich tippte auf Empfängnisverhütung ... und zwar die endgültige. Falls sie einen Liebhaber hatte – und entschlossen war, nie wieder schwanger zu werden –, schien das die logische Konsequenz. Mir war nur noch nicht klar, wie ich das feststellen könnte. Ärzte und anderes Krankenhauspersonal geben sich, was solche Informationen betrifft, im allgemeinen äußerst zugeknöpft.

Ich stellte den Wagen vor dem Krankenhaus ab und griff nach der Aktentasche auf dem Rücksitz. Für Fälle wie diesen führe ich stets einen Vorrat an Allzweck-Formularen bei mir. Sie sehen aus wie eine Mischung aus Bewerbungsformular und Versicherungsvertrag. Ich füllte eines dieser Formulare in Lucys Namen aus und fälschte ihre Unterschrift unter dem Absatz, der den Besitzer berechtigte, Informationen über die Unterzeichnerin einzuholen. Als Vorlage benutzte ich die Kopie der Empfangsbestätigung, die im Kontobuch gelegen hatte. Ich gebe gern zu, daß man meine Methoden als unorthodox, ja sogar als illegal bezeichnen könnte. Aber da ich nicht annahm, daß diese Information vor Gericht zur Sprache kommen würde, schien es irrelevant, wie ich sie mir verschafft hatte.

Ich betrat die Klinik, registrierte dankbar den fast leeren Wartesaal und holte aus meiner Brieftasche einen Ausweis der California Fidelity Versicherung heraus. Für diese Gesellschaft arbeitete ich gelegentlich als Versicherungsdetektivin. Dafür zahlen sie mir meine Büromiete. Die Firma hat allerdings einmal den Fehler gemacht, mir einen Firmenausweis mit Paßfoto auszustellen, mit dem ich seither ziemlich schamlos hausieren gehe.

Bei der Anmeldung hatte ich die Wahl zwischen drei weiblichen Angestellten. Nach kurzer Bedenkzeit stellte ich Sichtkontakt zu der ältesten Frau her. An Orten wie diesem besitzen jüngere Kräfte keinerlei Autorität, und Leute ohne Befugnisse leiern meistens nur wie Papageien ihre Vorschriften herunter. Außerdem scheinen sie angesichts ihrer eigenen Ohnmacht auch noch eine geradezu boshafte Befriedigung zu haben, andere zur Fügsamkeit zu zwingen.

Die Frau trat an die Theke und sah mir erwartungsvoll entgegen. Ich zeigte meinen Versicherungsausweis und hielt das Formular offen in der anderen Hand, als ob ich nichts zu verbergen hätte.

»Tag. Ich bin Kinsey Millhone«, begann ich. »Vielleicht können Sie mir helfen. Wie ist Ihr Name?«

Sie war sofort auf der Hut, als besäße ihr Name magische Kräfte, die man ihr mit Gewalt nehmen könnte. »Lilian Vincent«, kam zögernd die Antwort. »Helfen? Inwiefern?«

»Lucy Ackerman hat einen Antrag auf Beihilfe gestellt. Dazu brauchen wir Ihre Bestätigung. Natürlich kriegen Sie dazu einen Aktenauszug.«

Ich schob das gefälschte Formular über die Theke und nestelte arglos an meiner Mappe herum.

Sie war sofort mißtrauisch. »Was ist das?«

Ich sah sie an. »Oh, entschuldigen Sie. Das ist ein Antrag auf Mutterschaftsurlaub. Wir brauchen den genauen Termin der Niederkunft.«

»Mutterschaftsurlaub?«

»Ist Mrs. Ackerman denn nicht Patientin hier?«

Lilian Vincent starrte mich an. »Augenblick mal«, sagte sie und ging mit dem Formular in der Hand zu einem Aktenschrank. Sie holte eine Karteikarte heraus und kehrte an die Theke zurück. Die Karteikarte schob sie mir zu. »Die Dame hat eine Eileiterligatur vornehmen lassen«, erklärte sie in barschem Ton.

Ich blinzelte und lächelte vorsichtig, als hielte ich die Auskunft für einen Witz. »Das muß ein Irrtum sein.«

»Im Irrtum befindet sich Lucy Ackerman, wenn sie glaubt, daß sie damit durchkommt.« Sie klappte das Patientenblatt auf und tippte mit dem Finger bedeutungsvoll auf das Datum 2. August. »Am Freitag ist sie zur Nachuntersuchung hier gewesen. Sie ist sterilisiert.«

Ich starrte auf das Patientenblatt. Die Eintragung war eindeutig. Ich runzelte die Stirn und schüttelte den Kopf.

»Na ja, dann machen Sie mir lieber mal eine Kopie davon.«

»Das würde ich aber auch sagen.« Sie ging zu einem der Kopierer, legte mir die Ablichtung auf die Theke und sah zu, wie ich sie in meine Mappe klemmte.

»Ich weiß nicht, weshalb die immer glauben, daß sie damit durchkommen«, seufzte sie.

»Manche probieren's eben gern«, erwiderte ich.

Es war fast zwölf Uhr mittags, als ich das Reisebüro aufsuchte, das neben Lucy Ackermans Firma lag. Ich hatte schnell heraus, wie Mrs. Ackerman ihren Abgang geplant hatte. Vor zwei Wochen hatte sie einen Flug erster Klasse bei PanAm nach Buenos Aires gebucht. Für eine Person. Die Flugkarte hatte sie am Freitag nachmittag abgeholt, kurz vor Geschäftsschluß.

Der Leiter des Reisebüros stützte die Ellbogen auf die Theke, sah mich interessiert an und hoffte vermutlich, sensationelle Einzelheiten von mir zu erfahren. »Ich hab' von der Geschichte nebenan gehört«, bemerkte er. Er war jung, vielleicht vierundzwanzig, stupsnäsig, mit kastanienbraunem Haar und einer Zahnlücke. Er sah genau aus wie der zweite Hauptdarsteller in einer netten, harmlosen Familienserie im Fernsehen.

»Wie hat sie die Flugkarte bezahlt?«

»Bar«, antwortete er. »Ungewöhnlich was?«

»Hat sie irgendwas Besonderes dabei gesagt?«

»Eigentlich nicht. Sie wirkte aufgekratzt, und wir haben über Montezumas Rache und so gewitzelt. Ich wußte, daß sie verheiratet ist und habe sie noch gefragt, wer auf die Kinder aufpaßt und was ihr Alter macht, während sie fort ist. Himmel, ich hätte nicht im Traum daran gedacht, daß sie so ein Ding dreht.«

»Haben Sie sie gefragt, warum sie allein nach Argentinien fliegen wollte?«

»Ja, schon. Sie hat behauptet, es sei eine Überraschung.« Er zuckte mit den Schultern. »Das ergab zwar keinen Sinn, aber sie lachte dabei, und ich dachte, ich hätte die Pointe nur nicht kapiert.«

Ich bat um eine Kopie der Reisebuchung. Lucy Ackerman hatte für eine Rundreiseticket bezahlt ... aber keine Reservierung für den Rückflug vormerken lassen. Vielleicht hatte sie vorgehabt, sich das Geld für den Rückflug auszahlen zu lassen, sobald sie in Argentinien war. Ich klemmte die Reiseunterlagen zu der Patientenkarte und dem Versicherungsformular in meine Mappe. Etwas an der Geschichte störte mich, aber ich wußte noch nicht recht was.

»Danke für Ihre Hilfe«, sagte ich und ging zur Tür.

»Keine Ursache. Ich schätze, der nebenan hat's auch nicht kapiert«, bemerkte er.

Ich blieb abrupt stehen und drehte mich um. »Was nicht kapiert?«

»Den Witz. Ich habe die beiden nebenan gehört. Und sie haben sich gestritten, daß die Fetzen flogen.«

»Ach ja?« Ich starrte ihn an. »Um wieviel Uhr ist das gewesen?«

»Viertel nach fünf. So um den Dreh rum jedenfalls. Wir hatten schon geschlossen, aber Dad wollte, daß ich bleibe, bis die Reinigungstruppe hier war. Das Reisebüro gehört ihm. Deshalb arbeite ich hier. Die Reinigungsfirma ist neu, und Dad wollte, daß ich die Leute einweise.«

»Sind Sie noch 'ne Weile hier?«

»Klar.«

»Gut. Die Polizei interessiert das sicher auch.«

Auf dem Weg zurück zur Treuhandfirma schrillten bei mir

sämtliche Alarmglocken. Barbara Hemdahl und auch Mrs. Merriman hatten sich offenbar entschlossen, das Mittagessen an ihrem Arbeitsplatz einzunehmen. Vielleicht hatte auch die Polizei sie gebeten, dazubleiben. Die Buchhalterin saß hinter ihrem Schreibtisch, vor sich ein belegtes Brot, einen Apfel und eine Packung Milch ordentlich arrangiert, während Mrs. Merriman in einer Styroporschachtel aus einem Fast-Food-Restaurant herumstocherte.

»Wie geht's?« fragte ich.

Barbara Hemdahl antwortete aus ihrer Ecke: »Die Kripo besorgt sich einen Durchsuchungsbefehl, damit sie die Schränke da hinten öffnen können zur Beweissicherung.«

»Es ist doch nur einer verschlossen«, entgegnete ich.

Sie zuckte mit den Schultern. »Ohne den Papierkram dürfen sie vermutlich nicht mal einen Blick riskieren.«

Jetzt meldete sich auch Mrs. Merriman zu Wort, mit schuldbewußter Miene: »Sie haben uns gefragt, ob wir unsere Schränke freiwillig öffnen würden. Und das haben wir natürlich auch getan.«

Mrs. Merriman und Barbara Hemdahl wechselten einen Blick.

»Und?«

Mrs. Merriman wurde leicht rot. »In Mr. Sotherlands Schrank lag eine Reisetasche. Der Inhalt gehörte offenbar ihr.«

»Ist die Tasche noch hinten?«

»Ja. Aber sie haben einen Beamten zur Bewachung hiergelassen, damit niemand damit verschwinden kann. Sie haben alles auf dem Kopierer ausgebreitet.«

Ich ging nach hinten und warf einen Blick in den Lagerraum. Den diensthabenden Beamten kannte ich, und er hatte nichts dagegen, daß ich mir die Sachen ansah, solange ich nichts berührte. Die Reisetasche hatte all jene persönlichen Dinge enthalten, die Frauen gern bei sich tragen für den Fall, daß das übrige Gepäck versehentlich in Mexiko landet. Da lagen Zahnbürste und Zahncreme, Hausschuhe, ein durchsichtiges Nachthemd, Medikamente, Haarbürste und eine zweite Brille im Etui. Unter einem Stapel Unterwäsche entdeckte ich eine runde Plastikschachtel mit leicht gewölbtem Deckel in der Größe einer Puderdose.

Gavin Sotherland saß noch immer hinter seinem Schreibtisch, als ich in sein Büro blickte. Er war grau im Gesicht und zog wie ein Mann an seiner Zigarre, der das Rauchen längst aufgegeben hatte, in Streßsituationen jedoch die schlechte Angewohnheit wiederaufnahm. Direkt hinter der Tür rechts stand ein zweiter Uniformierter.

Ich lehnte mich gegen den Türrahmen. Gavin sah kaum auf.

»Sie haben gewußt, was sie vorhatte, aber Sie dachten, sie würde Sie mitnehmen, was?«

Sein Lächeln war bitter. »Das Leben ist voller Überraschungen«, sagte er.

Ich mußte Robert Ackerman mitteilen, was ich herausgefunden hatte, und davor graute mir. Um Zeit zu schinden und um zu demonstrieren, was für ein braves Mädel ich bin, fuhr ich zuerst zum Polizeirevier, um die Beweise, die ich gesammelt hatte, abzuliefern und meine Theorie zu erklären. Sie verliehen mir zwar nicht gerade einen Orden, aber sie waren längst nicht so verärgert, wie es angesichts meiner zahlreichen Regelverstöße bei den Ermittlungen hätte sein können. Für ihre Verhältnisse waren sie sogar ziemlich höflich, was im Umgang mit mir was Neues war. Leider ging das alles sehr schnell, und bevor ich wußte, wie mir geschah, stand ich wieder vor Robert Ackermans Haustür.

Ich klingelte und wartete. Kalauer gingen mir durch den Kopf. Ich habe eine gute und eine schlechte Nachricht für Sie, Robert. Die gute Nachricht ist die, daß ich den Fall in wenigen Stunden aufklären konnte, so daß Sie mir nicht die vollen dreihundert Dollar bezahlen müssen, auf die wir uns geeinigt hatten. Die schlechte Nachricht lautet: Ihre Frau hat Geld unterschlagen, ist vermutlich tot, und es wird gerade ein Durchsuchungsbefehl ausgestellt, weil wir zu wissen glauben, wo die Leiche versteckt ist.

Die Tür ging auf. Vor mir stand Robert Ackerman, den Finger an die Lippen gelegt. »Die Kinder machen Mittagsschlaf«, flüsterte er.

Ich nickte bedächtig, bekundete gestenreich mein Verständnis, als ob die Stille, die er dem Haus verordnete, dieses Verhalten von mir verlangte.

Er bedeutete mir, hereinzukommen, und wir gingen beide auf Zehenspitzen durchs Haus und in den rückwärtigen Garten hinaus, wo wir uns weiterhin in gedämpftem Ton unterhielten. Ich wußte nicht, in welchem Schlafzimmer die kleinen Scheißer schliefen, aber ich wollte auf keinen Fall dafür verantwortlich sein, daß sie aufwachten.

Nach einem Vormittag voller Vaterpflichten sah Robert zerzaust und geschafft aus.

»So bald habe ich Sie gar nicht zurückerwartet«, wisperte er.

Ich flüsterte ebenfalls. Die Geheimnistuerei schüchterte mich ein. Es erinnerte mich an die Schulzeit; die Luft roch nach Herbst, und wir hockten hier wie Kinder, die etwas ausgeheckt hatten, nebeneinander auf dem Rand der Sandkiste. Ich wollte ihm nicht das Herz brechen, aber was blieb mir anderes übrig?

»Ich glaube, wir haben den Fall gelöst«, begann ich.

Er sah mich einen Augenblick an. Aus meiner Miene schien er abzulesen, daß ich schlechte Nachrichten für ihn hatte. »Geht es ihr gut?«

»Vermutlich nicht«, antwortete ich. Dann erzählte ich ihm, was ich in Erfahrung gebracht hatte, fing mit der Unterschlagung und der Affäre mit Gavin an und schloß mit dem Streit, den der Leiter des Reisebüros mit angehört hatte. Robert war mir längst voraus.

»Sie ist tot, stimmt's?«

»Wir vermuten es.«

Er nickte. Tränen traten in seine Augen. Er schlang die Arme um die Knie und legte das Kinn auf die Fäuste. Ich wollte ihm die Hand auf den Arm legen. Er sah so jung aus.

»Hatte sie wirklich einen andern?« fragte er kläglich.

»Das müßten Sie doch gemerkt haben«, entgegnete ich. »Sie haben erzählt, daß sie schon wochenlang unruhig und nervös gewesen ist. Hat Sie das nicht stutzig gemacht?«

Er zog seine Schultern hoch und wischte sich die Tränen in seinem Gesicht mit dem Ärmel ab. »Ich weiß nicht«, murmelte er. »Vielleicht.«

»Und dann sind Sie Freitag nachmittag in die Firma gefahren und ertappten sie dabei, daß sie verreisen wollte. Da haben Sie sie umgebracht, stimmt's?«

Seiner Kehle entrang sich ein quiekender Ton. Dann schluchzte er einmal auf, und seine Stimme wurde wieder zu einem Flüstern. »Sie hätte es nicht tun dürfen … uns so zu hintergehen. Wir haben sie so geliebt …«

»Ist das Geld hier?«

Er nickte unglücklich. »Davon wollte ich Ihr Honorar aber nicht bezahlen«, erklärte er unnötigerweise. »Wir hatten wirklich ein paar Ersparnisse, um eines Tages nach San Diego in den Zoo fahren zu können.«

»Tut mir leid, daß es nicht geklappt hat«, sagte ich.

»So dumm habe ich mich doch eigentlich nicht angestellt, oder? Ich meine, vielleicht hätte es klappen können.«

Ich hatte von der Reise zum Zoo gesprochen. Er dachte, ich spiele auf den Mord an seiner Frau an. Mein Gott!

»Sie hätten's fast geschafft.« Verdammter Mist, da saß ich nun und versuchte den Kerl auch noch zu trösten!

Er sah mich mitleiderregend an. Seine Augen waren gerötet und voller Tränen, seine Lippen zitterten. »Aber was habe ich falsch gemacht? Wie sind Sie auf mich gekommen?«

»Sie haben das Diaphragma in ihre Reisetasche gesteckt, die Sie gepackt haben. Sie hatten die Absicht, den Verdacht damit auf Gavin Sotherland zu lenken, aber der wußte, daß sie sich hatte sterilisieren lassen.«

Wut glomm in seinen Augen auf und erlosch wieder. Ich vermutete, daß ihre freiwillige Sterilisation ihn mehr traf als die Affäre mit ihrem Chef.

»Herrgott, ich weiß nicht, was sie an dem fand«, sagte er atemlos. »Dieses Schwein!«

»Na ja. Wenn es Sie tröstet, sie wollte auch ihn nicht mitnehmen auf die Reise. Sie wollte nur ihre Freiheit. Sonst nichts.«

Er zog ein Taschentuch heraus, putzte sich die Nase und versuchte sich zu beruhigen, zitternd vor innerer Anspannung. »Aber wie wollen Sie mir das ohne Leiche nachweisen? Wissen Sie denn, wo sie ist?«

»Ich denke schon«, erwiderte ich leise. »Die Sandkiste, Robert. Direkt unter uns.«

Er schien völlig gebrochen. »Mein Gott«, stöhnte er. »Mein Gott, bitte verraten Sie mich nicht. Sie können das Geld haben. Es interessiert mich überhaupt nicht. Aber lassen Sie mich bei meinen Kindern. Die kleinen Kerle brauchen mich. Ich hab's für sie getan. Das schwöre ich. Sie müssen es der Polizei doch nicht verraten, oder?«

Ich schüttelte den Kopf, öffnete meinen Hemdkragen und zeigte ihm das Mikro. »Die Polizei hat mitgehört.« Dann schweifte mein Blick zum seitlichen Gartenteil hinüber.

Und diesmal war ich tatsächlich froh, als Lieutenant Dolan dort auftauchte.

Jack Ritchie

Zehn Dollar zuviel

Der Bundesrevisor schnalzte mit der Zunge. »Verstehen Sie, Mr. Webster, wir können das nicht zulassen.«

Mich erfaßte eine wachsende Unruhe. »Nicht zulassen? Gibt es ein Defizit?«

Er schüttelte den Kopf. »Das nicht. Aber Ihre Bank hat zehn Dollar zuviel.«

Ich lehnte mich in meinem Drehstuhl zurück. »Nun, da würde ich mir keine Gedanken machen. Hauptsache, wir haben nicht zu wenig.«

Er drohte mit dem Finger. »So leicht können Sie das nicht abtun, Mr. Webster. Sie wissen sehr gut, daß Ihre Bücher bis auf den Penny genau stimmen müssen. Bis auf den allerletzten Penny.«

Ich lächelte ihn charmant an. »Nun, Mr. Stuart, schließlich sind es nur zehn ...«

Er spitzte die Lippen. »Ich werde einen Bericht an die Kommission schreiben müssen.«

Ich setzte mich auf. »Aber dann kommt es zu einer Untersuchung, Mr. Stuart.«

»Haben Sie etwas zu verbergen?«

»Natürlich nicht«, sagte ich scharf. »Meine Bücher sind vollkommen in Ordnung.«

»Mehr als das«, sagte er trocken. »Sie haben zehn Dollar zuviel in Ihrer Bargeldreserve.« Er steckte sich eine dünne Zigarre an. »Sie müssen sich damit abfinden, Mr. Webster. Irgend jemand hat Geld in Ihren Tresor gelegt, und vielleicht –«

»Unmöglich«, sagte ich bestimmt. »Mr. Barger und Mrs. White sind beide schon seit Jahren bei mir. Ich vertraue ihnen bedingungslos.«

Seine Miene blieb skeptisch. »Sind das Ihre einzigen Angestellten?«

Ich nickte. »Wir sind eine kleine Stadtbank.«

»Und beide haben Zugang zum Tresorraum?«

»Ja«, gestand ich. »Aber ich kann mir einfach nicht vorstellen, daß einer von ihnen so etwas tun könnte.«

»Trotzdem ist es einer von beiden gewesen.«

Ich dachte darüber nach. »Sind Sie absolut sicher, daß Sie keinen Fehler gemacht haben?«

Er klemmte sich die Zigarre zwischen die Zähne. »Ich mache keine Fehler.«

Wieder grübelte ich einige Augenblicke. »Mr. Stuart, Sie prüfen meine Bücher seit zehn Jahren. Dies ist das erste Mal, daß etwas nicht stimmt.«

Er nickte.

»Nun, können Sie um der alten Zeiten willen die Bücher morgen nicht noch einmal prüfen? Nur, um ganz sicherzugehen, ehe Sie Ihren Bericht abschicken?«

Er ließ sich den Vorschlag durch den Kopf gehen und sagte dann widerwillig: »Also gut. Ich komme morgen noch einmal her. Neun Uhr, auf die Minute.«

Als er fort war, ging ich in den Schalterraum. Es war nach Geschäftsschluß, aber Mr. Barker und Mrs. White saßen noch an ihren Tischen hinter der Nußbaumbarriere.

»Sie wissen, was Mr. Stuart entdeckt hat?« fragte ich.

Sie nickten und starrten ihre gefalteten Hände an.

»Sie begreifen, was das bedeutet«, sagte ich. »Es wird eine Untersuchung geben. Gerüchte werden behaupten, unsere

Buchführung sei nachlässig. Es würde mich nicht einmal wundern, wenn es zu einem Sturm auf die Bank kommt.«

Sie wichen meinem Blick aus.

»Ich kann das einfach nicht verstehen«, sagte ich. »Sie sind beide seit über zwanzig Jahren bei mir. Ich dachte, wir wären mehr als nur Arbeitgeber und Angestellte. Ich dachte, wir wären Feunde.«

Mrs. White schluckte. Sie hatte graues Haar, und sie war achtfache Großmutter.

»Ich weiß nicht, wer von Ihnen dafür verantwortlich ist«, sagte ich. »Oder welche Umstände Sie veranlaßt haben, etwas Derartiges zu tun. Doch da es sich schließlich nur um zehn Dollar handelt, können wir die Angelegenheit wohl gleich jetzt in Ordnung bringen.«

Hoffnung breitete sich auf ihren Gesichtern aus.

Ich lächelte. »Zum Glück konnte ich Mr. Stuart überreden, morgen zu einer nochmaligen Überprüfung zurückzukommen. Und jetzt werde ich einfach in den Tresorraum gehen und einen Zehn-Dollar-Schein herausnehmen. So wird unsere Bargeldreserve wieder den ordnungsgemäßen Betrag aufweisen.«

Das Licht verschwand aus ihren Augen.

»Das ist eigentlich kein Diebstahl«, sagte ich rasch. »Ich werde den Zehner dem Roten Kreuz oder einer anderen verdienstvollen Wohlfahrtsorganisation spenden.«

Barger war ein hagerer Mann, einige Jahre älter als Mrs. White. Er räusperte sich. »Darum geht es nicht, Mr. Webster. Ich habe nur gerade den Tresor geschlossen und die Zeitsperre aktiviert. Vor morgen früh neun Uhr läßt er sich nicht mehr öffnen.«

Ich seufzte und schloß die Augen.

Mrs. White sagte: »Vielleicht können wir morgen früh zehn Dollar herausnehmen?«

»Nein«, sagte ich müde. »Stuart will um Punkt neun Uhr hier sein. Ich habe noch nie erlebt, daß er zu spät gekommen ist.«

Am Abend saß ich in meiner Wohnung über Hansons Drogerie, als es an der Tür klingelte.

Es war Barger, und er nahm den Hut ab.»Könnte ich mit Ihnen sprechen, Mr. Webster?«

»Natürlich, Henry. Kommen Sie herein.«

Wir gingen ins Wohnzimmer, und ich stellte den Fernseher ab.

Barger setzte sich auf eine Stuhlkante und legte den Hut auf die Knie. »Ich habe mir die Sache durch den Kopf gehen lassen, und ich möchte nicht, daß Sie glauben, Mrs. White sei für die Schwierigkeiten in der Bank verantwortlich.« Er schluckte und konnte nur mit Mühe fortfahren. »Mr. Webster, ich habe die zehn Dollar in unsere Bargeldreserve gelegt.«

Vermutlich weiteten sich meine Augen vor Schreck. »Aber Henry, wie konnten Sie so etwas tun?«

Er blickte auf den Teppich. »Ich hatte es eigentlich gar nicht vor. Es geschah eher zufällig.«

Seine Finger fuhren über die Hutkrempe, und sein Gesicht war blaß.

»Henry«, sagte ich besänftigend, »möchten Sie ein Glas Wasser?«

Er schüttelte den Kopf. »Nein, danke. Es geht gleich wieder.«

Nach einer Weile fragte ich. »Wie ist es passiert?«

Er holte tief Luft. »Die Rennen.«

Ich runzelte die Stirn. »Die Rennen?«

»Ja. Drüben in Clinton gibt es ein Wettbüro. Ein ziemlich großer Laden, Mr. Webster. Immerzu telefonieren ein Dutzend Leute oder mehr. Sie nehmen Wetten von überall an, aus New York und auch aus Philadelphia.«

Meiner Stimme war der Schock anzumerken. »Sie haben auf Pferde gesetzt?«

Er ließ den Kopf hängen. »Da waren die Krankenhausrechnungen, außerdem hatte ich Schwierigkeiten mit den

Raten für die Hypothek, und mein Gehalt ist wirklich nicht besonders.«

»Das tut mir leid, Henry«, sagte ich. »Aber Sie wissen, wir sind eine kleine Bank und ...«

Er hob die Hand. »Ach, ich beklage mich nicht, Mr. Webster. Ich weiß ja, wie es ist.«

Ich seufzte. »Aber Henry, Sie wissen doch, daß man bei Pferden den kürzeren zieht.«

Er schaute wieder zu Boden. »Anfangs waren es nur zwei Dollar, dann fünf, dann zehn. Ich hatte natürlich ein paar Gewinne, aber ich verstrickte mich immer tiefer und tiefer.«

Mir kam ein Verdacht. »Woher hatten Sie das Geld?«

Er leckte sich über die Lippen. »Aus der Bank, Mr. Webster.«

In der folgenden Stille konnte ich den Kühlschrank in der Küche summen hören.

Barger drehte den Hut zwei- oder dreimal in den Fingern. »Nun, als ich etwa zweitausend Dollar herausgenommen hatte, begriff ich, daß ich das Geld nie wieder zurückzahlen könnte, wenn mir kein Coup gelang.«

»Und so haben Sie noch mehr Geld entnommen«, sagte ich grimmig.

Er nickte. »Ich setzte die zweitausend Dollar in einer einzigen Wette.«

»Und verloren wieder«, sagte ich. »So geht es doch immer ...«

Er unterbrach mich. »Nein, Mr. Webster. Mein Pferd gewann zehn zu eins. Ich konnte die Krankenhausrechnungen begleichen, zahlte die Hypothek und legte das Geld zurück in die Bank.« Er seufzte. »Ich schätze, ich habe einfach zehn Dollar zuviel zurückgelegt.«

Dazu fiel mir nichts mehr ein.

Seit Henry gestanden hatte, wirkte er beinahe fröhlich. »Letzte Woche putzte ich die Jalousien in meinem Haus, und in der Nacht träumte ich nur noch von Jalousien, Jalousien.«

Er lächelte. »Und wissen Sie was, Mr. Webster? Als ich am nächsten Morgen auf den Rennzettel schaute, stand da: Jade-Susie! Eine junge Stute im dritten bei Hialeah.«

»Das ist doch wohl kaum das gleiche wie Jalousie«, sagte ich verdrossen.

»Mr. Webster«, sagte Barger. »Wenn man eine Nachricht von dort oben empfängt, nimmt man es mit der Schreibweise nicht so genau.«

Er sah, wie ich mir die Augen rieb. »Jetzt werden Sie mich wohl feuern, wie?«

»Das würde ich gern«, sagte ich bekümmert. »Doch da das Geld wieder in der Bank ist ...«

»Sogar zuviel«, sagte Barger eifrig.

Ich begann, im Zimmer auf und ab zu gehen. »Irgendwie müssen wir vor Stuart in den Tresorraum kommen.«

Barger leistete mir in meinen Grübeleien mitfühlende und schweigende Hilfestellung, und schließlich hatte ich eine Idee. »Ich hab's. Wir sorgen einfach dafür, daß Stuart nicht in der Bank ist, wenn sich der Tresor öffnet.«

Barger war vollkommen einverstanden. »Ja, Mr. Webster, aber wie?«

»Wenn Stuart in der Stadt übernachtet, nimmt er sich immer ein Zimmer im ›Ames House‹. Von dort sind es sieben Häuserblocks bis zur Bank, und ich weiß, daß er immer zu Fuß geht.«

Barger blinzelte glücklich. »Ja, Mr. Webster?«

»Ich nehme ihn im Wagen mit, und unterwegs zur Bank gibt es irgendwie Ärger mit dem Motor. Ich sorge dafür, daß wir erst nach neun ankommen.«

Barger nickte. »Und ich bin da, wenn der Tresor sich öffnet, flitzte hinein und nehme die zehn Dollar heraus.«

»Aber vergessen Sie nicht«, ermahnte ich ihn, »daß ich Ihnen wahrscheinlich nur fünf Minuten geben kann.«

Dann sah ich ihn mit gerunzelter Stirn an. »Eines noch, Henry. Sie müssen mir versprechen, daß Sie sich morgen zum letzten Mal am Geld der Bank vergreifen.«

Er legte eine Hand aufs Herz. »Glauben Sie mir, Mr. Webster, ich habe meine Lektion gelernt. Es zahlt sich nicht aus, auf Pferde zu setzen.«

Am nächsten Morgen beendete ich gerade mein Frühstück in ›Jake & Millie's Restaurant‹, als Mrs. White in der Tür erschien. Sie verharrte zögernd, bis sie mich sah, und kam dann zu mir an den Tisch.

Sie setzte sich und klammerte sich an ihre Handtasche. »Mr. Webster. Ich konnte die ganze Nacht vor lauter Sorge nicht schlafen.«

»Mrs. White«, sagte ich. »Ich glaube, wir brauchen uns um diese Sache keine …«

»Ich muß es einfach gestehen«, sagte sie. »Ich möchte nicht, daß Sie auch nur im entferntesten denken, Mr. Barker könne ein Vorwurf gemacht werden.«

Ich wollte gerade einen Schluck Kaffee nehmen, erstarrte aber mitten in der Bewegung, die Tasse auf halbem Weg zu den Lippen.

Sie sah mich mit ernsten blauen Augen an. »Mr. Webster, ich habe den überzähligen Zehn-Dollar-Schein in den Tresor gelegt.«

Ich stellte die Tasse ab.

»Sehen Sie, Mr. Webster, ich habe sechs Kinder, acht liebe Enkel, und ich bin mit nahezu allen Einwohnern der Stadt verwandt.«

Ich starrte aus dem Fenster und wartete.

»Nun ja, und die Zeiten sind nicht mehr, was sie einmal waren … alle brauchen sie ein wenig Hilfe … hin und wieder.«

Ich seufzte.

»Ihre Sicherheiten reichten eigentlich nicht für einen regulären Kredit der Bank, also habe ich ihnen … hier und da … den Weg ein wenig geebnet.«

»Wieviel haben Sie herausgenommen?«

»Es sind wirklich alles gute Menschen, Mr. Webster. Gottesfürchtig und verdienstvoll, und da ich nun einmal auf einer Bank arbeite, wo Geld einfach so herumliegt ...«

»Wieviel?«

Sie klammerte sich noch fester an ihre Tasche. »Zweitausendfünfhundert Dollar und neunundachtzig Cent.«

Einen Moment lang machten mich die neunundachtzig Cent neugierig, aber dann ging ich darüber hinweg. »Mrs. White, Sie haben sich sehr, sehr dumm benommen.«

Zerknirscht stimmte sie mir zu. »Zwanzig Dollar hier, dreißig da. Eins kam zum anderen.«

Ich schüttelte den Kopf. »Und natürlich hat keine je auch nur einen Penny zurückgezahlt.«

Sie blickte auf. »Aber das haben sie, Mr. Webster. Allesamt. Und ich dachte, ich hätte mir gemerkt, wieviel Geld ich genommen habe, aber als ich es zurücklegte, muß mir irgendwie ein zusätzlicher Zehner hineingeraten sein.«

Sie richtete sich auf. »Ich übernehme die volle Verantwortung für die zehn Dollar. Ich habe ein erfülltes Leben gehabt und bedaure nichts. Ich hoffe nur, meine Enkel dürfen mich besuchen.«

Langsam faßte ich mich wieder. »Ich glaube nicht, daß es so weit kommen wird.«

»Aber Sie werden mich doch natürlich feuern. Ich habe einen heiligen Treueid gebrochen.«

»Nein«, sagte ich verstimmt. »Ich habe da bereits einen Präzedenzfall geschaffen.«

»Sie wären überrascht, wenn Sie wüßten, wieviel Gutes das Geld auf diese Art getan hat, statt in dem alten Tresorraum zu verschimmeln«, sagte Mrs. White. »Emmy konnte sich eine Waschmaschine besorgen, und die braucht sie doch so dringend wegen der drei Kinder, und Mary Ann konnte sich ein Kleid für den Schulabschlußball kaufen. Ihr Leben wäre völlig ruiniert gewesen, wenn sie es nicht geschafft hätte, die fünfundvierzig Dollar und neunundachtzig Cent aufzutreiben.«

Ich warf einen Blick auf meine Uhr. »Ich schätze, wir können noch alles in Ordnung bringen.«

»Glauben Sie das wirklich, Mr. Webster?« fragte sie erwartungsvoll.

Ich tätschelte ihre Hand. »Ja. Ich werde Mr. Stuart in meinem Wagen mitnehmen. Auf dem Weg zur Bank streikt dann der Motor.« Ich blinzelte ihr zu. »Und Henry wird dann beim Tresor sein und dafür sorgen, daß der Betrag der Geldreserve wieder stimmt.«

Ihre Augen blitzten. »Eine brillante Idee, Mr. Webster.« Dann zog sie die Stirn ein wenig kraus. »Aber Sie beeilen sich besser, wenn Sie Mr. Stuart noch abfangen wollen.«

»Zeit genug«, sagte ich. »Es ist doch erst Viertel nach acht.«

Sie sah auf ihre kleine goldene Armbanduhr und schaute dann über meine Schulter. »Ich fürchte, Ihre Uhr geht nach, Mr. Webster. Nach der Wanduhr hinter Ihnen und laut meiner Uhr ist es vierzehn Minuten vor neun.«

Ich überprüfte das und griff nach meinem Hut. »Wir können es noch schaffen! Aber wir dürfen keinen Augenblick verlieren.« Wir stürmten aus dem Restaurant zu meinem Wagen am Straßenrand und blieben dann stehen.

Es dauerte dreißig Sekunden, ehe ich ein Wort herausbrachte.

»Mrs. White«, sagte ich matt, »setzen Sie sich einfach in den Wagen, ich kümmere mich um den Platten.«

Zehn Minuten nach neun waren wir in der Bank.

Barger sah blaß aus. »Stuart war hier, als der Tresor aufging. Was war los, Mr. Webster?«

»Unwichtig«, sagte ich gereizt.

Und dann setzten wir uns hin und warteten.

Die Zeit verging langsam, und Runde um Runde folgten unsere Augen dem Sekundenzeiger der elektrischen Uhr.

Um halb elf trat Stuart aus dem Tresorraum, und sein Gesicht war rosarot vor Verlegenheit. »Nur eine Kleinigkeit«, sagte er. »Hätte jedem passieren können.«

Ich seufzte. »Was denn?«

Er wedelte mit einem Bündel Zehn-Dollar-Scheinen. »Irgendwie wurde offenbar ein Schein in der Mitte gefaltet. Als ich gestern dieses Bündel durchzählte, habe ich den gleichen Schein zweimal gezählt. Beide Hälften, verstehen Sie.« Sein Lachen klang beinahe wie ein Kichern. »Hätte ich das Bündel von der anderen Seite gezählt, hätte ich annehmen müssen, daß Ihnen zehn Dollar fehlen.«

Barger, Mrs. White und ich sahen uns einen Augenblick an und schauten dann wieder auf den beschämten, rot angelaufenen Stuart.

»Hätte jedem passieren können«, wiederholte er.

Ich holte tief Luft. »Dann ist mit unserer Bargeldreserve ...?«

»Alles in Ordnung«, sagte Stuart. »Stimmt auf den Penny genau.«

Mittags ging ich ins »Jake & Millie's« zum Essen, als sich Mr. Sprague, der früher in New York gewohnt hatte, zu mir an den Tisch setzte.

Er nahm einen Notizblock und einen Stift zur Hand: »Auf welches Pferd setzen Sie heute?«

»Ich setze gar nicht«, sagte ich. »Ich höre auf mit dem Wetten.«

Seinem Gesicht war die Überraschung anzusehen. »Jetzt hören Sie auf? Nachdem Sie gerade mit Jade-Susie so einen Coup gelandet haben? Zehntausend, nicht wahr?«

»Trotzdem höre ich auf«, sagte ich bestimmt und meinte, was ich sagte.

Auf Pferde wetten kann gefährlich sein.

Denn eine Zeitlang hatte ich angenommen, daß ich die überzähligen zehn Dollar in den Tresorraum gelegt hatte.

Biographien der Autoren

Jeffrey Archer – 1940 geb. Studierte in Oxford, wurde mit 29 Jahren der jüngste englische Parlamentsabgeordnete, beendete 1987 seine politische Karriere wegen eines Skandals. Seit 1974 schreibt er Romane, Erzählungen und Theaterstücke, die in 84 Ländern erschienen sind. Er ist einer der erfolgreichsten Schriftsteller der letzten 30 Jahre.

Simon Brett – 1945 geb. Programmchef der Abteilung Unterhaltung bei Radio BBC und Produzent von London Weekend Television. Heute freier Schriftsteller. Berühmt durch seine Romane um den Schauspieler-Detektiv Charles Paris.

Sir Arthur Conan Doyle – 1850 in Edinburgh geb., gest. 1930 in Crawborough (Sussex). Studierte Medizin. Ab 1891 freier Schriftsteller. Sein Werk umfaßt historische Romane, Lyrik, Theaterstücke, humoristische Erzählungen u.a. Berühmt durch seine Geschichten mit dem Privatdetektiv Sherlock Holmes.

Sabine Deitmer – 1947 geb., studierte Anglistik und Romanistik, arbeitete als Lehrerin, freie Journalistin und pädagogische Mitarbeiterin. Führende deutsche Krimi-Autorin. Lebt seit 1982 im Ruhrgebiet.

Frederick Forsyth – 1938 in Ashford (Kent) geb. Arbeitete als Journalist in Paris, Brüssel, Madrid, der Bundesrepublik Deutschland, der DDR und in Westafrika. Lebt seit 1971 als freier Schriftsteller in London. Berühmt für seine spannungsgeladenen Romane (*Der Schakal, Die Akte Odessa u.a.*).

Sue Grafton – Geboren in Louisville (Kentucky) als Tochter des Krimi-

Autors C.W. Grafton. Veröffentlichte 1982 ihren ersten Kriminalroman *A. wie Alibi.*, dem zahlreiche andere folgten.

George Chetwin Griffith – 1859 geb., 1906 gest. Einer der besten Thriller-Autoren der 1890er Jahre. Führte ein abenteuerliches Leben, reiste ständig durch die Welt, beruflich u.a. tätig als Seemann, Herdenaufseher, Schlachter, Lehrer, Journalist.

Dashiell Hammett – 1884 in Maryland geb., gest. 1961 in New York. Arbeitete mehrere Jahre als Detektiv bei der berühmten Pinkerton-Agentur. Veröffentlichte 1922 die erste Erzählung. Mit dem ersten Roman *Rote Ernte* (1929), dem viele andere folgten, gelang ihm der Durchbruch. Neben Raymond Chandler der bedeutendste amerikanische Kriminalschriftsteller.

Felix Huby – F. Huby ist das Pseudonym des freien Journalisten und Schriftstellers Eberhard Hungerbühler. Neben Sachbüchern und Krimis für Kinder schreibt er erfolgreiche Kriminalromane, Kriminalhörspiele und Fernsehspiele.

Hansjörg Martin – 1929 in Leipzig geb. Nach dem Krieg Grafiker, Schaufensterdekorateur, Bühnenbildner, Lehrer, Werbeberater, Zirkusclown, Redakteur und Dramaturg. Seit 1963 hat er als freier Schriftsteller zahlreiche Kriminalromane und Erzählungen verfaßt. Die deutsche Gesamtauflage seiner Bücher hat 1 Million Exemplare überschritten.

Arthur Morrison – 1863 geb., gest. 1945. Schrieb Romane und Kurzgeschichten über das Londoner Eastend und die Landbevölkerung von Essex sowie Detektivgeschichten.

Ruth Rendell – 1930 in London geb. Seit 1964 hat sie 30 Romane und 4 Bände mit Kriminalgeschichten veröffentlicht. Sie bekam dreimal den Edgar-Allan-Poe-Preis, zweimal den Golden Dagger und einmal den Silver Dagger. Schreibt auch unter dem Pseudonym Barbara Vine.

Jack Ritchie (eigentlich John G(eorge) Reitci) – Geboren am 26. Februar 1922 in den USA. Autor von mehr als 500 Kurzkrimis. Erzählungen von ihm wurden in den Jahren 1961–1982 siebzehn Mal in den ›Best Detective Stories of the Year‹ aufgenommen und beinahe alle erschienen in den Alfred-Hitchcock-Anthologien. Jack Ritchie starb am 23. April 1983.

Henry Slesar – 1927 in Brooklyn geb. Mit seinem ersten Roman *Das graue distinguierte Leichentuch* (1959) gewann er den Edgar. Seitdem schreibt er Romane und vor allem Erzählungen, die auch durch Fernsehverfilmungen bekannt geworden sind.

Janwillen van de Wetering – 1931 in Rotterdamm geb., reiste 15 Jahre durch die Welt und verbrachte 2 Jahre in einem buddhistischen Kloster. Er wohnt heute mit seiner Familie in den USA. Berühmt durch seine Romane um die Detektive de Gier, Grijpstra und Richter Di.

Quellennachweis

Die Herausgeberin und der Verlag danken den Inhabern der Urheberrechte für die freundliche Erlaubnis zum Abdruck der Texte:

Jeffrey Archer, **Ignatius, der Saubermann**
Aus: Jeffrey Archer, Der perfekte Dreh. Aus dem Englischen von Daniel Bontjes van Beek.

Titel der englischen Ausgabe: A Twist in the Tale

Ruth Rendell, **Bestechung und Korruption**
Aus: Ruth Rendell, Die neue Freundin.
Kriminalstories. thriller 42778. Deutsch von Edith Walter.
 Titel der Originalausgabe: »The New Girl Friend and Other Stories«

Sabine Deitmer, **Maßgeschneidert**
Aus: Sabine Deitmer, Mordgeschichten

Dashiell Hammett, **Wer erschoß Bob Teal?**
Aus: Dashiell Hammett, Der Komplize. Neu entdeckte Stories. Aus dem Amerikanischen von Benjamin Schwarz.
Die Übersetzung des Originalschlusses von »Wer erschoß Bob Teal?« besorgte Jochen Stremmel.

George Griffith, **Fünfhundert Karat**
Aus: Konkurrenz für Sherlock Holmes. Viktorianische Detektivgeschichten. Gesammelt und herausgegeben von Sir Hugh Greene. Aus dem Englischen von Thomas Schlück.
© 1973 by Marion von Schröder Verlag GmbH, Hamburg und Düsseldorf. Titel der Originalausgabe: More Rivals of Sherlock Holmes
© 1971 by Sir Hugh Greene

Henry Slesar, **Tschüs, Charlie!**
Aus: Henry Slesar, Schlimme Geschichten für schlaue Leser. Aus dem Amerikanischen von Thomas Schlück.
© 1980 by Diogenes Verlag AG Zürich
© 1977 by Henry Slesar

Janwillem van de Wetering, **Sechs hin – sechs her**
Aus: Janwillem van de Wetering, Die Katze von Brigadier de Gier. Kriminalstories. thriller 42693.
Deutsch von Erwin Peters
© 1984 by Rowohlt Taschenbuch Verlag GmbH, Reinbek

Sir Arthur Conan Doyle, **Der Angestellte des Börsenmaklers**
Aus: Conan Doyle, Die Memoiren des Sherlock Holmes.
Neu übersetzt von Nikolaus Stingl.
© 1985 by Haffmans Verlag Ag Zürich.
Titel der Originalausgabe: »The Memoirs of Sherlock Holmes«, London und New York 1894

Hansjörg Martin, **Ferngesteuert**
Aus: Hansjörg Martin, Blut an der Manschette.
thriller 42323
© 1974 by Rowohlt Taschenbuch Verlag GmbH, Reinbek

Frederick Forsyth, **Wie du mir**
Aus: Frederick Forsyth, In Irland gibt es keine Schlangen. Aus dem Englischen von Rolf und Hedda Soellner.
© R. Piper & Co. Verlag, München 1982

Simon Brett, **Der Nougatriegel**
Aus: Simon Brett, Der Dreizehnte Killer.
© Simon Brett 1985. Aus dem Englischen von Wulf Teichmann
© Fischer Taschenbuch Verlag GmbH, Frankfurt am Main 1992

Felix Huby, **Jeder kann's gewesen sein oder Mord ist Mode**
Aus: Felix Huby, Bienzle und der Sündenbock.

Arthur Morrison, **Der Fall der »Lawine Fahrräder und Reifen AG«**
Aus: Die Rivalen des Sherlock Holmes. Viktorianiche Detektivgeschichten. Gesammelt und herausgegeben von Sir Hugh Greene. Aus dem Englischen von Thomas Schlück.

Sue Grafton, **Als Lucy nicht nach Hause kam**
Aus: Sue Grafton, Detektivin, Anfang 30, sucht Aufträge. aus dem Amerikanischen von Christine Frauendorf-Mössel

Originaltitel der Erzählung: She Didn't Come Home

Jack Ritchie, **Zehn Dollar zuviel**
Aus: Jack Ritchie, Einzelhaft. Aus dem Amerikanischen von Bernhard Robben.